Schriften des Frankfurter Instituts für das Recht der Europäischen Union

Herausgegeben von

Prof. Dr. Christoph Brömmelmeyer
Prof. Dr. Ulrich Häde
Prof. Dr. Wolff Heintschel von Heinegg
Prof. Dr. Gudrun Hochmayr
Prof. Dr. Eva Kocher
Prof. Dr. Carsten Nowak
Prof. Dr. Matthias Pechstein
Prof. Dr. Michael Stürner

Band 4

Prof. Dr. Christoph Brömmelmeyer (Hrsg.)

Die EU-Sammelklage

Status und Perspektiven

Nomos

Die Deutsche Nationalbibliothek verzeichnet diese Publikation in der Deutschen Nationalbibliografie; detaillierte bibliografische Daten sind im Internet über http://dnb.d-nb.de abrufbar.

ISBN 978-3-8487-0183-4

1. Auflage 2013

Vorwort

Das Frankfurter Institut für das Recht der Europäischen Union hat am 7. und 8. Mai 2012 in der Humboldt-Viadrina School of Governance in Berlin eine Tagung zum Thema "Die EU-Sammelklage – Status und Perspektiven" veranstaltet. Dieser Tagungsband fasst die auf der Tagung gehaltenen Referate zusammen, die sich auf vier Themenblöcke verteilen: (1) Rechtspolitische Fragen (2) Effektivität und Erforderlichkeit des kollektiven Rechtsschutzes in ausgewählten Rechtsgebieten, (3) kollektiver Rechtsschutz in den U.S.A. und den Mitgliedstaaten der Europäischen Union sowie (4) kollektiver Rechtsschutz im Bereich der Finanzdienstleistungen. Der Herausgeber bedankt sich herzlich bei den Referenten für ihre Bereitschaft, ihre Manuskripte für diesen Tagungsband zur Verfügung zu stellen.

Finanziert wurde die Tagung aus Mitteln der Europäischen Union, die das Frankfurter Institut als ein Jean-Monnet Centre of Excellence ausgezeichnet hat. Das entsprechende Forschungsprojekt "Roadmap: Regulate, Enforce and Explain" geht von der Better Regulation-Initiative der Europäischen Union aus und analysiert ihre Konsequenzen u.a. im Europäischen Privat-, Umwelt- und Wirtschaftsrecht. Dabei wird der Begriff Better Regulation zum einen formal, im Sinne optimierter Rechtssetzungsprozesse gebraucht, zum anderen aber auch inhaltlich, i.S. optimaler rechtlicher Regelungen in ausgewählten Rechtsgebieten (Regulation). Die Effektivität dieser Regelungen hängt nicht nur davon ab, wie sie durchgesetzt werden (Enforcement), sondern auch davon, dass sie klar und verständlich vermittelt werden (Explanation). Die Interdependenz von Regulation, Enforcement und Explanation steht im Mittelpunkt des Forschungsprogramms.

Ich würde mich sehr freuen, wenn der Tagungsband die (keineswegs abgeschlossene) Diskussion über die Einführung einer Europäischen Sammelklage bereichern und viele interessierte Leser finden würde.

Frankfurt (Oder), den 17.01.2013 Univ.-Prof. Dr. Christoph Brömmelmeyer

Inhaltsverzeichnis

Ubi ius ibi remedium: Ein richtiges Postulat auch für den Ersatz von Kleinst- und Massenschäden?

Lothar Jünemann

Meine Damen und Herrn,

der Veranstalter hat mir eine schwere Aufgabe aufgetragen. „Ubi ius ibi remedium: Ein richtiges Postulat auch für den Ersatz von Kleinst- und Masseschäden" soll ich als Richter zumindest für einen Teilbereich des Schadensersatzrechts mit einem Fragezeichen versehen. Das fällt mir schwer, ist aber vielleicht nicht falsch und daher das Fragezeichen wert.

Worüber reden wir bei Kleinst- und Masseschäden? Kleinst- und Masseschäden setzen sich aus sog. Bagatellschäden und aus Streuschäden zusammen.

In beiden Fallgruppen entsteht durch gleichförmiges Verhalten[1] eines Schädigers eine große Anzahl Geschädigter. Typisch für Kleinst- und Masseschäden ist die Massenbetroffenheit, d.h. die Schädigung einer zumeist großen Anzahl Betroffener lässt sich auf eine einzige Ursache zurückführen. Dabei kann man unterscheiden zwischen einem Großschadensereignis, dass bei vielen einen kleinen Schaden hervorruft, und einem zeitlich gestreckten Schädigungsvorgang, bei dem die gleichartige Schädigung vieler räumlich und zeitlich verteilt entsteht; Beispiel: Ein Hersteller unterschreitet systematisch die auf einer Verpackung angegebene Füllmenge. Aus Sicht des einzelnen Geschädigten mag es bei einer Schadenshöhe im Bagatellbereich nicht lohnend erscheinen, die eigenen Ansprüche durchzusetzen[2]. André Janssen nennt dies rationales Desinteresse oder rationale Apathie[3]. In Bagatellfällen gälte damit zwar nicht rechtlich, wohl aber faktisch der römische Grundsatz minima non curat praeceptor letztlich weiter.

Hinzu kann eine ineffiziente Belastung der Gerichte kommen, die sich mit Massenschäden mit vielen ähnlichen Fällen zu befassen haben und dabei zumindest in der ersten Instanz auch zu divergierenden Entscheidungen kommen können.

Zur Frage der Belastung der Gerichte mit Bagatellverfahren lassen Sie mich bitte einen kurzen Blick auf die Statistik werfen. Das Statistische Bundesamt definiert in seiner Übersicht „Justiz auf einen Blick 2011" Bagatellverfahren als zivilrechtliche Streitigkeiten mit einem Streitwert bis 300.-€ und weist auf der Datenbasis des Jahres 2009 aus, dass 222.100 der insgesamt 1,25 Millionen erledigten amtsgerichtlichen Zi-

1 Micklitz/Stadler (2005c) S. 9

2 Tilman Becker/Karen Heinze, Gesellschaftliches Management von Verbraucherbeschwerden: Funktion und Finanzierung, Hohenheimer Agrarökonomische Berichte, Arbeitsbericht Nr. 19, S. 20

3 Janssen in Casper, Janssen, Pohlmann, Schulze, Auf dem Weg zu einer europäischen Sammelklage S. 5

vilprozesse einen Streitwert bis 300.-€ aufwiesen. Der Anteil sog. Bagatellverfahren lag 2009 bei 19% und damit seit 2004 nahezu unverändert auf dem gleichen Niveau, übrigens mit beachtlichen regionalen Unterschieden, so waren es 2009 in Bayern 16 %, in Berlin hingegen 25% Anteilswert. Hinzu kommen in 2009 insgesamt 6.738.787 Mahnverfahren mit einem mutmaßlich hohen Anteil an geringen Streitwerten. Die durchschnittliche Verfahrensdauer vor deutschen Amtsgerichten betrug 2009 in Zivilsachen (ohne Mahnverfahren und Familiensachen sowie FGG-Verfahren) 4,6 Monate. In 42% der im Jahr 2009 in Deutschland erledigten 1,25 Millionen Zivilprozesse vor dem Amtsgericht waren beide Parteien durch einen Anwalt vertreten, in weiteren 46% mindestens eine Partei, meist der Kläger. Die unmittelbare Vertretung der eigenen Interessen vor Gericht ist die Ausnahme: 2009 waren nur 12% der Parteien ohne anwaltliche Vertretung in einem amtsgerichtlichen Zivilverfahren[4].

Angesichts dieser Zahlen kann sich das Fragezeichen in meinem Vortragstitel jedenfalls nicht darauf beziehen, dass es für den größeren Teil der Bagatellschäden bis 300.-€ keinen Rechtsschutz oder aus ökonomischen Gründen keinen Zugang zu Rechtsschutz gibt. Das ist im „Heimatland“ der hier noch zu erörternden Sammelklage, dem angelsächsischen Rechtskreis und insbesondere den USA, ganz anders. Nach dem Rule of Law Index des World Justice Projects (WJP), einer weltweiten Untersuchung der Rechtsstaatlichkeitsfaktoren von insgesamt 66 Ländern, erreicht Deutschland unter den Ländern mit hohem Einkommen weltweit wie auch in der Regionalgruppe Westeuropa und Nordamerika im Kriterium „access to civil justice“ mit einem score von 0,79 von max. 1,0 den zweiten Rang, weit vor den USA auf Rang 21 (11 in der Regionalgruppe) mit einem score von 0,63. Besonders auffällig ist im direkten Vergleich der unterschiedliche Zugang zur Ziviljustiz der verschiedenen Einkommensgruppen. Während von den Befragten der Untersuchung des WJP in Deutschland bei einer zivilrechtlichen Streitigkeit einschließlich eines Bagatellverfahrens unabhängig vom sozioökonomischen Status gleich viele gerichtliche Hilfe in Anspruch nahmen und die Zahl derer, die keinen Prozess führten, bei hohem Einkommen sogar größer war als bei niedrigen, fällt das Ergebnis in den USA deutlich auseinander. Etwa zweieinhalbmal so viele Haushalte mit hohem Einkommen führten einen Prozess wie solche mit niedrigem Einkommen, bei den niedrigen Einkommen waren es zehnmal so viele, die nichts unternahmen:

4 Statistisches Bundesamt, Justiz auf einen Blick, 2011, S. 43

Figure 3: Use of formal dispute mechanisms in Germany and the United States

% of respondents who filed a lawsuit in court (including small claims court) to resolve a civil dispute vs. % of respondents who took no action to resolve the dispute, grouped by household income level

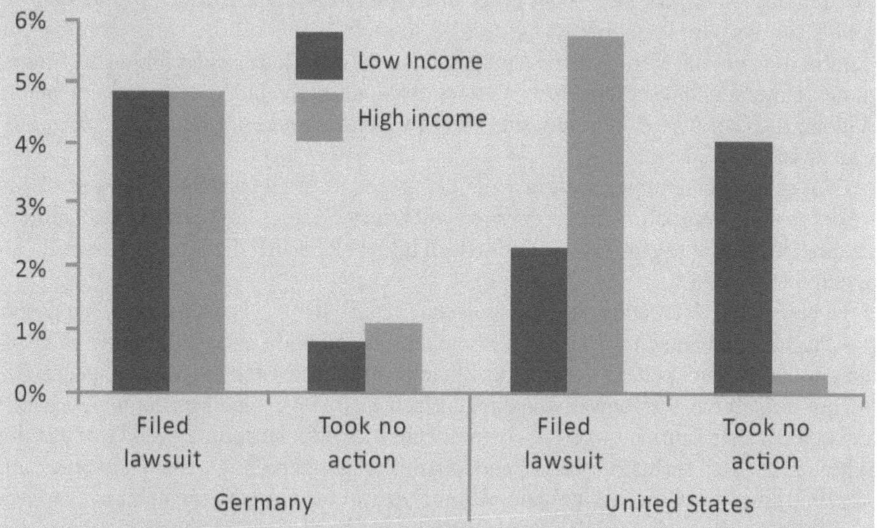

Source: The WJP Rule of Law Index 2011 database

Wenn wir also angesichts der Zahlen des Bundesamtes für Statistik keine Hindernisse bei der gerichtlichen Durchsetzung von Bagatellverfahren bis 300.-€ erkennen können, andererseits vielfach und insbesondere auch von der EU-Kommission eine Notwendigkeit der Bereitstellung eines effektiven Rechtsschutzes auch für Kleinst- und Masseschäden bejaht wird, müssen diese jedenfalls betraglich weit unterhalb von 300.-€ liegen. Gibt es dafür eine Abgrenzung oder Definition? Gibt es tragfähige Untersuchungen und belastbares Zahlenmaterial, um wie viele Fälle es sich eigentlich handelt?

Das Grünbuch der Kommission über kollektive Rechtsdurchsetzungsverfahren für Verbraucher vom 27. November 2008[5] beschreibt die Situation so: „Verbraucher können immer vor Gericht gehen, um einen individuellen Rechtsbehelf einzulegen. Massenforderungen könnten somit grundsätzlich als eine große Zahl von Einzelforderun-

5 KOM(2008)794 endgültig

gen behandelt werden. Es gibt jedoch Hemmnisse, die de facto einen wirksamen Rechtsschutz europäischer Verbraucher vereiteln. Zu nennen sind hier hohe Prozesskosten sowie komplexe und langwierige Verfahren. Jeder fünfte europäische Verbraucher verzichtet bei Beträgen unter 1000.-€ darauf, vor Gericht zu gehen. Die Hälfte erklärt, bei Beträgen unter 200.-€ keinen Rechtsbehelf einlegen zu wollen. Hohe Kosten und das Prozessrisiko machen es für einen Verbraucher wirtschaftlich unrentabel, Gerichts-, Anwalts- und Sachverständigenkosten zu zahlen, deren Höhe die des Schadensersatzes übersteigen könnte. Die Verfahren sind so komplex und langwierig, dass Verbraucher in einen Prozess verwickelt werden könnten, bei dem sie kleine klare Vorstellung haben, wann er (oder ob er überhaupt) zu einem zufriedenstellenden Ergebnis führen wird." Gegründet sind diese Ausführungen auf die Untersuchung von Eurobarometer zum Verbraucherschutz im Binnenmarkt 2008, leider fehlen die Fragen zu den Untersuchungsergebnissen, so dass der - jedenfalls in Deutschland - eklatante Widerspruch zu den Zahlen des statistischen Bundesamtes für den DRB nicht aufklärbar ist.

Gibt es überhaupt einen weiteren Regelungsbedarf in Deutschland? Dies erscheint schon deshalb fraglich, weil es ein vielschichtiges System kollektiver Rechtsdurchsetzungsinstrumente gibt. Das Grundmodell bildet sicherlich die Streitgenossenschaft in den §§ 59ff ZPO.

Neben den Verbandsklagebefugnissen nach dem Unterlassungsklagegesetz (UKlaG) bestehen nach § 8 UWG für bestimmte Verbände und qualifizierte Einrichtungen die Möglichkeit, Unterlassungsklage zu erheben, wenn ein Verstoß gegen das Verbot unlauteren Wettbewerbs vorliegt. Nach § 10 UWG sind bestimmte Verbände und qualifizierte Einrichtungen – subsidiär zum Individualanspruch – aus Gründen des Schutzes der sich rechtstreu verhaltenden Konkurrenz berechtigt, einen Anspruch auf Abschöpfung des Gewinns geltend zu machen, wenn ein Unternehmen vorsätzlich gegen die Regelungen des UWG verstoßen hat. Auch das Gesetz gegen Wettbewerbsbeschränkungen (GWB) enthält in seinen § 34, 34a einen entsprechenden Gewinnabschöpfungsanspruch.

Gemäß den §§ 8 Abs. 1 Nr. 4, 2 Abs. 2 Rechtsdienstleistungsgesetz (RDG), § 79 Abs. 1 S. 2, Abs. 2 S. 2 Nr. 3 ZPO können Verbraucherschutzverbände abgetretene Zahlungsansprüche von Verbrauchern im eigenen Namen gerichtlich geltend machen. Verbraucherschutzverbände können damit leichter gleichgerichtete Verbraucheransprüche bündeln und so insbesondere bei Streu- und Bagatellschäden wirksam gerichtlich vorgehen. Nach den Feststellungen des Rechtsausschusses des Deutschen Bundestages vom 25. Mai 2011 in seinem Bericht mit Beschlussempfehlung zu dem Arbeitsdokument der Kommission zur öffentlichen Konsultation kollektiver Rechtsschutz[6] ist damit ein wirksames und in der Praxis von Verbraucherverbänden häufig für Musterklagen genutztes Instrument kollektiven Rechtsschutzes zur Verfügung gestellt.

Schließlich gibt es seit 2005 zur Verbesserung des Rechtsschutzes von Kapitalanlegern das Kapitalanleger-Musterverfahrensgesetz (KapMuG), das Anlegern unter be-

6 BT Drucksache 17/5956 v. 25.5.2011, S. 5

stimmten Voraussetzungen die Möglichkeit gibt, in verschiedenen Prozessen gestellte rechtliche und tatsächliche Musterfragen einheitlich und verbindlich durch einen vom Oberlandesgericht erlassenen Musterbescheid klären zu lassen. Soweit die Deutsche Bundesregierung in ihrer Stellungnahme zu der öffentlichen Konsultation der Kommission allerdings meint, insbesondere in Prospekthaftungsfällen sei mit dem Musterverfahren nach dem KapMuG ein effektives und schnelle rechtskräftige Entscheidungen über die entscheidungserheblichen Rechts- und Tatsachenverfahren ermöglichendes Instrument zur Verfügung gestellt worden, trifft dies nicht die Einschätzung meiner in der Praxis mit derartigen Verfahren befassten Kolleginnen und Kollegen. Insbesondere die Schnelligkeit des Musterverfahrens ist ein Kritikpunkt der Praxis, hinzu kommt, dass auch nach Klärung der Musterfragen stets noch die Feststellung des individuellen Schadens in dem ausgesetzten Ausgangsrechtsstreit zu erfolgen hat.

Insofern sei schon die Frage erlaubt: Kann und muss man die Situation geschädigter Verbraucher bei Kleinst- und Massenschäden weiter verbessern? Die Kommission meint ja, und vielleicht kann man ihr bei Massenschäden mit minimalen Schäden bei jedem einzelnen Geschädigten im Grundsatz auch zustimmen. Die eher rechts- und finanzpolitische Frage, ob man wirklich jedem Kleinstschaden noch ein steuerfinanziertes Amtsgericht als Dienstleister zur Verfügung stellen muss, oder ob nicht vielleicht etwas mehr Gelassenheit und Vertrauen auf Gottes ausgleichende Gerechtigkeit dem sozialen Frieden ganz gut täten, sei dahingestellt. Jedenfalls im Falle vorsätzlich unredlichen Geschäftsgebarens dürfte sie zu verneinen sein.

Ob allerdings die von der Kommission propagierte kollektive Rechtsdurchsetzung das geeignete Instrumentarium schafft, darf schon angesichts der im Grünbuch geschilderten Hemmungen der Verbraucher bezweifelt werden. Ob kollektiver Rechtsschutz, vielfach als europäische Sammelklage bezeichnet, wirklich geeignet ist, die oben angesprochene rationale Apathie zu überwinden, dürfte eher zweifelhaft sein - dem einen bleibt der Schadensbetrag auch bei einer Sammelklage zu gering, um sich damit beschäftigen zu wollen, der andere wird schon von der Frage des Opt in oder Opt out überfordert sein.

Ich muss noch einmal auf das schon zuvor zitierte Grünbuch der Kommission zurückkommen. In Ziffer 13. des Grünbuchs über kollektive Rechtsdurchsetzungsverfahren für Verbraucher vom 27.11.2008 heißt es: "Zu den Elementen, die ein kollektives Rechtsdurchsetzungsverfahren für Verbraucher wirksamer und effizienter machen, zählen die politische und finanzielle Unterstützung durch die Regierungen, die Berichterstattung in den Medien an prominenter Stelle, keine oder geringe Prozesskosten für Verbraucher, keine oder niedrigere Prozesskosten für Bevollmächtigte, flexible Lösungen hinsichtlich der Anwaltskosten und Vermeidung der mit normalen Zivilverfahren verbundenen Formalitäten."

Das, meine Damen und Herren, muss man sich auf der Zunge zergehen lassen, einen Richter schüttelt es leise. Das klingt beinahe nach kollektiver Nötigung einer Partei durch einseitiges, parteiisches Regierungshandeln, wie auch immer dies in einem Rechtsstreit vor einem unabhängigen Gericht zum Einsatz kommen soll. Das klingt nach litigation PR, finanzieller Benachteiligung der Verfahrensbevollmächtigten und Einschnitten bei prozessualen Schutzvorschriften. „Formalitäten in normalen Zivilverfahren", wie es das Grünbuch nennt, bestehen nicht aus Gründen des l'art pour l'art, sondern dienen stets dem verfassungsrechtlich gebotenen Schutz der Parteien eines rechtsstaatlich ausgestalteten, rechtsförmigen Verfahrens, in dem der Richter unparteiisch zu sein hat. Lassen Sie mich einfach noch einmal darauf hinweisen, dass Deutschland den hervorragenden zweiten Platz weltweit im oben erwähnten ranking des WJP beim Zivilprozess mit und vielleicht auch gerade wegen seiner strengen und strikt angewandten Verfahrensregeln erlangt hat.

Meine Damen und Herren, als der Veranstalter mich im Januar diesen Jahres einlud, den Eröffnungsvortrag zu dieser Tagung zu halten, ging er davon aus, dass es im Februar oder März 2012 konkrete gesetzgeberische Vorschläge der Kommission geben würde, zu denen ich aus Sicht der deutschen Justiz aktuell Stellung nehmen könnte. Nun, dies ist leider nicht der Fall. Der Deutsche Richterbund hat sich zuletzt im April 2011 zu dem Vorhaben der Kommission im Rahmen der Konsultation zum kollektiven Rechtsschutz in Europa geäußert, an dieser Stellungnahme habe ich mitgewirkt und Sie werden verstehen, dass ich heute keine wesentlich davon abweichende Auffassung vertrete. Auch auf die Gefahr hin, dass der eine oder andere die Stellungnahme bereits kennt, lassen Sie mich bitte einige aus Sicht des DRB wesentliche Punkte nochmals ansprechen.

Ein Bedarf für ein europäisches Rechtsinstrument zur Ausgestaltung des kollektiven Rechtsschutzes besteht nach bisherigen Erkenntnissen nicht. Ein zusätzlicher Wert neu einzuführender Sammelklagen zur Durchsetzung von EU-Recht ist nicht ersichtlich. Die Kommission hat nicht dargetan, dass es Defizite bei der Durchsetzung materiellen europäischen Rechts innerhalb des europäischen Rechtsraums gibt, die für das Funktionieren des Binnenmarktes ein Hindernis darstellen. Schon heute ist EU-Recht in Deutschland anzuwenden und wird von den Gerichten auch angewandt. Zu seiner Durchsetzung bei Kleinst- und Massenschäden genügen die oben schon angeführten Verfahren. Aus praktischen Erfahrungen des DRB bei Gerichten und anderen Justizbehörden stellt die kollektive Rechtsdurchsetzung kein besonders dringliches oder besonders schwerwiegendes Problem dar. Neben den oben geschilderten besonderen Verfahren eröffnet die Zivilprozessordnung mit der Verfahrensverbindung, der Aussetzung und dem Abschluss einer Musterverfahrensvereinbarung hinreichend flexible Möglichkeiten, zahlreiche gleichgelagerte Fälle schnell und kostengünstig zu entscheiden, indem ein Verfahren zunächst als Pilotverfahren durch die Instanzen durchgeführt wird, während die übrigen ausgesetzt sind. Hier böte sich allenfalls Raum für den deutschen Gesetzgeber, im Falle der Weigerung einer Partei, eine Musterverfahrensvereinbarung einzugehen, ein solches auch durch eine gerichtliche Entscheidung herbeizuführen. Ohnehin wäre vor einem Tätigwerden des europäischen Gesetzgebers zu prüfen, ob eventuelle Defizite nicht durch nationale Regelungen behoben werden könnten. Für rein innerdeutsche Sachverhalte dürfte jedenfalls allein der deutsche Gesetzgeber berufen sein.

Die Frage der Regelungskompetenz der Union für ein europaweit einheitliches, allgemeines kollektives Rechtsschutzinstrument ist grundlegend. Unterschiedliche Regelungen in einzelnen Mitgliedsstaaten zu Formen kollektiven Rechtsschutzes erzeugen noch keine einheitliche europäische Regelungsnotwendigkeit. Wie der Rechtsausschuss des deutschen Bundestags in seiner Stellungnahme zur Konsultation zutreffend ausführt, bedarf es nach dem Prinzip der begrenzten Einzelermächtigung und dem Grundsatz der Subsidiarität (Art 5 EUV) vielmehr grundsätzlich einer ausdrücklichen vertraglichen Kompetenznorm für den jeweiligen Sachbereich und die avisierte Regelung darf nicht auf mitgliedstaatlicher Ebene ausreichend verwirklicht werden können[7].

Die Binnenmarktkompetenz des Art 114 des Vertrags über die Arbeitsweise der EU (AEUV) trüge die Maßnahme nur, wenn durch sie die Errichtung und das Funktionieren des Binnenmarktes verbessert oder wesentliche Wettbewerbsverzerrungen beseitigt würden. Feststellungen oder Nachweise hierzu hat die Kommission bislang nicht vorgelegt.

Aus praktischer Sicht fehlen jegliche Anhaltspunkte dafür, wie im Falle grenzüberschreitender Rechtsverstöße das zuständige Land, das anwendbare Recht und die Verfahrenssprache zu bestimmen sind. Sollte eine Sammelklage zur Folge haben, dass Verbraucher oder kleine und mittlere Unternehmen nicht mehr in ihrem eigenen Land klagen könnten, würde dies zu einem Rückschritt im Verbraucherschutz führen. Im Verbraucherbereich ist grundsätzlich das nationale materielle Recht des Verbrauchers anzuwenden. Bei einer grenzüberschreitenden kollektiven Rechtsdurchsetzung würde dies dazu führen, das ein Gericht bei einer kollektiven Partei, die sich aus Verbrauchern aus mehreren Mitgliedsstaaten zusammensetzt, mehrere verschiedene materielle Rechtsordnungen anwenden müsste. Anderenfalls würde schützenswerten Verbrauchern gegen die bisherigen Prinzipien europäischen Rechts die Anwendung einer fremden Rechtsordnung aufgezwungen.

Eine effiziente Vertretung der Geschädigten in derartigen grenzüberschreitenden Fällen ist nur schwer vorstellbar, kein Rechtsanwalt und keine uns bekannte Verbraucherschutzorganisation beherrscht die materiellen Rechtsordnungen aller 27 Mitgliedsstaaten.

Ein zwingender außergerichtlicher Versuch einer Streitbeilegung als Prozessvoraussetzung einer kollektiven Schadensersatzklage dürfte wenig sinnvoll sein. Ist sein Ergebnis zwingend und nicht gerichtlich überprüfbar, dürfte dies gegen die Verfahrensgrundrechte des Grundgesetzes verstoßen. Ist eine außergerichtliche Lösung nicht bindend, dürften sich stets einige Geschädigte finden, die dennoch in einem anschließenden Klageverfahren eine gerichtliche Klärung oder Erhöhung des Schadensersatzbetrages anstreben.

Auch in einem Verfahren des kollektiven Rechtsschutzes haben zur Sicherung des rechtlichen Gehörs und der Beachtung der legitimen Interessen der Parteien dieselben allgemeinen Verfahrensregeln zu gelten wir für alle anderen Rechtsstreitigkeiten. Sonderregelungen dürften nur zu schaffen sein, soweit sie aus der Vertretung einer ggf. großen Zahl Geschädigter durch Institutionen oder Verbände erforderlich sind. Zur Verhinderung missbräuchlicher Prozessführung und der dankenswerter Weise auch von der Kommission abgelehnten Auswüchse der amerikanischen class action, ein-

7 BT Drucks 17/5956 S. 7

drucksvoll dazu die Zusammenstellung des DIHK[8] vom November 2008 mit zahlreichen Beispielsfällen, bewährt sich vor allem die Grundregel des § 91 ZPO, nämlich dass der Verlierer eines Rechtsstreits auch die Verfahrenskosten zu tragen hat. Diese Regel ist uneingeschränkt auch auf eine mögliche Regelung kollektiver Rechtsdurchsetzung anzuwenden, eine Notwendigkeit der kostenseitigen Privilegierung derartiger Verfahren ist nicht ersichtlich. Auswüchse bei den Verfahrenskosten ließen sich vermeiden durch eine gerichtliche Streitwertfestsetzung, die Beschränkung auf gesetzlich festgelegte Honorarsätze und das Verbot eines Erfolghonorars. In der Hauptsache darf zur Abwendung der Auswüchse der class action amerikanischer Prägung kein sog. Strafschaden (punitive damage) zuerkannt werden, Schadensersatzleistungen haben sich dem Restitutionsgrundsatz des deutschen Rechts entsprechend auf den Ausgleich nachweislich entstandener Schäden zu beschränken.

Auch für zugelassene Verbrauchervereinigungen oder andere Schutzvereinigungen haben die allgemeinen Verfahrensregeln zu gelten, der Kostenerstattungsanspruch bei Obsiegen hat sich auf die reinen Verfahrenskosten zu beschränken und insbesondere keine kaum kontrollierbaren Verwaltungskosten zu umfassen.

Last but not least: Falls die Union sich doch zur Einführung eines Instruments kollektiver Rechtsdurchsetzung entschließen sollte, sollte dieses mit anderen Verfahrensregelungen des europäischen Rechts harmonieren und eine möglichst einheitliche Regelung in allen betroffenen Rechtsgebieten anstreben, um eine weitere Rechtszersplitterung und damit auch eine weitere Verunsicherung der EU-Bürger zu vermeiden.

Ich danke für Ihre Aufmerksamkeit

8 DIHK, Sammelklagen – ein einheitlicher Referenzrahmen, Nov. 2008

Bemerkungen zu den Brüsseler Gesetzgebungsplänen aus Sicht des Bundesverbands der Deutschen Industrie (BDI)

Dr. Heiko Willems, Leiter der Abteilung Recht und Versicherung, Bundesverband der Deutschen Industrie e.V., Berlin

Der BDI hat ein großes Interesse an der wirksamen Durchsetzung des Unionsrechts. Sowohl Bürger als auch Unternehmen haben einen Anspruch auf effiziente Rechtsdurchsetzung und auf angemessene Kompensation der durch Rechtsverstöße entstandenen Schäden. Eine Einführung von EU-Sammelklagen ist jedoch nicht das richtige Mittel und wird seitens des BDI nachdrücklich abgelehnt.

Es ist Aufgabe der nationalen Zivil- und Prozessrechte, die notwendigen Voraussetzungen für eine effektive Schadenskompensation zu schaffen. Viele Mitgliedstaaten, darunter Deutschland, haben in den letzten Jahren die Rechte von Kartellgeschädigten und Verbrauchern massiv gestärkt. In Deutschland stehen mit der Streitgenossenschaft, der Abtretung und Einziehung von Ansprüchen durch die Verbraucherzentralen, der Verbandsklage und dem Musterverfahren hinreichende Instrumente der gemeinschaftlichen Rechtsverfolgung zur Verfügung. Angesichts relativ kurzer Verfahrensdauern, der Möglichkeit von Prozesskostenhilfe und Rechtsschutzversicherungen kann auch nicht von einem erschwerten Zugang zu gerichtlichen Verfahren die Rede sein. Bevor neue gesamteuropäische Lösungen angestrebt werden, sollten zudem die bestehenden europäischen Rechtsdurchsetzungsinstrumente evaluiert und bei Bedarf fortentwickelt werden. Dazu gehören z.B. der Europäische Vollstreckungstitel für unbestrittene Forderungen, das europäische Mahnverfahren und das europäische Verfahren für geringfügige Forderungen.

Die Kommission versäumt es unserer Auffassung nach, die Notwendigkeit legislativer Maßnahmen auf europäischer Ebene überzeugend darzulegen. Im Grünbuch über kollektive Rechtssetzungsverfahren aus dem Jahre 2008 wies die Kommission darauf hin, dass lediglich 10% der Fälle, in denen Verbraucher kollektive Rechtsbehelfe eingelegt hatten, ein grenzüberschreitendes Element enthielten[1]. Das machte in absoluten Zahlen ausgedrückt 0,4 Fälle pro Jahr und Mitgliedstaat. Die Zahlen stellen somit keinen Beleg für die Notwendigkeit einer europäischen Initiative dar, sondern zeigen vielmehr, dass Verbraucher trotz der bestehenden Möglichkeiten bei bestimmten Geldbeträgen schlicht nicht motiviert sind, sich gerichtlich auseinanderzusetzen. Angesichts der geringen Motivation der Verbraucher würde es einer sinnvollen Kosten-Nutzen-Analyse widersprechen, kollektive Rechtsschutzmechanismen einzuführen. Der Aufwand der Implementierung mit den daraus resultierenden tiefen Einschnitten in die nationalen Zivilprozessordnungen und dem Missbrauchspotential sind

1 Grünbuch über kollektive Rechtsbehelfe, KOM (2008) 794 endgültig, Rn. 15 unter Verweis auf die Studie „Evaluation of the effectiveness and efficiency of collective redress mechanisms in the European Union", S. 44.

angesichts einzelner Verbraucher, die von dem Instrument gegebenenfalls Gebrauch machen würden, nicht zu rechtfertigen.

Wenn sich die Kommission wiederholt auch darauf stützt, dass insbesondere kleine und mittlere Unternehmen (KMU) von den Möglichkeiten der Kollektivklage Gebrauch machen sollen, dann ist das für unsere Mitgliedschaft, die zum ganz überwiegenden Teil dieser Gruppe angehört, nicht nachzuvollziehen. Die mittelständischen Unternehmen haben vielmehr Existenzsorgen, die auf den möglicherweise missbräuchlich gegen sie gerichteten Sammelklagen von Verbrauchern basieren, als dass sie ein solches Instrument für sich selbst in Anspruch nehmen wollen. Generell hängt die Entscheidung ob ein Unternehmen seine Forderung auf dem Gerichtsweg durchsetzen will oder nicht, nicht vom Instrumentarium der Sammelklage ab, sondern von ökonomischen Aspekten und innerbetrieblich verfolgten Strategien. Zum Beispiel scheuen sich viele Unternehmen, ein Gerichtsverfahren gegen Geschäftspartner anzustrengen, sondern sind eher an außergerichtlichen Lösungen interessiert.

Zweifelhaft ist auch die Kompetenz der Europäischen Union, in diesem Bereich tätig zu werden. Die nach dem Prinzip der begrenzten Einzelermächtigung notwendige Rechtsgrundlage für entsprechende zivilprozessuale Regelungen ist nicht erkennbar. Ferner müssen die Grundsätze der Subsidiarität und der Verhältnismäßigkeit nach Art. 5 Abs. 3 und 4 EUV berücksichtigt werden. Für die Gewährleistung der effektiven Durchsetzung des Rechts sind in erster Linie die Mitgliedstaaten zuständig. Sie tragen die Verantwortung, das nationale Verfahrensrecht so anzupassen, dass die Rechte aller Beteiligten zügig durchsetzbar sind. Geplante Maßnahmen sind immer daraufhin zu untersuchen, ob grenzüberschreitende Aspekte zum Tragen kommen bzw. ob nationalstaatliche Regelungen in ausreichendem Maße vorhanden sind.

Der BDI hält die Durchsetzung öffentlicher Interessen durch Private, wie dies von der EU-Kommission vor allem für den Bereich des Kartellrechts propagiert wird, für verfehlt. Ziele, die über die Schadenskompensation hinausgehen und z. B. der Abschreckung und Prävention dienen, sollten grundsätzlich nur vom Staat durchgesetzt werden. Im Bereich des Kartellrechts gibt es dafür gut ausgestattete Behörden, die Bußgelder verhängen und den wirtschaftlichen Vorteil, der durch einen Kartellrechtsverstoß erlangt wird, abschöpfen können. Durch Sammelklagen würden hingegen insbesondere die Effektivität des Kronzeugenprogramms und die erhoffte Durchschlagkraft des Vergleichsverfahrens massiv gefährdet.

Sollte sich die EU dennoch nicht von ihrem Vorhaben abbringen lassen, muss sie missbräuchliche Auswüchse des Sammelklagensystems und die Einführung amerikanischer Verhältnisse in Europa vermeiden. Das US-System führt zu jährlichen volkswirtschaftlichen Kosten in Höhe von 250 Mrd. US$; das sind ca. 800 US$ pro Bürger pro Jahr. Von den eingeklagten Beträgen gehen im Durchschnitt nur 36% an den Geschädigten – d.h. fast 2/3 des Schadensersatzes gehen an andere Akteure, in erster Linie an Anwaltskanzleien. Zur Vermeidung der Missstände des US-Systems sind gewisse Mindeststandards erforderlich. Allerdings stellt sich die Gefahr der amerikanischen Class Actions nicht nur – wie häufig behauptet – anhand einer Gesamtschau aller kritischer Elemente. Auch die Gefahr der einzelnen Faktoren ist nicht zu verharmlosen.

Eine wesentliche Weichenstellung ist der Aspekt, dass der Klägerkreis ausdrücklich identifiziert werden muss (»opt-in«- Regelung). Ein Einzelner darf nicht ohne sein Wissen Beteiligter eines Zivilverfahrens werden. Dies würde dem Gebot des rechtlichen Gehörs aus Art. 41 Abs. 2 lit. a der Charta der Grundrechte der Europäischen Union widersprechen. Der Beklagte wiederum muss Klägerkreis und Schadenssumme überblicken können. Die „opt-out-Klage", bei der die klagende Einrichtung nicht verpflichtet ist, die durch sie vertretenen Opfer zu identifizieren, kann aufgrund ihrer großen Öffentlichkeitswirksamkeit missbraucht werden, um den Ruf beklagter Unternehmen zu schädigen, ihnen erheblichen Schaden zuzufügen und sie zur Einwilligung in einen Vergleich zu zwingen. Dies gilt auch für Klagen, bei denen der Klägerkreis lediglich „identifizierbar" sein muss. Eine automatische Rechtskrafterstreckung widerspräche im Übrigen der grundlegenden Wertentscheidung der meisten europäischen Rechtssysteme.

Weiterhin kommt es entscheidend darauf an, die Regeln zur Offenlegung von Beweismitteln gemäß kontinentaleuropäischer Rechtstradition auszugestalten. Demnach hat jede Partei die sie begünstigenden Tatsachen vorzubringen. Es werden völlig falsche Anreize gesetzt, aussichtslose Klagen auf den Weg zu bringen, wenn nicht der Kläger seinen Vortrag im Einzelnen begründen muss, sondern der Beklagte dazu verpflichtet wird, umfangreiche Dokumente beizubringen. Dies führt dazu, dass der Kläger aus seiner Verpflichtung entlassen würde, substantiiert vorzutragen. Ausforschungsbeweise nach US-amerikanischem Muster („Discovery") sind ferner mit erheblichen Kosten verbunden. Für die Wirtschaft wäre außerdem die Aushöhlung des Schutzes von Betriebs- und Geschäftsgeheimnissen zu befürchten, da Unternehmen durch Wettbewerber gezwungen werden könnten, sensible Daten preiszugeben.

Essentiell ist die Einhaltung des Prinzips, dass der Verlierer des Prozesses die Kosten zu tragen hat, in Deutschland verankert in § 91 ZPO. Es entstünde ein riesiges Missbrauchspotential, wenn gerade in Masseverfahren Anreize so gesetzt würden, dass Gerichtsprozesse ohne finanzielle Risiken angestrebt werden könnten. Ausschlaggebend für die Erhebung einer Klage müssen immer die materiellen Aussichten einer Klage sein.

Zwingend ist ebenso, die Anwaltsgebühren zu deckeln. Dies dient der Kalkulierbarkeit für beide Parteien und stellt in Deutschland und anderen europäischen Ländern den Regelfall dar; im angelsächsischen Rechtssystem ist eine Obergrenze hingegen nicht üblich. Falsche Anreize für Anwälte oder sonstige Dritte und damit Auswüchse bis hin zu einer "Klageindustrie" sind zu vermeiden. Ansonsten besteht das Risiko, dass selbst bei extrem hohen Schadensersatzsummen nur ein geringer Anteil des tatsächlich ausgeschütteten Schadensersatzes beim Geschädigten ankommt, da ein großer Teil auf die Verwaltung des Auszahlungsverfahrens und das Erfolgshonorar der Anwälte entfällt.

Darüber hinaus ist unbedingt zu beachten, dass dem Schadensersatz kein Strafcharakter zukommen darf. Dies würde dem Grundgedanken des kontinentaleuropäischen Schadensersatzbegriffs widersprechen, wonach lediglich der Zustand wiederhergestellt werden soll, der vor dem schädigenden Ereignis bestanden hat. Daraus leitet sich auch ab, dass nur jemand, der tatsächlich einen Schaden erlitten hat, Anspruch auf

Wiederherstellung des vorherigen Zustands hat. Die Zulassung der "Passing-On-Defence" ermöglicht einen gerechten Schadensausgleich, denn nur so wird gewährleistet, dass jeder in der Lieferkette nur den Schadenersatz geltend machen kann, den er erleidet. Ein Ausschluss könnte zu einer unangemessenen, ungerechtfertigten Bereicherung auf Seiten des Klägers führen, sofern dieser seinen Schaden an seine Abnehmer weitergereicht hat. Dies würde wiederum dem auf Kompensation gerichteten Zweck des Schadenersatzrechts widersprechen und es bestünde die Gefahr einer mehrfachen Inanspruchnahme des Beklagten für ein und denselben Schaden, was im Ergebnis einem Strafschadensersatz gleichkommen würde.

In Deutschland und in der Mehrzahl der anderen Mitgliedstaaten stellt es außerdem ein grundlegendes Rechtsprinzip dar, dass der Beklagte in einem Schadensersatzprozess nur haftet, wenn ihm Verschulden vorzuwerfen ist. Auf das Verschuldenserfordernis kann nicht verzichtet werden. Auch eine Verschuldensvermutung und eine Beweislastumkehr zuungunsten des Beklagten wären unangemessen und würden einen Eingriff in das kontinentaleuropäische Rechtsgefüge darstellen. Änderungen des materiellen Rechts über die Hintertür des Zivilprozessrechtes sind unbedingt zu vermeiden.

Der Bericht des Europäischen Parlaments zum kollektiven Rechtsschutz vom Februar 2012 ist ambivalent. Zwar ist ausdrücklich von den dringend erforderlichen Sicherheitsmechanismen – opt-in-System, loser-pays-Prinzip, kein Strafschadensersatz, kein Ausforschungsbeweis – die Rede. Dennoch hält das EP die bisherigen Rechtsschutzmöglichkeiten für „nicht zufriedenstellend“, verlangt „erschwingliche“ Verfahren und die Einbindung der größtmöglichen Anzahl von Geschädigten. In dieselbe Richtung gingen stets auch die Dokumente der Kommission, die zwar einerseits Bekenntnisse zur Verhinderung einer US Class Action-Kultur enthielten, andererseits aber „abschreckende Wirkungen“, geringstmögliche Kosten für den Kläger und keine zu hohen Beweislasthürden verlangten. Es ist daher äußerst fraglich, ob die auf dem Papier stets propagierten kontinentaleuropäischen Mindeststandards von der Politik bei künftigen Vorschlägen tatsächlich eingehalten werden. Aus Sicht des BDI ist daher weiterhin Wachsamkeit geboten. Wenn das Ziel der EU in den kommenden Jahren Wachstum lautet, sind missbrauchsanfällige Sammelklagen jedenfalls kein geeigneter Beitrag dazu.

Bemerkungen zu den Brüsseler Gesetzgebungsplänen aus Sicht der Verbraucherzentralen

Rede von Gerd Billen, Vorstand des Verbraucherzentrale Bundesverbandes (vzbv)

Unerlaubte Telefonwerbung, Abofallen im Internet, Werbung mit veralteten Testergebnissen, verschleierte Flugpreisangaben sind nur einige Beispiele einer Vielzahl von Verbraucherbeschwerden, die täglich bei den Verbraucherzentralen eingehen. Die Liste ließe sich beliebig fortsetzen. Während derartige unerlaubte Geschäftspraktiken für die Zukunft teilweise erfolgreich unterbunden werden können, bleiben die unrechtmäßig erwirtschafteten Gewinne häufig bei den Unternehmen, denn insbesondere bei geringen Schadenshöhen lohnt sich der Aufwand einer gerichtlichen Durchsetzung für die Verbraucher meist nicht. Andererseits haben Umfragen ergeben, dass Verbraucher sich einer gemeinschaftlichen Klage mit anderen Betroffenen durchaus anschließen würden, wenn dadurch der Aufwand und ihr individuelles Kostenrisiko begrenzt werden könnte. Die Frage nach der Notwendigkeit einer europäischen Sammelklage wird in Europa seit etwa fünf Jahren streitig diskutiert. Damals hatte die amtierende Verbraucherschutzkommissarin Meglena Kuneva mit ihren Eckpunkten und dem anschließenden Grünbuch das Thema hoch auf die politische Agenda gerückt.

Von Anfang an gab es massiven Widerstand aus Kreisen der Wirtschaft, die entgegen allen Verlautbarungen der Europäischen Kommission immer wieder vor den sogenannten amerikanischen Verhältnissen warnten. Als wären diese geradezu unausweichlich. Demgegenüber hatten die Verbraucherverbände bereits Anfang der 2000er Jahre im Rahmen der Diskussion um die Schuldrechtsmodernisierung auf den unzureichenden Rechtsschutz hingewiesen, wenn eine Vielzahl von Verbrauchern durch ein einziges schädigendes Verhalten eines Unternehmens finanzielle Nachteile erleidet. Bereits damals waren aus der Praxis reichlich Fälle bekannt, in denen zum Beispiel Bankenentgelte höchstrichterlich als unzulässig erachtet worden waren, eine Erstattung des zu Unrecht eingenommenen Geldes an die betroffenen Verbraucher jedoch unterblieb.

Kollektive Klageinstrumente wie die klassische Verbandsklage stoßen eindeutig an ihre Grenzen, wenn es um den Ersatz des Schadens geht, den die Verbraucher durch einen Wettbewerbs- oder AGB-Verstoß erlitten haben. Hier brauchen wir ergänzende Instrumente. Ich möchte auch an dieser Stelle betonen, dass in der konkreten Ausgestaltung von Sammelklageinstrumenten wirksame Vorkehrungen gegen Missbrauch getroffen werden müssen. Dagegen halte ich es für wenig zielführend, die Einführung von notwendigen kollektiven Klageinstrumenten immer wieder mit dem Hinweis auf eine Missbrauchsgefahr zu blockieren. Wir alle können es uns nicht leisten, in dieser wichtigen Frage auf der Stelle zu treten. Einige Mitgliedstaaten haben auf nationaler Ebene längst entsprechende Instrumente eingeführt. Der europäische Gesetzgeber ist in der Pflicht, hier ordnend einzugreifen.

Deshalb hat der vzbv die erneute Eröffnung der Konsultation durch die Europäische Kommission im Februar letzten Jahres, mit dem Ziel einen kohärenten Ansatz in Europa zu finden, ausdrücklich begrüßt. Nachdem inzwischen auch das Europäische Parlament einen Handlungsbedarf bejaht hat, sollten nun konkrete Vorschläge der Kommission folgen.

1. Kollektive Schadensersatzinstrumente in Deutschland

Schon heute gibt es eine Art *Sammelklage* in Deutschland, die in der Praxis allerdings nicht den erhofften Erfolg zeitigt:

Einziehungsklage nach § 79 Absatz 2 Nummer 3 ZPO

Seit Januar 2002 können sich Verbraucher- und Wettbewerbsverbände im Rahmen ihres Aufgabenbereichs von einem oder mehreren Verbrauchern Geldforderungen zum Zwecke der Einziehung abtreten lassen. Mit der sogenannten Einziehungsklage können sie die abgetretenen Forderungen sodann im eigenen Namen einklagen. Das eingenommene Geld wird anschließend an die betroffenen Verbraucher ausgezahlt. Der vzbv und einzelne Verbraucherzentralen haben von diesem Klagerecht in den vergangenen Jahren zum Beispiel bezüglich der Erstattung zu Unrecht erhöhter Gaspreise oder zur Geltendmachung von Entschädigungsansprüchen bei Flugannullierungen aufgrund der europäischen Fluggastrechteverordnung Gebrauch gemacht.

Defizit: Dieses Klageinstrument, das eigentlich dafür vorgesehen war, Klagen bezüglich geringer Beträge zu bündeln, die ansonsten aufgrund ihres niedrigen Streitwerts nicht geltend gemacht würden, ist für diesen Zweck in der Praxis allerdings ungeeignet. Die Organisation einer Sammelklage ist in der Praxis sehr aufwändig, weil mit jedem einzelnen Verbraucher eine individuelle Vereinbarung zu treffen ist und die Höhe jeder einzelnen Forderung durch Zahlungsbelege dargelegt und bewiesen werden muss. Bei geringen Forderungen, den sogenannten Streuschäden, steht der Kostenaufwand von vornherein in keinem Verhältnis zum möglichen Ertrag. Aber auch bei höheren Beträgen würde die Bündelung von mehreren hundert oder tausend Fällen die Verbraucherverbände in ihrer Arbeit lahmlegen. Die Einziehungsklage wurde deshalb in der Vergangenheit eher zur Klärung grundsätzlicher Rechtsfragen für eine begrenzte Zahl von Verbrauchern genutzt. Der Nachteil: Bei den übrigen Geschädigten läuft die Verjährung weiter.

Lösung: Aus deutscher Perspektive erwarten wir verbindliche europäische Rahmenvorgaben. Diese sollten es uns ermöglichen, im Interesse einer Vielzahl von Geschädigten eine **Musterfeststellungsklage** zu erheben. Damit könnte z.B. eine qualifizierte Einrichtung wie eine Verbraucherzentrale durch eine einzige Klage für eine Vielzahl betroffener Verbraucher klären lassen, dass eine Gaspreiserhöhung zu Unrecht erfolgte oder ein Schadensersatzanspruch, zum Beispiel gegenüber einer Fluggesellschaft, dem Grunde nach für alle betroffenen Passagiere besteht. Betroffene

Verbraucher könnten sich in ein Register eintragen lassen und würden so die Verjährung ihrer Forderungen hemmen. Die registrierten Verbraucher wären an das Grundurteil gebunden und könnten so ihre Ansprüche leichter durchsetzen, da es danach nur noch um die Höhe der Forderungen geht. Dieses Musterfeststellungsverfahren könnte auch mit einer sich anschließenden Schlichtung zur finalen Klärung der Höhe des Schadensausgleichs sowie der Entschädigungsmodalitäten kombiniert werden. Eine entsprechende Option war im Konsultationsprozess 2008 schon einmal von der Kommission aufgenommen worden.

Aus KapMuG lernen…

Dabei sollten wir aus den Erfahrungen mit einem anderen Musterverfahren lernen, das es seit 2005 im Kapitalanlagebereich gibt: Ich spreche von dem Kapitalanleger-Musterverfahrensgesetz, kurz KapMuG. Dieses Gesetz ist bis Oktober 2012 befristet, eine Novellierung wird zurzeit diskutiert. Nach dem geltenden Gesetz kann jeder Kapitalanleger, wenn er z.B. einen Schadensersatzanspruch wegen falscher Kapitalmarktinformationen gerichtlich geltend macht, die Einleitung eines Musterverfahrens beantragen. Der Antrag wird in einem Klageregister im elektronischen Bundesanzeiger veröffentlicht und das Verfahren wird unterbrochen. Werden innerhalb von 4 Monaten 10 oder mehr Musterfeststellungsanträge zur Klärung derselben Musterfrage gestellt, holt das Prozessgericht einen Musterentscheid bei dem übergeordneten Oberlandesgericht ein, das einen Musterkläger bestimmt. Ergeht ein Musterentscheid und wird dieser rechtskräftig, entscheidet anschließend das Landgericht über die Individualprozesse auf der Grundlage dieses Musterentscheids.

Defizit: Die Praxis hat gezeigt, dass bis zu einer endgültigen Klärung für alle Geschädigten viele Jahre vergehen und die zuständigen Gerichte durch derartige Verfahren völlig überlastet werden. Das Problem besteht unter anderem darin, dass sämtliche Betroffenen selbst klagen müssen, um die Verjährung ihrer Ansprüche zu verhindern. Der vzbv wünscht sich deshalb die Einführung einer einfachen Teilnahme am Musterverfahren. Danach sollte mit dem Stellen des ersten Musterverfahrensantrags die Verjährung für alle gleichgelagerten Fälle unabhängig von einer Klageerhebung gehemmt sein. Das würde die Justiz entlasten und die Verfahren beschleunigen. Außerdem sollte der Anwendungsbereich des Musterverfahrens über den Kapitalanlagebereich hinaus erweitert werden, weil Massenschäden auch in anderen Lebensbereichen entstehen können, wie bei Produkthaftungsfällen oder bei der Verletzung verbraucherschutzwidriger Praktiken.

Folgenbeseitigungsanspruch bei AGB-Verstoß einführen

Nach wie vor bleibt die Verwendung unzulässigere Allgemeiner Geschäftsbedingungen für den Verwender finanziell zumeist ohne Folgen. Zu Unrecht erhobene Kerosinzuschläge oder Serviceentgelte müssen selbst nach höchstrichterlicher Feststellung der

Unwirksamkeit entsprechender Klauseln nicht an die Kunden erstattet werden. Auf diese Weise verschaffen sich Unternehmen unrechtmäßige Gewinne. Es wäre schon ein Großteil der Probleme gelöst, wenn mit einem Unterlassungsantrag der Antrag verbunden werden könnte, das Unternehmen zu verurteilen, das aufgrund unzulässiger Klauseln eingenommene Geld an die Kunden zurückzuzahlen. Ein solcher Folgenbeseitigungsanspruch steht den Verbraucherverbänden in Deutschland bisher nicht zu.

Gewinnabschöpfung

Verstößt ein Unternehmen gegen das Gesetz gegen den unlauteren Wettbewerb (UWG) ist gegenwärtig überhaupt keine Kompensation für die geschädigten Verbraucher vorgesehen. Stattdessen gibt es seit Juli 2004 für Verbraucher- und Wettbewerbsverbände einen sogenannten Gewinnabschöpfungsanspruch. Er richtet sich gegen Unternehmen, die einen vorsätzlichen Wettbewerbsverstoß begangen haben. Das abgeschöpfte Geld fließt in die Staatskasse.

Bei der Gewinnabschöpfung stellt sich für Verbraucherzentralen das Problem, dass sie dem Unternehmen nicht nur den Vorsatz bzgl. des Wettbewerbsverstoßes nachweisen müssen, sondern auch die Kausalität zwischen Wettbewerbsverstoß und Mehrerlös. Der vzbv konnte bisher nur in zwei Fällen Zahlungen von 18:000 bzw. 25:000 Euro erwirken. Zudem erweist sich auch hier die Verfahrensdauer als Hindernis. In den vergangenen 8 Jahren kam es zu keinem einzigen Zahlungsurteil. Ein Prozess gegen die Betreiber einer Internet-Kostenfalle läuft bereits seit 6 Jahren. Ein Ende ist nicht abzusehen. Der vzbv fordert deshalb nicht nur eine Herabsetzung des Verschuldensmaßstabs auf grobe Fahrlässigkeit, sondern vor allem Beweiserleichterungen, zum Beispiel Vermutungsregelungen, um den Unrechtsgewinn einfacher ermitteln zu können.

Kartellrecht

Wer in den vergangenen Jahren sein Dach gedeckt, sich eine neue Brille gekauft hat oder auch nur zum Kreis der Kaffeetrinker gehört, könnte vielleicht selbst ein möglicher Kandidat für eine Sammelklage sein. Denn die illegalen Absprachen in den genannten Branchen sind nur drei Beispiele für aufgedeckte Kartelle, die in der Summe zu Millionenschäden bei Verbrauchern geführt haben. Im Einzelfall kann der Schaden aber so klein sein, dass er kaum spürbar ist – und selbst wenn der Schaden ein paar Euro höher ausfällt, werden die meisten Verbraucher sicherlich keine Schadensersatzklage gegen die Kartellbrüder erwägen.

Was also ist zu tun? Häufig hört man dann Sätze wie: „Da werden die Verbraucherschützer doch sicher eine Sammelklage organisieren?“ Wir müssen solche Erwartungen leider immer noch enttäuschen. Verbraucherverbände haben in Deutschland bisher keine Klagerechte bei Kartellrechtsverstößen; sie sind weder befugt, Vorteilsabschöpfungsverfahren noch Unterlassungsklagen durchzuführen. Wegen dieses

Ausschlusses ist es auch nicht klar, ob Verbraucherverbände sich Schadensersatzansprüche einzelner Verbraucher zur kollektiven Einziehung abtreten lassen dürfen. Aber selbst wenn man dies bejahen wollte, stellen sich bei der kartellrechtlichen Einziehungsklage dieselben gerade geschilderten Probleme.

Hinzu kommen dann noch die dem Kartellrecht eigenen Schwierigkeiten wie Beweisführung, Kausalität und Schadensberechnung auf der letzten Marktstufe. Auch die im Kartellrecht zu erwartenden hohen Streitwerte und das damit verbundene Prozessrisiko können eine unüberwindbare Hürde für Verbraucherverbände sein. Unter dem Strich betrachtet ist damit gegenwärtig jede Form kollektiven Rechtsschutzes im Kartellrecht als utopisch anzusehen. Das deutsche Kartellrecht verdient zu Recht das Prädikat **„verbraucherfrei“**!

Dieser fehlende Rechtsschutz widerspricht dem geltenden EU-Wettbewerbsrecht! Denn der Europäische Gerichtshof hat bereits im Jahr 2001 entschieden, dass „Jedermann“ – und damit jeder Verbraucher – zu entschädigen ist.

Ordnungspolitisch sollte mit der 7. GWB-Novelle die private Rechtsdurchsetzung gestärkt und die Kartellbehörde entlastet werden. Da aber tatsächlich nur die Wirtschaftsverbände und nicht die Verbraucherverbände Klagerechte erhalten haben, fristet die private Rechtsdurchsetzung bislang ein Schattendasein.

Dabei geht es nicht darum, dem Bundeskartellamt „Konkurrenz“ zu machen. Die ordnungspolitisch überragende Rolle der Kartellbehörden steht völlig außer Zweifel. Es geht vielmehr darum, vorhandene Anreize im Markt ordnungspolitisch fruchtbar zu machen. Insoweit hat sich die Annahme, dass eine private Rechtsdurchsetzung ohne die Verbraucherseite funktionieren könnte, als naiv erwiesen. Seit Inkrafttreten der **Vorteilsabschöpfung durch Wirtschaftsverbände** im Jahr 2005 hat es nach unserer Kenntnis **kein einziges Verfahren** gegeben!

Wie stelle ich mir die Lösung des Problems vor?

1. Vorrang muss immer die individuelle Entschädigung der Verbraucher haben! Wenn möglich, sollte die Kartellbehörde direkt die Rückerstattung an die Geschädigten anordnen. In laufenden Versorgungsverträgen mit namentlich registrierten Verbrauchern sollte das kein Problem sein. In der 8. GWB-Novelle sind erfreulicherweise entsprechende Ansätze hierzu vorhanden.
2. Wenn der individuelle Verbraucherschaden eine bestimmte Grenze übersteigt, muss die von uns geforderte Musterfeststellungsklage zum Zuge kommen. Anschließend müssen alle Verbraucher ihrem Anteil gemäß entschädigt werden. Für diese Regelung bietet sich eine horizontale Lösung einer Sammelklage auf EU-Ebene an.
3. Für Streuschäden brauchen wir als Auffanglösung eine Vorteilsabschöpfung durch Verbraucherverbände. Der abgeschöpfte Vorteil, der regelmäßig in seiner Gesamtheit die Kehrseite des Verbraucherschadens bildet, muss dann zur Förderung des lauteren Wettbewerbs und der Verbraucherarbeit eingesetzt werden. Der Entwurf zur 8. GWB-Novelle nimmt sich hier allerdings ein schlechtes Vorbild beim geltenden Lauterkeitsrecht und übernimmt dessen unpraktikables Vorsatzerfordernis und die Abführung des abgeschöpften Vorteils an den Bundeshaushalt.

Im Kartellrecht bedarf es darüber hinaus einiger Verfahrenserleichterungen, um Klagen überhaupt zu ermöglichen. Wegen der kartellrechtlichen Besonderheiten bietet sich hierfür eine spezielle Regelung – am Vorbild des 2009 bereits ausformulierten, aber bedauerlicherweise von der Kommission wieder gestoppten EU-Richtlinienvorhabens – an.

2. *Warum brauchen wir eine EU-weite Regelung?*

In etwa der Hälfte der Mitgliedstaaten gibt es kollektive Klageinstrumente. Diese sind ganz unterschiedlich ausgestaltet. Die Gefahr, dass sich die kollektive Rechtsdurchsetzung in Europa auf einem uneinheitlichen Niveau weiterentwickelt, ist nicht zu unterschätzen. In einem funktionierenden Binnenmarkt müssen Verbraucher darauf vertrauen dürfen, dass sie EU-weit mit geeigneten Maßnahmen in angemessener Zeit zu ihrem Recht kommen können.

Am 2. Februar dieses Jahres hat das Europäische Parlament die Kommission aufgefordert, ein horizontales Instrument einzuführen. Diese Forderung wird vom vzbv unterstützt. Wir brauchen verbindliche horizontale Grundsätze, um einer Rechtszersplitterung vorzubeugen und das Vertrauen der Verbraucher in einen funktionierenden Binnenmarkt zu stärken. Der europäische Gesetzgeber sollte die Mitgliedstaaten dazu verpflichten, effektive und effiziente Instrumente der kollektiven Rechtsdurchsetzung zu schaffen. Ähnlich wie in der Richtlinie über missbräuchliche Klauseln. Diesbezüglich hat der EuGH erst vor wenigen Tagen in seinem Urteil (vom 26.04.2012) zu den Folgen der Nichtigkeit von AGB-Klauseln betont, dass nach der „Zielrichtung der Richtlinie die Mitgliedstaaten dafür zu sorgen haben, dass angemessene und wirksame Mittel vorhanden sind, damit die Verwendung missbräuchlicher Klauseln ein Ende findet“. Diese Maßstäbe, die sich auch in der UGP-Richtlinie finden, müssen auch für die Beseitigung der finanziellen Nachteile aufgrund der Verwendung unzulässiger Klauseln oder verbraucherrechtswidriger Praktiken gelten. Denn sonst wird der beabsichtigte Zweck dieser Richtlinien nicht vollständig erreicht.

Die Lösung darf nicht auf die grenzüberschreitenden Fälle beschränkt sein, weil sonst unterschiedliche Maßstäbe im Verhältnis zu innerstaatlicher Schadensabwicklung entstehen könnten. Sie muss außerdem den gewachsenen Rechtstraditionen in den einzelnen Mitgliedstaaten Rechnung tragen, indem sie diesen die Möglichkeit belässt, Regelungen zu treffen, die in ihr jeweiliges Rechtsgefüge passen.

Der im Wesentlichen auf den Vorschlägen des Rechtsausschusses und seines Vorsitzenden Klaus-Peter Lehne basierende Beschluss des EU-Parlaments enthält einige ganz konkrete Vorschläge, die es wert sind, sie weiter zu diskutieren, wie etwa der Geltungsbereich, der Kreis der klagebefugten Einrichtungen, der Ausschluss des Strafschadensersatzes und so weiter. Hierzu werden wir heute und morgen hoffentlich noch reichlich Gelegenheit haben.

Vorab aber wäre mir wichtig, eine Grundvoraussetzung für die weitere Diskussion festzuhalten:

- Verbraucher, die durch unrechtmäßiges Verhalten von Unternehmen geschädigt wurden, sollen einen Schadensausgleich erhalten.
- Unternehmen, die sich unrechtmäßig zu Lasten von Verbrauchern bereichert haben, sollen keinen Vorteil gegenüber den Mitbewerbern daraus ziehen.

Ich würde mir wünschen, dass wir dieses Ziel allen weiteren Überlegungen voranstellen.

Der Meinungsstand im Europäischen Parlament zu den Gesetzgebungsplänen der Kommission

Redebeitrag von Dr. Andreas Schwab MdEP

Sehr geehrte Damen und Herren,

zuallererst möchte ich mich für die Einladung bedanken, heute aus der Sicht des Europäischen Parlaments einen Beitrag zum aktuellen Stand im Hinblick auf mögliche EU-Sammelklagen leisten zu dürfen.

Eingangs erscheint es mir wichtig, zunächst in einem kurzen Rückblick die bisherigen Schritte zusammenzufassen. Hierauf baut schließlich die aktuelle Debatte auf europäischer Ebene auf.

Am Anfang der Entwicklung standen zunächst das Grünbuch der Generaldirektion Wettbewerb im Hinblick auf Sammelklagen im Wettbewerbsrecht aus dem Jahr 2005 sowie schließlich das entsprechende Weißbuch aus dem Jahr 2008. Der erste Richtlinienentwurf unter Federführung der damaligen Wettbewerbskommissarin Neelie Kroes wurde sodann, gegen erheblichen Widerstand von Seiten der Wirtschaftsverbände und einiger Mitgliedstaaten – darunter auch Deutschland – 2009 vorgestellt.

Aufgrund der großen politischen Uneinigkeit in vielen wichtigen Schlüsselfragen nahm schließlich Kommissionspräsident Barroso in letzter Minute das Dossier wieder von der politischen Agenda der Kommission.

Gleichzeitig stellte Barroso dem Europäischen Parlament im Falle eines erneuten Anlaufs – entgegen der im Vertrag von Lissabon für den Wettbewerbsbereich niedergelegten Kompetenzverteilung – eine spätere Beteiligung im Wege des Mitentscheidungsverfahrens in Aussicht. Damit lag das Dossier aber zunächst einmal auf Eis.

Der nun bevorstehende zweite Anlauf der Kommission wurde sodann 2010 mit einem Konsultationsprozess eingeläutet, der in seinem Grundansatz sowohl kollektive Unterlassungsklagen als auch Schadensersatzklagen umfasste. Das Europäische Parlament hat in dieser Phase mittels zweier Initiativberichte seinerseits wesentliche Standpunkte festgelegt.

Im Februar 2012 wurden dann im Plenum beide Berichte des Europäischen Parlaments mit großer Mehrheit angenommen. Dies betrifft zum einen den Bericht „Kollektiver Rechtsschutz: Hin zu einem kohärenten europäischen Ansatz" aus dem Rechtsausschuss, Berichterstatter war Klaus-Heiner Lehne MdEP, sowie die „Entschließung des EP zum Jahresbericht über die EU-Wettbewerbspolitik 2010", für die ich selbst im Wirtschaftsausschuss als federführender Berichterstatter verantwortlich war.

Schon im Zuge der Ausschussberatungen konnten wir feststellen, dass beide Ausschüsse in wesentlichen Kernpunkten mehrheitlich übereinstimmten. Dies galt insbesondere im Hinblick auf die sogenannten „Safeguards". Hier geht es darum, der Missbrauchsgefahr bei Sammelklagen durch die Schaffung von angemessenen Schutzmechanismen im Bereich der Zulässigkeit vorzubeugen.

Es besteht hier fraktions- und ausschussübergreifend Einigkeit darüber, dass wir jene Fehlanreize und Missbrauchsgefahren, wie wir sie anhand des US-Class-Action Systems kennengelernt haben, bei einer europäischen Regelung für Sammelklagen in jedem Falle ausschalten müssen.

Deshalb haben wir uns in beiden Berichten übereinstimmend unter anderem darauf geeinigt, dass stets das Prinzip des „Opt-in-Verfahrens“ Anwendung finden muss – das heißt, der Klägerkreis muss bereits vor Klageerhebung klar und eindeutig festgestellt werden. Weiter lehnen wir die Vorfinanzierung des Prozesses durch Dritte sowie insbesondere mittels eigens für diesen Zweck eingerichteter Finanzierungsfonds ab. Zudem gilt der Grundsatz, wonach Klageberechtigte, die sich nicht an der Sammelklage beteiligen, weiterhin auch eigenständig klagen können. Eine Rechtskrafterstreckung auf alle nicht an der Klage beteiligten Geschädigten lehnen wir mithin ab.

Darüber hinaus waren wir uns einig, dass Strafschadensersatz und Erfolgshonorare zu den wesentlichen Ursachen für missbräuchliche und ungerechtfertigte Klagen zählen und deshalb im Hinblick auf eine europäische Regelung abzulehnen sind.

Aus meiner Sicht ist am Ende immer die Frage der Prozesskostenfinanzierung und Risikotragung die entscheidende Stellschraube, wenn es darum geht, missbräuchliche Klagen zu verhindern! Im Grundsatz muss daher immer gelten: Jeder Kläger trägt die Beweislast für sein Klagebegehren sowie im Falle seines Unterliegens die Prozesskosten!

Im Unterschied zur horizontalen und sektorübergreifenden Konzeption des Berichts aus dem Rechtsausschuss, haben wir uns im Rahmen des Wettbewerbsberichts auf die spezifischen Problemstellungen privater Rechtsdurchsetzung bei möglichen Sammelklagen im Kartellrecht konzentriert.

Nach den jüngeren Urteilen in Sachen "Pfleiderer“ (EuGH, Juni 2011) und "CDC Hydrogene Peroxide" (EuG, Dezember 2011) muss hier insbesondere die Wirksamkeit der Kronzeugenprogramme weiterhin gewährleistet bleiben.

Die Kronzeugenprogramme sind ein tragender Eckpfeiler der öffentlichen Rechtsdurchsetzung durch die Kartellbehörden. Hier muss sichergestellt werden, dass vertrauliche Informationen nur im Ausnahmefall nach einer intensiven Abwägung der schutzwürdigen Rechtsgüter in den Zivilprozess eingeführt werden können. In diesem Sinne hat dann auch das AG Bonn in seinem Urteil vom 18.02.2012 – im unmittelbaren Anschluss an die Vorabentscheidung des EuGH – in Sachen „Pfleiderer“ im Zuge seiner Abwägungsentscheidung den Schutz der Kronzeugenprogramme über den Anspruch auf Akteneinsicht gestellt und damit letztlich den Klägerzugriff auf die Kronzeugeninformationen verwehrt.

Im Hinblick auf die Gefahr missbräuchlicher Sammelklagen bestünde gerade im Kartellrecht weiterhin die Möglichkeit, ein Korrektiv im Sinne eines allgemeinen Vorbehalts für „Follow-On-Klagen“ einzuführen – und dies wäre dann im besten Sinne ein kartellrechtsspezifischer Safeguard: Danach müsste immer zuerst die Bußgeldentscheidung der Kommission bzw. der nationalen Wettbewerbsbehörde vorangehen und erst dann wäre der Zivilrechtrechtsweg für kartellrechtliche Sammelklagen eröffnet.

Auf dem Gedanken eines solchen Zusammenspiels von öffentlicher und privater Rechtsdurchsetzung baut darüber hinaus auch mein Vorschlag zur Reform der Bußgeldleitlinien der Kommission auf, den ich hier kurz an meine vorigen Überlegungen zu den Sammelklagen anschließen möchte:

Die Kommission könnte hiernach im Zuge des Kartellverfahrens zunächst eine Entscheidung über die Kartellrechtsverletzung dem Grunde nach treffen. Sodann hätten Kartellanten und Kartellgeschädigte die Möglichkeit, sich im Wege eines Vergleichs, etwa im Zuge eines außergerichtlichen Streitschlichtungsverfahrens, zu einigen.

Das Ergebnis dieser Einigung – also mithin die Frage, ob der Schaden bereits kompensiert wurde – könnte dann wiederum bei der abschließenden Entscheidung der Kommission über die Höhe des Bußgeldes berücksichtigt werden. Auf diese Weise könnten zudem vermehrt Anreize zur außergerichtlichen Einigung gesetzt werden.

Diesen Ansatz haben wir ebenso mit großer Mehrheit im Wettbewerbsbericht des Europäischen Parlaments verankert und auf diesem Wege an die Kommission adressiert, verbunden mit der Forderung nach einer Überprüfung bzw. Reform ihrer Bußgeldleitlinien insgesamt.

Die Kommission lehnt allerdings einen solchen Wechselwirkungsmechanismus von privater Schadensregulierung und Bußgeldentscheidung bislang entschieden ab und argumentiert, die Bußgeldentscheidung habe ausschließlich den Zweck der Abschreckung und der Strafe, nicht aber der Kompensation von privaten Schäden.

Dennoch halte ich diesen Vorschlag im Hinblick auf eine Steigerung der Verfahrensökonomie mindestens für erwägens- bzw. prüfenswert. Diese Schnittstelle zwischen Schadensersatzklagen und außergerichtlicher Einigung müssen wir meiner Überzeugung nach gerade auch bei einer europäischen Regelung zu Sammelklagen im Kartellrecht fest im Blick behalten.

Ein weiterer zentraler Gesichtspunkt im Zuge der Debatte um die Einführung von Sammelklagen auf europäischer Ebene betrifft die Frage, wie wir innerhalb Europa „Forum-Shopping“ – mithin einen Wettbewerb zwischen den Mitgliedstaaten um den jeweils günstigsten Klagestandort – vermeiden können. Schon heute sehen wir die Gefahren unterschiedlicher Standards im Hinblick auf die Anforderungen an die Zulässigkeit von Sammelklagen - hier bestehen in den Mitgliedstaaten sehr unterschiedliche Rechtstraditionen:

Die vom Europäischen Parlament auf meinen besonderen Wunsch als Berichterstatter in Auftrag gegebene rechtsvergleichende Studie zum bisherigen Bestand von Sammelklagen in Europa zeigt hier sehr unterschiedliche Rechtstraditionen im Hinblick auf einige Schlüsselfragen:

Hiernach existieren sogenannte „Opt-Out-Modelle“ - bzw. auch hybride Mischformen bereits heute in Polen, Bulgarien, Dänemark, Spanien, Frankreich, den Niederlanden und Schweden. Daneben sind beispielsweise Erfolgshonorare bereits heute in Österreich, Dänemark, Finnland, Italien, Ungarn, Spanien und im Vereinigten Königreich zulässig.

In diesem Zusammenhang möchte ich insbesondere auch auf die neuesten Bestrebungen im Vereinigten Königreich hinweisen: Im Hinblick auf „kollektiven Rechtsschutz“ schlägt das UK Department for Business Innovation & Skills (BIS) nun jüngst in seinem Konsultationspapier die Einführung einer „opt-out class action“ vor und bewertet dies zudem als erstrebenswerte "business innovation".

Im Europäischen Parlament lehnen wir dies, wie bereits ausgeführt, aus guten Gründen ab. Dieses Beispiel zeigt uns aber sehr deutlich, dass wir gerade im Hinblick auf die Zulässigkeitsvoraussetzungen und insbesondere bezüglich der so wichtigen Safeguards eine abschließende europäische Regelung benötigen. Im Rat zeichnet sich hierzu bislang noch kein klares Stimmungsbild ab, aber wir müssen uns der Gefahren, die mit einer solchen Rechtszersplitterung einhergehen, bewusst sein und auf europäischer Ebene entsprechend vorausschauend handeln.

Am Ende möchte ich noch einen Ausblick auf mögliche Entwicklungen in diesem Jahr wagen: Anhand der Ankündigungen der Kommission in ihrem Jahresarbeitsprogramm 2012 halten wir es derzeit für denkbar, dass die Kommission noch in diesem Jahr einen Entwurf für eine horizontale Regelung hinsichtlich allgemeiner Grundsätze für Sammelklagen vorlegen wird. Hier ist derzeit aber noch nicht absehbar, ob diese in Form von „Guidelines“ im Wege einer Mitteilung oder in Gestalt eines legislativen Entwurfes erfolgen wird.

Parallel erscheint ein sektorspezifischer legislativer Entwurf der Generaldirektion Wettbewerb zur grundsätzlichen Regelung des Verhältnisses von öffentlicher und privater Rechtsdurchsetzung im Kartellrecht sowie zum Schadensrecht im Kartellrecht durchaus wahrscheinlich. Möglicherweise wird dieser Entwurf dann auch eine spezifische Regelung zu Sammelklagen im Kartellrecht enthalten.

Im Ergebnis wird sich jeder gesetzgeberische Vorstoß auf diesem sehr gefährlichen Terrain immer an der Frage messen lassen müssen, wie Prozessökonomie und das Schadensersatzinteresse des Kartellgeschädigten in der einen Waagschale sowie der Schutz vor einem Missbrauch von Sammelklagen und der Schutz der Kronzeugenprogramme in der anderen Waagschale in einen guten Ausgleich gebracht werden können.

Effektivität kollektiver Rechtsschutzinstrumente

Prof. Dr. Caroline Meller-Hannich

I. Vorbemerkungen zum Begriff der Effektivität

Die Frage nach der Effektivität von Rechtsschutzinstrumenten ist die Frage nach ihrer Wirksamkeit. Aber: Wirksamkeit in Bezug worauf?[1] Nur weil ein Rechtsinstrument (irgendwelche, möglicherweise unbeabsichtigten) Wirkungen hat, ist es noch nicht effektiv. Vorrangig wird Maßstab für die Effektivität die gesetzgeberische Zielbestimmung eines Rechtsschutzinstruments sein. Ein Rechtsschutzinstrument ist also wirksam, wenn es die mit ihm verfolgten Ziele erreicht. Diese sind allerdings oft sehr allgemein formuliert und/oder nicht hinreichend transparent, und das Rechtsinstrument kann sogar so ausgestaltet sein, dass die formal ausgedrückten Zielsetzungen in ihm gar keine Entsprechung finden. Die Bestimmung der Ziele eines Rechtsinstruments bedarf deshalb zusätzlicher wissenschaftlich methodischer Analyse. Zudem kann nicht ausgeschlossen werden, dass eine bestimmte zu beobachtende Wirkung gar nicht auf das Rechtsinstrument, sondern auf andere soziale oder ökonomische Bedingungen oder gar auf die Umgehung des Rechtsinstruments (, was wohl in die Kategorie der nicht beabsichtigten Wirkungen fiele) zurückzuführen ist. Schließlich wird man Effektivität nicht schon aus der quantitativen Anwendung eines Rechtsinstruments, sondern nur aus den Wirkungen eines solchen Gebrauchmachens begründen können. Wirksamkeit ist also weder allein deshalb zu bejahen, weil ein bestimmtes Rechtsinstrument „häufig“ in der Gerichtsstatistik[2] auftaucht, noch schon deshalb, weil die Prozesse „mehrheitlich“ zu Gunsten desjenigen, dem es nach der Zielbestimmung des Gesetzes dienen soll, ausgehen. Von Effektivität kann man bei kollektiven Rechtsschutzinstrumenten vielmehr erst dann ausgehen, wenn – über diese primäre Wirkungsdimension hinaus – die überindividuelle kollektive Zielbestimmung erreicht wird. Beispielhaft sei hier die Verbandsunterlassungsklage wegen unwirksamer Allgemeiner Geschäftsbedingungen genannt: Eine solche Klage ist nicht schon deshalb effektiv, weil sie häufig angestrengt wird, noch dadurch, dass mehrheitlich ein stattgebendes Unterlassungsurteil ergeht, sondern erst dann, wenn die präventive überin-

1 Zu den (beherrschbaren) Schwierigkeiten empirischer Erforschung von Gesetzeswirkungen insbesondere im Hinblick auf die Effektivität kollektiver Rechtsschutzinstrumente s. *Meller-Hannich/Höland*, Gutachten Evaluierung der Effektivität kollektiver Rechtsschutzinstrumente, in: Schriftenreihe Angewandte Wissenschaft Heft 523, hrsg. v. Bundesministerium für Ernährung, Landwirtschaft und Verbraucherschutz, Bonn 2011, S. 15 f.

2 Eine eigene Gerichtsstatistik zu kollektiven Rechtsschutzinstrumenten wird weder bei einzelnen Gerichten noch zentral geführt. Im folgenden werden die statistischen Werte deshalb einer Verbändebefragung, einer Gerichtebefragung und einer Analyse der veröffentlichten Rechtsprechung entnommen.

dividuelle Zielsetzung, den Rechtsverkehr von unwirksamen Klauseln freizuhalten, erreicht wird.

Beherrschbar wird die Frage nach der Effektivität nach diesen Überlegungen durch genaue wissenschaftliche Zielanalyse des jeweiligen Rechtsschutzinstruments, durch Analyse der Rechtsprechung in quantitativer *und* qualitativer Hinsicht und darüber hinaus durch die Beobachtung weiterer systemischer Wirkungen, etwa im Wege der Befragung beobachtender, gestaltender, richtender und klagebefugter Experten (insbesondere Verbraucher- und Wirtschaftsverbandsvertreter, Richter, Rechtsanwälte).

Die mit einem Gesetz verbundenen Hoffnungen nicht demokratisch legitimierter Partikular- oder Gruppeninteressenvertreter können in ihrer Berechtigung ebenso wie die eigenen rechtspolitischen Vorstellungen von einem effektiven kollektiven Rechtsschutzsystem bei Vorschlägen de lege ferenda bewertet werden. Hier geht es dann nicht um das Verhältnis zwischen den Zielen rechtlicher Regelungen zu deren tatsächlichen Wirkungen, sondern um die Bewertung der Ziele selbst.

II. Kollektive Rechtsschutzinstrumente und Skizzierung ihrer Zielbestimmung

Als kollektive Rechtsschutzinstrumente werden in der Regel folgende Arten der gerichtlichen Geltendmachung von Kollektivinteressen, ein im Übrigen bei den einzelnen Rechtsschutzinstrumenten näher zu bestimmender Betriff, eingeordnet:

1. Unterlassungsklagen von Verbänden

Verbandsunterlassungsklagen sind bekannt aus dem Wettbewerbsrecht (in Deutschland § 8 II Nr. 2-4 UWG), dem Verbraucherschutzrecht (in Deutschland § 2 UKlaG) und dem Recht der Allgemeinen Geschäftsbedingungen (in Deutschland § 1 UKlaG). Klagebefugt sind qualifizierte Einrichtungen (Verbraucherzentralen, Verbraucherverbände, Mietervereine, Schutzgemeinschaften), Industrie- und Handelskammern und Handwerkskammern sowie rechtsfähige Verbände zur Förderung gewerblicher oder selbständiger beruflicher Interessen (Kammern, Wettbewerbsverbände, Berufsverbände, Innungen). Die Unterlassungsklagenrichtlinie[3] ist dabei in allen Mitgliedstaaten

3 Richtlinie 98/27/EG des europäischen Parlaments und des Rates vom 19. Mai 1998 über Unterlassungsklagen zum Schutz der Verbraucherinteressen, Abl. L 166 v. 11.6.1998, S. 51; geändert durch Richtlinie 1999/44/EG des Europäischen Parlaments und des Rates vom 25. Mai 1999, Abl. L 171 12 v. 7.7.1999, Richtlinie 2000/31/EG des Europäischen Parlaments und des Rates vom 8. Juni 2000, Abl. L 178 1 v. 17.7.2000, Richtlinie 2002/65/EG des Europäischen Parlaments und des Rates vom 23. September 2002, Abl. L 271 v. 16.9.10.2002 und Richtlinie 2005/29/EG des Europäischen Parlaments und des Rates vom 11. Mai 2005, Abl. L 149 22 v. 11.6.2005.

– durchaus unterschiedlich[4] – umgesetzt, sieht aber nur für verbraucherschutzgesetzwidrige Praktiken und rechtswidrige Allgemeine Geschäftsbedingungen (AGB) eine Unterlassungsklage vor.

Unterlassungsklagen im Verbraucherrecht zielen dabei darauf ab, im Interesse der Kollektivinteressen der Verbraucher, was nicht mit kumulierten Verbraucherindividualinteressen gleichzusetzen ist, verbraucherschutzgesetzwidrige Verhaltensweisen zu unterbinden.[5] Letztlich ist hier sogar noch weiter zu gehen: Weil der Verbraucherschutz inzwischen als öffentliches Interesse anerkannt ist, geht es bei der Unterlassungsklage um ein *Allgemeininteresse* an der Freiheit des Rechtsverkehrs von verbraucherschutzgesetzwidrigen Praktiken und rechtswidrigen Allgemeinen Geschäftsbedingungen.[6] Der wettbewerbsrechtliche Unterlassungsanspruch zielt vor allem auf das ebenfalls überindividuelle allgemeine Interesse an lauterem Wettbewerb, inzwischen aber auch auf das kollektive Verbraucherinteresse.[7] Die Anwendungsbereiche des UKlaG und des UWG überschneiden einander, weil über § 4 Nr. 11 UWG verbraucherschutzgesetzwidriges Verhalten und die Verwendung oder Empfehlung rechtswidriger AGB gleichzeitig ein Wettbewerbsverstoß sind.[8]

Das hinter der Einräumung von Unterlassungsklagerechten stehende Problem ist folgendes: Eine verbraucherschutzgesetzwidrige oder wettbewerbswidrige Praxis oder rechtswidrige AGB geht nicht durchgängig mit einem Individualanspruch einher. Und selbst wenn dies der Fall ist, lohnt sich angesichts von Beeinträchtigungen mit jeweils geringem Ausmaß für den Einzelnen die prozessuale Durchsetzung nicht; ein häufig mit dem Begriff „rationale(s) Apathie/Desinteresse" bezeichnetes Phänomen. Bei den Unterlassungsklagen geht es also darum, Verletzungen des objektiven Rechts vorzubeugen, auch wenn hinter ihnen keine individuelle Verletzung steht oder zumindest nicht erwartet werden kann, dass das objektive Recht sich als Kehrseite eines individuellen Verletztenprozesses hinreichend bewähren kann.[9]

2. *Gewinn-/Vorteilsabschöpfungsklagen*

Gesetzlich vorgesehen ist eine Abschöpfungsklage bei vorsätzlichem oder fahrlässigem Kartellrechtsverstoß (§§ 34, 34a GWB) und bei vorsätzlichem unlauteren Wett-

4 S. Bekanntmachung der Kommission über die Regelungen der Mitgliedstaaten, Abl. C 181 v. 4.8.2009, S. 6; *Michailidou*, Prozessuale Fragen des Kollektivrechtsschutzes im europäischen Justizraum. Eine rechtsvergleichende Studie, Baden-Baden 2007; Die klagebefugten qualifizierten Einrichtungen jedes Mitgliedstaats sind auch in anderen Mitgliedstaaten klagebefugt, dazu zuletzt die Mitteilung der Kommission bezüglich der klagebefugten qualifizierten Einrichtungen, Abl. C 97 v. 31.3.2012, S. 1.

5 RiLi 98/27/EG, Erwägungsgründe 1, 2; Prütting/Gehrlein/*Halfmeier*, Vor UKlaG, Rn 1,2; MünchKommZPO/*Micklitz*, Vor UKlaG, Rn 7 jew. mwN.

6 *Meller-Hannich*, Verbraucherschutz im Schuldvertragsrecht, Tübingen 2005, S. 316 passim.

7 Köhler/Bornkamm/*Köhler*, UWG § 8, Rn 3.30;

8 BGH NJW 2011, 76; OLG Frankfurt CR 2009, 253; OLG Bamberg v. 20.6.2012 – 3 U 236/11.

9 *Meller-Hannich*, in: Meller-Hannich (Hrsg.), Kollektiver Rechtsschutz im Zivilprozess, Baden-Baden 2008, S. 14 f.

bewerb (§ 10 UWG). Auch hier ist rationale Apathie des Kartellopfers bzw. Mitbewerbers oder Verbrauchers, vor allem im Falle von Bagatellschäden, Anlass der Regelung.[10] Da Bagatellschäden gleichzeitig breit gestreut sein und zu einem hohen Gewinn des Kartellanten bzw. unlauteren Mitbewerbers führen können, reagiert die Abschöpfungsklage. Sie ist insofern nicht zum individuellen – sei es auch kumulierten – Schadensausgleich gedacht, sondern entzieht dem Schädiger den rechtswidrig gezogenen Gewinn, wobei freilich vom Vorteil bereits abgeschöpfter Schadensersatz abzuziehen ist. Gleichzeitig soll sie damit eine präventive Wirkung („Unlauterer Wettbewerb lohnt sich nicht."), gerichtet auf zukünftige Einhaltung der objektiven Rechtsordnung, entfalten. So die groben Grundlinien der Abschöpfungsklagen, die durch die Kartellbehörde bzw. durch die nach § 10 UWG klagebefugten Einrichtungen (Verbraucherzentralen, Verbraucherverbände etc. soweit qualifizierte Einrichtung; Industrie- und Handelskammern und Handwerkskammern, rechtsfähige Verbände zur Förderung gewerblicher oder selbständiger beruflicher Interessen) erhoben werden können. Demnächst sollen auch die Verbraucherverbände neben den Verbänden zur Förderung gewerblicher oder selbstständiger beruflicher Interessen gem. §§ 33 Abs. 2, 34, 34a GWB befugt sein, Unternehmen wegen Kartellrechtsverstößen auf Unterlassung und Vorteilsabschöpfung in Anspruch zu nehmen.[11] Anzumerken ist hierbei schließlich, dass die Planungen der Europäischen Kommission zu einer europäischen Sammelklage ihren Blick in besonderer Weise auf das Wettbewerbs- und Kartellrecht richten.[12] (Siehe aber noch unten V 3).

Da das Thema des kollektiven Rechtsschutzes im Kartellrecht anderorts in diesem Band noch vertieft wird, sei an dieser Stelle als Exkurs nur angemerkt, dass nach einer von der Verfasserin und gemeinsam mit *A. Höland* durchgeführten Evaluierung[13] weder die „verbrauchernahen" noch die „wirtschaftsnahen" Verbände speziell im Kartellrecht Schwierigkeiten sehen, die durch eine allgemeine *Musterfeststellungsklage* behoben werden könnten:[14]

10 Für § 10 UWG s. BT-Drs. 15/1487, S. 23; Köhler/Bornkamm/*Köhler* UWG § 10, Rn 3, 4; ausführlich für das Kartellrecht *Fiedler*, Class actions zur Durchsetzung des europäischen Kartellrechts, Tübingen 2010, S. 38 ff.

11 Gesetzesentwurf zur Novelle des GWB vom 31.5.2012 BT-Drs. 17/9852, Annahme durch den Bundestag am 18.10.2012; zum Stand der Gesetzgebung s. Gesetzgebung.beck.de/node/1015358 (zuletzt aufgerufen am 17.12.2012).

12 S. etwa *Meller-Hannich/Höland*, GPR 2011, 168, 171 mwN; *Möllers/Pregler*, ZHR 176 (2012), 144; *F. Becker/Kammin*, EuZW 2011, 503.

13 O. Fn. 1.

14 S. Abbildung 7, in: *Meller-Hannich/Höland*, Gutachten aaO (Fn 1), S. 88.

Sehen Sie speziell im Kartellrecht Schwierigkeiten, die durch ein solches Verfahren (hier allgemeine Musterfeststellungsklage) behoben werden könnten? (n = 89, Prozente)

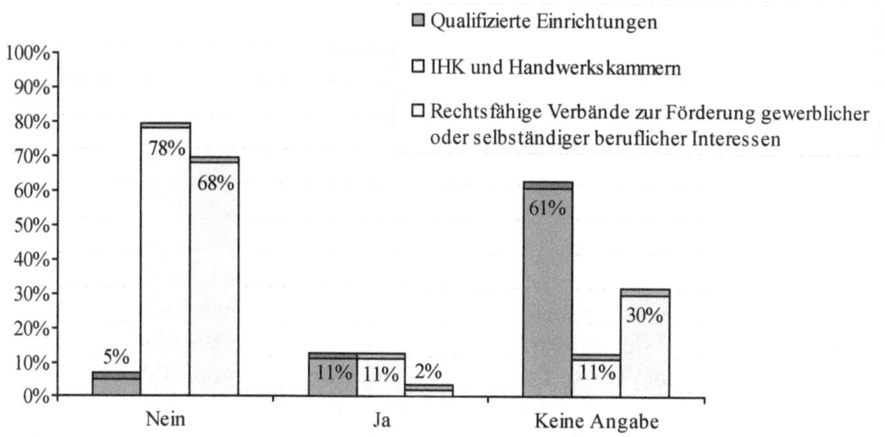

Anders sieht es freilich bei der zumindest von der Verbraucherzentrale Bundesverband (vzbv) kürzlich ausdrücklich bejahten Frage aus, inwieweit Kartellbußen und/oder Kartellgewinne etwa für die kollektive Entschädigung von Verbrauchern oder im Interesse zukünftiger Verbraucherarbeit verwendet werden sollten[15] (s. noch u. IV 3 d).

3. *Einziehungsklage von Verbänden*

Verbraucherverbände können individuelle Zahlungsansprüche[16] von Verbrauchern gebündelt – als Vertreter, nach Abtretung oder zur Einziehung – geltend machen. Eine entsprechende Befugnis folgt auch aus § 79 Abs. 1 S. 2, Abs. 2 S. 2 Nr. 3 ZPO. Ziel dieser Regelung ist es, dem einzelnen Verbraucher die Prozessführung vor allem in Fällen geringer Anspruchshöhe zu erleichtern oder zu ersparen.[17] Gleichzeitig dient sie aber einem Kollektivinteresse der Verbraucher, auch wenn dies für die Klagemöglichkeit der Verbände nicht (mehr) konkret nachgewiesen werden muss.[18] Es geht also sowohl darum, dafür Sorge zu tragen, dass auch in Fällen „rationaler Apathie" im öffentlichen Interesse am Verbraucherschutz[19] eine gerichtliche Prüfung möglich

15 Pressemitteilung des vzbv vom 28.3.2012 abrufbar unter www.vzbv.de/9151.htm (zuletzt aufgerufen am 17.12.2012 sowie vzbv (Hrsg.), Recht durchsetzen – Verbraucher stärken, Möglichkeiten und Grenzen kollektiver Klageinstrumente, Berlin Jan. 2011, S. 16/17, 19.

16 Musielak/*Weth*, ZPO § 79, Rn 13.

17 BT-Drs 14/6040, S. 277; *Schilken*, in: Meller-Hannich, Kollektiver Rechtsschutz im Zivilprozess, Baden-Baden 2008, S. 37.

18 Vgl. BT-Drs 16/3655, S. 88.

19 *Schilken* aaO (Fn 16), S. 47.

wird, als auch soll die Einziehungsklage dazu führen, dass der Individualanspruch von Verbrauchern wirksam kompensiert wird. Es handelt sich bei der Verbandsklage der ZPO um eine „opt-in"-Klage: Sie findet nur statt, wenn jeder einzelne geltend gemachte Anspruch vom jeweils berechtigten Verbraucher an den Verband übertragen oder eine entsprechende Ermächtigung oder Bevollmächtigung erteilt wurde. Die individuellen Ansprüche können durch den Verband gesammelt werden, wobei nicht jeder Verbraucher Prozesspartei, sondern Kläger allein der Verband ist. Hierzu sei schon vorab erwähnt, dass gerade die Organisation des und Motivation zum „opt-in" eines der Probleme der Einziehungsklage ist (s. noch u. III 2, IV 3 c).

4. Musterklagen

Musterverfahren sollen weniger der durch „rationale Apathie" erzeugten Prozessscheu abhelfen als vielmehr der Effektivierung durchaus stattfindenden Individualrechtsschutzes im Allgemeininteresse dienen.[20] Gleichgeartete Rechts- und Tatsachenfragen sollen durch sie einheitlich für eine Vielzahl von Verfahren beantwortet werden. Defizite im Zusammenspiel zwischen dem Individualprozess und der abstrakten, dh überindividuellen Rechts- und Tatsachenklärung sollen aufgefangen werden.[21] Im Prinzip sind Musterprozesse mit zumindest faktischer Bindungswirkung schon nach der ZPO durch Musterprozessabreden möglich; institutionalisiert sind sie aber dort nicht.[22] Ansonsten gibt es für den beschränkten Bereich der Schadensersatzansprüche wegen fehlerhafter Kapitalmarktinformationen sowie der Erfüllungsansprüche aus Vertrag, die auf einem Angebot nach dem Wertpapiererwerbs- und Übernahmegesetz beruhen das Kapitalanlegermusterverfahrensgesetz (KapMuG). Das KapMuG wurde mit Wirkung ab 1.11.2012 reformiert. Dadurch wurde der Anwendungsbereich auch auf die Verletzung von Aufklärungspflichten erweitert (s. § 1 Abs. 1 Nr. 2 Alt. 2 KapMuG), ausgesetzt werden nun auch alle Verfahren, deren Entscheidung vom Feststellungsziel des Musterverfahrens abhängt (s. § 8 Abs. 1 S. 1 KapMuG) und eine verjährungshemmende Anmeldung zum Musterverfahren ist auch ohne Klageerhebung möglich (s. § 10 Abs. 2 KapMuG, § 204 Abs. 1 Nr. 6a BGB). Das Ziel des KapMuG ist sowohl die Effektivierung von Individualrechtsschutz als auch der Erhalt der ordnungspolitischen Steuerungsfunktion kapitalmarktrechtlicher Haftungsnormen.[23] Durch die hier nur kursorisch beschriebenen Neuerungen wurde das Verfahren allerding mit einigen neuen Rechtsfragen belastet, die seine ohnehin vorhandene Kompliziertheit (s. noch III 2, V 1, VI 6) jedenfalls nicht beseitigen.

20 Vgl. für das KapMuG BT-Drs. 15/5091, S. 1; BT-Drs. 15/5091, S. 1.; *Schilken*, aaO (Fn 16), S. 21, 41.

21 *Meller-Hannich*, ZBB 2011, 180, 190; s. zuletzt *Wigand*, ZBB 2012, 194; *Halfmeier*, ZIP 2011, 1900.

22 Im Einzelnen *Schilken*, aaO (Fn 16), S. 21, 39 f.

23 BT-Drs. 15/5091, S. 1.

5. *Gruppenklagen*

Im deutschen Recht sind derartige Klagen nicht explizit geregelt. Möglichkeiten im vorhandenen Prozessrecht über eine Streitgenossenschaft oder Verbindung oder Klage-Gesellschaft bestehen, haben aber jeweils ihre Schwächen.[24] Geeignet sind Gruppenklagen als „opt-in"-Verfahren sicherlich nur für echte Großschäden, im „opt-out"-Modus aber auch für (gestreute) Bagatellschäden[25] (vgl. o. 3). Daran zeigt sich schon die mögliche Zielsetzung von Gruppenklagen: Sie sollen, je nach verfahrensmäßiger Ausgestaltung mit stärkerem oder schwächerem Fokus, eine effektive Justizentlastung bei Massenverfahren ermöglichen, Ansprüche von Betroffenen effektiv durchsetzen und abstrakte Rechts- und Tatsachenfragen verbindlich beantworten. Insoweit können sie Unterlassungsklagen nur ergänzen, Musterklagen sowohl ergänzen als auch ersetzen und Einziehungsklagen von Verbänden ersetzen.

6. *Insgesamt zu den Zielen kollektiver Rechtsschutzinstrumente*

So unterschiedlich die genannten Rechtsschutzinstrumente sind, so ist bei ihren Zielen doch eine Gemeinsamkeit auszumachen: Sie erheben sämtlich den Verbraucherschutz und den funktionsfähigen Wettbewerb zu einem öffentlichen Interesse. Kollektive Rechtsschutzinstrumente gibt es deswegen, weil es der Allgemeinheit nicht gleichgültig ist, ob unwirksame AGB frei im Markt „flottieren" und unlauterer Wettbewerb und verbraucherschutzwidriges Verhalten sanktioniert werden. Mit kollektiven Rechtsschutzinstrumenten werden diese Sachziele im öffentlichen Interesse verfolgt.[26] Die Bewährung, Fortbildung und Kontrolle des objektiven Rechts als Kehrseite schon der Geltendmachung individueller Rechtspositionen wird als nicht ausreichend angesehen: Entweder, weil sie nicht funktioniert (Stichwort „rationale Apathie"), oder weil das objektive Recht auch unabhängig vom Bestehen oder Grad einer subjektiven Rechtsverletzung einzuhalten ist. Effektiv sind kollektive Rechtsschutzinstrumente also erst, wenn sie eine marktbereinigende Funktion erfüllen, deren einziger Messwert es letztlich sein kann, dass vorhandene Verletzungen sanktioniert werden und zukünftige Verletzungen unterbleiben. Das gilt auch für die auf Durchsetzung von Individualansprüchen gerichteten Klagen (Einziehungsklagen, Musterverfahren, Gruppenverfahren); zwar geht es hier jeweils vorrangig um die Durchsetzung subjektiver Rechte; *dass* dies gebündelt, gesammelt oder musterhaft erfolgt, betont aber das überindividuelle kollektive Anliegen auch dieser Klagearten. Das Ausmaß, in dem die Betroffenen von den mit kollektiven Rechtsschutzinstrumenten bekämpften Verhaltensweisen – zumindest stärker – verschont bleiben und bei feststehenden Verletzungen entschädigt werden, ist das Maß ihrer Effektivität.

24 *Schilken*, aaO (Fn 16), S. 42 ff.; *Schirp/Kondert*, NJW 2010, 3287.

25 *Stadler*, in: Meller-Hannich, Kollektiver Rechtsschutz im Zivilprozess, Baden-Baden 2008, S. 111.

26 Vgl. *Meller-Hannich*, aaO (Fn 6), S. 317 passim.

III. Quantitatives zur Nutzung der Rechtsschutzinstrumente

1. Besondere quantitative Bedeutung der Unterlassungsklagen

Unter den beschriebenen kollektiven Rechtsschutzinstrumenten haben unter dem Gesichtspunkt rein quantitativer Geltendmachung die Unterlassungsklagen die größte Bedeutung. In einer vom Bundesministerium für Verbraucherschutz in Auftrag gegebenen Studie haben *A. Höland* und ich dies für den Zeitraum 2006 bis 2009 durch eine Befragung aller klagebefugten Verbände erhoben. Für alle Klageinstrumente ergibt sich dabei freilich eine erhebliche Spannbreite zwischen der Mindestanzahl und der Maximalanzahl von Fällen (=Abmahnungen[27] und Klagen):[28]

	§ 1 UKlaG			§ 2 UKlaG			§ 8 UWG			§ 10 UWG			§ 79 ZPO		
	M	Min.	Max.	M	Min.	Max.	M	Min.	Max.	M	Min.	Max.	M	Min.	Max.
Qualifizierte Einrichtungen	**10**	**2**	**495**	**19**	**4**	**229**	**35**	**4**	**1192**	**16**	**4**	**27**	**8**	**2**	**20**
Verbraucherzentralen	126	4	495	78	5	229	95	4	1192	16	4	27	8	2	20
Verbraucherverbände	15	4	330	10	6	70	7	4	10	—	—	—	—	—	—
Mietervereine	4	2	7	6	4	8	—	—	—	—	—	—	—	—	—
IHK und Handwerkskammern	**7**	**3**	**10**	**2**	**2**	**2**	**131**	**10**	**180**	—	—	—	—	—	—
Rechtsfähige Verbände zur Förderung gewerblicher oder selbständiger beruflicher Interessen	**783**	**5**	**1460**	**10**	**7**	**4400**	**32**	**1**	**30400**	**11**	**5**	**17**	**5**	**5**	**5**
Kammern	—	—	—	9	7	10	32	1	225	—	—	—	5	5	5
Wettbewerbsverbände	1560	1560	1560	4400	4400	4400	15343	285	30400	—	—	—	—	—	—
Berufsverbände	5	5	5	—	—	—	33	3	480	11,0	5	17	—	—	—
Innungen	—	—	—	—	—	—	10	10	10	—	—	—	—	—	—
Keine Angabe	—	—	—	—	—	—	**4**	**4**	**4**	—	—	—	—	—	—
Gesamt	**9**	**2**	**1560**	**10**	**2**	**4400**	**35**	**1**	**30400**	**11**	**4**	**27**	**5**	**2**	**20**

27 Bewusst wurden die Abmahnungen und Klagen deshalb zusammengefasst, weil beide *Wirkung* des Vorhandenseins des entsprechenden kollektiven Rechtsschutzinstruments sind. Es gibt letztlich keine Klage ohne vorherige Abmahnung und viele Streitigkeiten erledigen sich zum Zwecke der Vermeidung eines gerichtlichen Verfahrens durch die Abmahnung.

28 S. Tabelle 18, in: *Meller-Hannich/Höland*, Gutachten aaO (Fn 1), S. 71.

So gibt es Verbraucherzentralen, die in diesen vier Jahren 495 Unterlassungsklagen nach § 1 UKlaG oder gar 1192 nach § 8 UWG genutzt haben, aber auch solche, bei denen es im Erhebungszeitraum nur vier waren. Ebenso hat etwa die Wettbewerbszentrale mehr als 30.000 Klagen und Abmahnungen nach § 8 UWG durchgeführt, die Kammern, ein anderer rechtsfähiger Verband zur Förderung gewerblicher oder selbständiger beruflicher Interessen, kommen für § 8 UWG auf ein Minimum von 1, auf ein Maximum von 225 Klagen und Abmahnungen. Während einige Verbände „repeat players" sind, handelt es sich bei anderen also um „one-shotters". Schon bei Betrachtung des Minimums und Maximums aller Fälle zeigt sich aber die herausragende Bedeutung der Unterlassungsklagen im Vergleich zu den Gewinnabschöpfungsklagen ebenso wie im Vergleich zu den Einziehungsklagen von Verbänden: Im Bereich des § 10 UWG kamen selbst bei den insoweit aktivsten Verbänden (hier sind die Verbraucherzentralen die „repeat players") nur 27 Fälle in vier Jahren vor, viele Verbände waren hier gar nicht aktiv. Bei § 79 ZPO liegt die Spannweite in vier Jahren zwischen 0 und 20 Fällen.

Illustriert man hierbei nicht das Minimum oder Maximum, sondern den Median[29], ergibt sich folgendes Bild:[30]

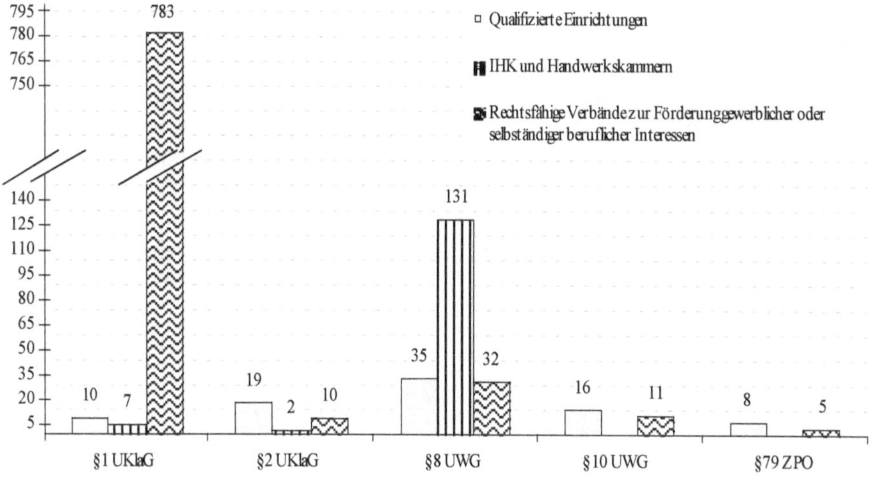

Die Zahlen bezeichnen hier jeweils den Median der Klagen und Abmahnungen nach dem jeweiligen Rechtsschutzinstrument und dem jeweiligen Verbändetyp. Im Median am häufigsten sind dabei die Fälle nach § 1 UKlaG durch die rechtsfähigen Verbände zur Förderung gewerblicher oder selbständiger beruflicher Interessen; darunter ist, so

29 Anders als der Durchschnittswert bezeichnet der Median den Mittelwert einer Statistik und ist deswegen nicht so empfindlich gegenüber extremen Ausreißern.

30 S. Abbildung 4, in: *Meller-Hannich/Höland*, Gutachten aaO (Fn 1), S. 71.

ist aus der Einzelauswertung anzumerken, entscheidend die Wettbewerbszentrale[31] aktiv. Die IHK und Handwerkskammern sind vorrangig mit Fällen vertraut, die nach § 8 UWG angestrengt werden.

Betrachtet man den Median unabhängig von einer Differenzierung nach Verbänden ergibt sich schließlich folgendes Bild:[32]

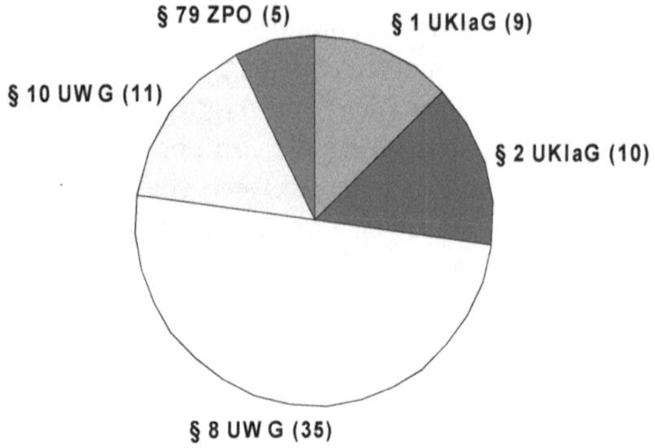

Sowohl bei Betrachtung der absoluten Zahlen als auch bei Berechnung des Medians ergibt sich also eine überdurchschnittliche quantitative Bedeutung der Unterlassungsklagen und eine deutlich geringere Bedeutung der Gewinnabschöpfungsklagen und Einziehungsklagen von Verbänden. Kombiniert man diese empirischen Erhebungen mit einer Analyse der in demselben Zeitraum ergangenen veröffentlichten Rechtsprechung bestätigt sich die geringe quantitative Bedeutung der Gewinnabschöpfungsklagen.[33] Außerdem tritt die besondere Bedeutung des wettbewerbsrechtlichen Unterlassungsanspruchs und desjenigen wegen Verwendung und Empfehlung rechtswidriger AGB noch stärker in den Vordergrund. § 2 UKlaG hat sich demgegenüber – was aber auch seiner Zielbestimmung entspricht – als Auffangtatbestand erwiesen.[34]

2. *Schlussfolgerungen*

Was man wohl schon an dieser Stelle festhalten kann ist, dass Gewinnabschöpfungsklagen zwar stattfinden, aber in einem im Vergleich zu den Unterlassungsklagen deutlich geringeren Umfang. Dass die geringe Anzahl der Klagen auf die abschreckende Wirkung[35] schon der Existenz des Rechtsinstituts der Abschöpfungsklage zurückzu-

31 Die Wettbewerbszentrale hat 1.400 Abmahnungen und 160 Klagen nach § 1 UKlaG durchgeführt; für § 8 UWG gibt die Wettbewerbszentrale die Durchführung von 2.400 Klageverfahren und 28.999 Abmahnungen an.

32 S. Abbildung 3, in: *Meller-Hannich/Höland*, Gutachten aaO (Fn 1), S. 70.

33 *Meller-Hannich/Höland*, Gutachten aaO (Fn 1), S. 30.

34 *Meller-Hannich/Höland*, Gutachten aaO (Fn 1), S. 26, 27; P/G/*Halfmeier* ZPO, § 2 UKlaG, Rn 1.

35 Köhler/Bornkamm/*Köhler*, UWG § 10, Rn 2.

führen ist, lässt sich zumindest nicht belegen. Einiges spricht dafür, dass sie eher aus den hohen Hürden für eine erfolgreiche Klage resultieren (s. noch u. IV 3 b).

Das Individualansprüchen dienende kollektive Rechtsschutzinstrument, die Verbands-Einziehungsklage, hat quantitativ kaum Bedeutung erlangt. Verbände berichten hier von zu hohem organisatorischem Aufwand für das Sammeln der Ansprüche und durchaus auch von der Prozesstrennung durch Gerichte; Eine Klage lohne sich letztlich nur bei besonders hochwertigen Ansprüchen.[36] Auch „follow-on"-Klagen nach erfolgreichen Unterlassungsklagen haben übrigens kaum Bedeutung (s. noch u. IV 3 a). Man wird also mit Fug und Recht schon hier schlussfolgern können, dass individuelle Ansprüche durch kollektive Rechtsschutzinstrumente bislang nicht leichter durchsetzbar werden.

Eine weitere Schlussfolgerung wird man für die Aktivität der einzelnen klagebefugten Verbände ziehen können: Überdurchschnittlich aktiv sind die Verbraucherverbände, darunter insbesondere die Verbraucherzentralen, und die Wettbewerbsverbände, darunter insbesondere die Wettbewerbszentrale.

Für das KapMuG verweise ich im Hinblick auf die Quantität auf die Studie von *Halfmeier* et al.[37] Verfahren nach dem KapMuG sind quantitativ nicht bedeutsam; das Gesetz hat freilich – im Verhältnis zum „Allerweltsthema" der AGB-Verwendung und des Wettbewerbsverhaltens, das durch die Unterlassungsklagen aufgegriffen wird –, auch nur einen beschränkten Anwendungsbereich, und das Verfahren hat sich doch als äußert aufwendig erwiesen.[38]

Thematisch sind die Klagen in nahezu sämtlichen Bereichen des Geschäftsverkehrs und Wirtschaftslebens verortet, wobei Telekommunikation und Internet sowie Energieversorgung und Kreditinstitute, Versicherungen, Reiseunternehmen/Beförderung sowie Kfz-Handel besonders hervorzuheben sind.[39]

IV. Qualitatives zu den kollektiven Rechtsschutzinstrumenten

1. Wie sind die Verfahren ausgegangen?

Die Darstellung kombiniert dabei im folgenden die Angaben der klagebefugten Verbände mit denjenigen der Analyse von Gerichtsakten. Zunächst die Angaben der klagebefugten Verbände:[40]

36 *Meller-Hannich/Höland*, Gutachten aaO (Fn 1), S. 137, 138.

37 *Halfmeier/Rott/Feess*, Kollektiver Rechtsschutz im Kapitalmarktrecht, Evaluation des Kapitalanleger-Musterverfahrensgesetzes, Frankfurt 2010.

38 S. etwa Analyse des Ablaufs der bisherigen Verfahren *Meller-Hannich*, ZBB 2011, 180, 181, 189.

39 S. *Meller-Hannich/Höland*, Gutachten aaO (Fn 1), S. 23 ff, 142.

40 Tabelle 19, in: *Meller-Hannich/Höland*, Gutachten aaO (Fn 1), S. 72.

§ 1 UKlaG	M	Wie?	Zu wessen Gunsten?
Verbraucherzentralen	27	• Erledigungserklärung (durch Unterlassungserklärung) • Urteile (auch Versäumnis- und Anerkenntnisurteile) • Klagerücknahme • wegen Zweitschuldnerhaftung nicht weiterbetrieben • Vergleich • Unterlassungserklärungen (außergerichtlich)	• Unterlassungserklärungen ergehen zu 90% • ca. 50-60% positiver Ausgang bei Urteilen
Verbraucherverbände	19	• Außergerichtliche Einigung • Urteile • Einstweilige Verfügung • Vertragsstrafeklagen	• überwiegend positiv (70-75%) für Verbraucherverbände, oft aber erst in höheren Instanzen (2. Instanz, BGH)
Mietervereine	2	• Urteile • Vergleich • Klagerücknahme • Erledigungserklärung	• Urteile – gewonnen
Wettbewerbsverbände	160	• keine Angabe	• überwiegend gewonnen
§ 2 UKlaG			
Verbraucherzentralen	19	• Urteile • Versäumnisurteile • Anerkenntnisurteile	• streitige Urteile gehen zu 2/3 positiv aus
Verbraucherverbände	12	• Außergerichtliche Einigung • Vergleich • Urteil	• erfolgreich zugunsten der Kläger
Mietervereine	3	• Vergleich • Verfahren	• keine Angabe
Kammern	1	• Einstweilige Verfügung	• keine Angabe
Wettbewerbsverbände	400	• keine Angabe	• überwiegend gewonnen

§ 8 UWG		Wie?	Zu wessen Gunsten?
Verbraucherzentralen	23	• Urteile • Vergleich	• Urteile zu 80-85% positiv • Vergleich – eher selten
Verbraucherverbände	2	• keine Angabe	• zugunsten des Klägers
Handwerkskammern	2	• häufiger Unterlassungserklärungen • Klagerücknahme • Versäumnisurteil • Anerkenntnisurteil	• keine Angabe
Kammern	15	• Urteile (auch Anerkenntnisurteile) • Vergleich • Klagerücknahme • Erledigungserklärung	• ca 95% zugunsten der Kammer
Wettbewerbsverbände	1204	• Urteile	• 80% positiver Ausgang
Berufsverbände	23	• hauptsächlich Urteile (umfasst ebenso Versäumnis- und Anerkenntnisurteile) • Vergleich • Klagerücknahmen (nach vorheriger vollständiger Erfüllung des Unterlassungsanspruches inkl. angefallener Kosten)	• Urteile fast zu 100% zu Gunsten der Berufsverbände
§ 10 UWG			
Berufsverbände	8	• 5 streitige Urteile • 1 Prozessvergleich • 1 Versäumnisurteil	• keine Angabe

M: Durchschnittliche Anzahl der Klagen durch die Verbändetypen mit den jeweiligen Klageinstrumenten.

Es ist festzustellen, dass die Unterlassungsklagen überwiegend positiv für die Verbände ausgehen. Für jeden Verbändetyp ist noch einmal die durchschnittliche Anzahl der geführten Klagen (M) angeführt, um ein ungefähres Verhältnis zwischen Klagen und Ausgang zu ermitteln.

Es fällt allerdings auch auf, dass viele Möglichkeiten zur Beendigung des Rechtsstreits durch Parteiverhalten gewählt wurden: Klagerücknahmen, Versäumnisurteile, Vergleiche und Erledigungserklärungen sind im kollektiven Rechtsschutz keine ungewöhnlichen Wege, einen Rechtsstreit zu beenden.

Ähnliche Ergebnisse ergeben sich aus der Betrachtung einer Erhebung bei den Gerichten zum Verfahrensausgang[41],

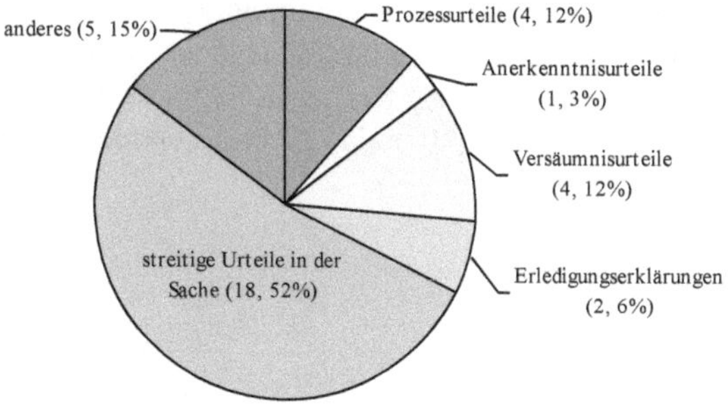

41 Vgl. Abbildung 19, 20, in: *Meller-Hannich/Höland*, Gutachten aaO (Fn. 1), S. 120, 121..

und zur Quote der Verurteilung des Beklagten[42].

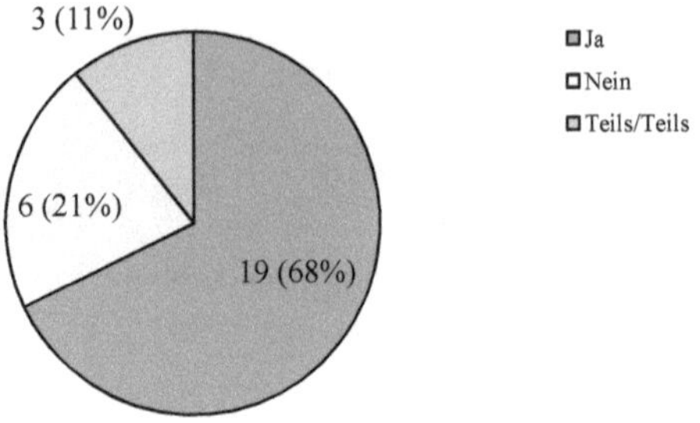

2. *Schlussfolgerungen im Hinblick auf den Verfahrensausgang*

Zusammengefasst kann also festgestellt werden, dass die Verfahren großteils mit einer Verurteilung des Beklagten enden. Auch die Fälle von Verfahrensbeendigung durch Parteidisposition können vielfach in die Kategorie „erfolgreicher Ausgang für den Kläger“ gefasst werden, denn Klagerücknahmen, Erledigungserklärungen oder Vergleiche fanden vorwiegend infolge der Abgabe einer Unterlassungserklärung statt.

Eine besondere Rolle spielen allerdings die Gewinnabschöpfungsklagen. Die von uns statistisch erhobenen Daten sind hier zwar nicht vollkommen eindeutig (bei den Verbänden: keine Angabe[43]; bei den Gerichten: ein Verfahren mit Ausgang Prozessurteil[44]). Dennoch kann man festhalten, dass hier der für den Kläger positive Verfahrensausgang keineswegs der Regelfall ist. Zum einen sind diese Klagen quantitativ nicht bedeutend, zum anderen ist hier aufgrund weiterer Gesichtspunkte (s. noch u. 3 b) im Regelfall nicht von einem positiven Verfahrensausgang auszugehen.

3. *Kollektive Wirkungen*

Wie schon dargestellt (o. I): Für die Beurteilung der Wirksamkeit kommt es auf den Verfahrensausgang allein nicht an. Entscheidend ist, welche Wirkung ein Rechtsschutzinstrument über den einzelnen Rechtsstreit hinaus im Hinblick auf die mit ihm verfolgten kollektiven Ziele hat. Hier sind mehrere Hindernisse für die Wirksamkeit erkennbar.

42 Abbildung 20, in: *Meller-Hannich/Höland*, Gutachten aaO (Fn 1), S. 121.

43 S. o. IV 1 (Tabelle zu den Angaben der klagebefugten Verbände).

44 Tabelle 47, in: *Meller-Hannich/Höland*, Gutachten aaO (Fn 1), S. 121, hier nicht abgebildet.

a) Fehlende Breitenwirkung von Unterlassungsurteilen

Das entscheidende Manko der Effektivität bei den Unterlassungsklagen ist wohl die fehlende Breitenwirkung der Urteile. Alle Beteiligten gaben zu erkennen, dass eine Unterlassung letztlich „nicht weh tut". Probleme zeigen sich hier auf mehreren Ebenen. Auch wenn die Anzahl der (erfolgreichen) Unterlassungsklagen beachtlich ist, und unsere Erhebungen ein Bild überaus engagierter klagebefugter Einrichtungen ergeben, ändert sich die Bewertung doch, wenn man es in Verhältnis zu den in der Anzahl nur vermutbaren aber sicherlich erheblichen Menge von im Marktgeschehen existierenden unwirksamen AGB, verbraucherschutzgesetzwidrigen Praktiken und unlauteren Wettbewerbshandeln setzt. Zitiert werden kann hier im Hinblick auf unwirksame AGB die Äußerung mehrerer Verbandsvertreter vom „Tropfen auf den heißen Stein"[45]. Die Verbände sind schon organisatorisch nicht in der Lage, den Markt systematisch zu „scannen". Anlass für ihr Tätigwerden ist so gut wie immer eine individuelle Verbraucher- oder Verbandsmitgliedsbeschwerde. Hinzu kommt, dass ein Urteil in einem Unterlassungsklageverfahren – die nach unseren Feststellungen letztlich kaum relevante Regelung der §§ 10, 11 UKlaG sei hier beiseite gelassen – keine Bindungswirkung für Dritte hat. Eine Zuwiderhandlung gegen ein Unterlassungsurteil bleibt für alle am Verfahren nicht Beteiligten rechtlich und tatsächlich in aller Regel sanktionslos. Es besteht nicht einmal eine Veröffentlichungspflicht. Schließlich: Ein individueller Verbraucher bzw. Mitbewerber macht so gut wie nie aufgrund eines zusprechenden Unterlassungsurteils eigene Ansprüche (erfolgreich) geltend. Es besteht keine Art von Folgenbeseitigungsanspruch und die Verjährung eines Individualanspruchs während eines Unterlassungsklageverfahrens ist (anders als nun § 204 Abs. 1 Nr. 6a bei der Anmeldung zum Musterverfahren) nicht gehemmt. Gewisse Unterschiede lassen sich hier zwischen der wettbewerbsrechtlichen Unterlassungsklage und den verbraucherschützenden Unterlassungsklagen feststellen: Im Bereich des Wettbewerbsrechts ist das nicht spannungsfreie, kompetitive, aber insgesamt produktive Verhältnis zwischen den Akteuren des Verbraucherschutzes und des fairen Wettbewerbs für die Effektivität förderlich. Die rechtsfähigen Verbände zur Förderung gewerblicher oder selbständiger beruflicher Interessen, insbesondere die Wettbewerbsverbände, beobachten ihre Klientel hier durchaus genau, was aus der (umgekehrten) Verbraucherperspektive von den insoweit klagebefugten Einrichtungen komplettiert wird. Aus diesen Gründen hat sich die Unterlassungsklage nach § 8 UWG sowohl in den einzelnen Verfahren als auch in ihren Auswirkungen auf den Geschäfts- und Wirtschaftsverkehr als effektiv erwiesen. Bei Klagen nach dem UKlaG ist eine solche Wirkung nur teilweise feststellbar. Hier leidet der kollektive Rechtsschutz durchaus an dem unabgestimmten Verhältnis zwischen dem materiellen Verbraucherschutzrecht und dem Wettbewerbsrecht. Abhilfe kann hier ein einheitliches kollektives Rechtsschutzverfahren schaffen, das zudem mit Gewinnabschöpfungsansprüchen und einer normierten Breitenwirkung erfolgreicher Unterlassungsklagen verbunden wird. Bei rechtswidrigen AGB empfiehlt sich zudem ein Musterverfahren, da diese einer abstrakten Überprüfung in be-

45 Vgl. *Meller-Hannich/Höland*, Gutachten aaO (Fn 1), S. 136.

sonderem Maße zugänglich sind.[46] Es müsste allerdings einfacher ausgestaltet sein, als dies derzeit im KapMuG der Fall ist.

b) Tatbestand der Gewinnabschöpfungsklagen

Die Klagen sind schon quantitativ nicht bedeutsam. Grund dafür sind nach unseren Erhebungen vornehmlich die hohen tatbestandlichen Hürden der Gewinnabschöpfungsansprüche und Nachweisprobleme. Je nach „Ausrichtung" bewerten die Verbände dies freilich nicht nur negativ (s. Tab. sogleich). Es handelt sich hier im Übrigen regelmäßig um Prozesse mit hohem Streitwert, die sich Verbände nur selten leisten können; ihr Kostenrisiko (s. noch u. d) ist hier besonders hoch. Diese qualitativen Schlussfolgerungen ergeben sich sowohl aus der Befragung der klagebefugten Einrichtungen, aus der Analyse von Rechtsprechung und Literatur als auch aus zahlreichen Experteninterviews.[47] Die Bezeichnungen als „Papiertiger", „Gespenst ohne Schrecken", „zahnloser Tiger" u.ä. sind gebräuchlich. Zu diesen Bewertungen seien auch die beiden folgenden für sich sprechenden Übersichten eingefügt:[48]

Sollte im § 10 UWG ein anderer Maßstab für die Vertretbarkeit eingeführt werden (schuldlos, fahrlässig, grob fahrlässig, absichtlich)? (n = 34, Häufigkeiten und Prozente)

46 *Meller-Hannich*, ZBB 2011, 180, 191.

47 *Meller-Hannich/Höland*, Gutachten aaO (Fn 1), S. 30, 42, 105 ff, 138 mwN; ebenso *Fezer*, Zweckgebundenen Verwendung von Unrechtserlösen und Kartellstrafen zur Finanzierung der Verbraucherarbeit, 2012, S. 25 ff. abrufbar unter www.umwelt.nrw.de/ministerium/pdf/gutachten_unrechtserloese.pdf; Köhler/Bornkamm/*Köhler*, UWG § 10, Rn 2; (Nur) Auf Regierungsebene scheint sich diese Erkenntnis noch nicht durchgesetzt zu haben, da eine (weitere) Evaluierung des § 10 UWG geplant ist (s. Antwort der Bundesregierung vom 19. 3. 2012 auf eine kleine Anfrage: BT-Drs. 17/9022, S. 8).

48 S. Abbildung 15 sowie Tabelle 39, 40, in: *Meller-Hannich/Höland*, Gutachten aaO (Fn 1), S. 106 f.

	Nein		Ja		Gesamt	
	n	%	n	%	n	%
Qualifizierte Einrichtungen	**—**	**—**	**6**	**100**	**6**	**100**
Verbraucherzentralen	—	—	5	100	5	100
Mietervereine	—	—	1	100,0	1	100
IHK und Handwerkskammern	**6**	**60**	**4**	**40**	**10**	**100**
Rechtsfähige Verbände zur Förderung gewerblicher oder selbständiger beruflicher Interessen	**14**	**78**	**4**	**22**	**18**	**100**
Kammern	5	71	2	29	7	100
Berufsverbände	5	71	2	29	7	100
Innungen	1	100	—	—	1	100
Keine Angabe	3	100	—	—	3	100
Gesamt	**20**	**59**	**14**	**41**	**34**	**100**

Anzahl der Verbände, die eine Beweiserleichterung für das Verschulden, die Kausalität bzw. die Tatbestandsmerkmale befürworten (Häufigkeiten)

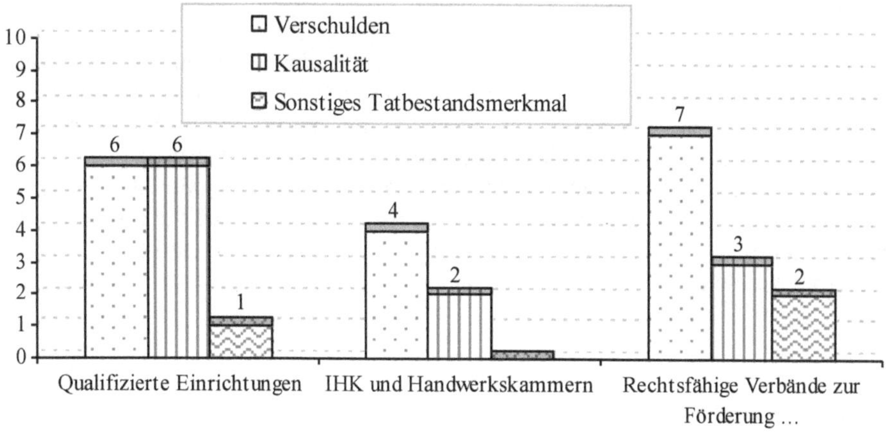

c) Problem der Einziehungsklagen

Auf die geringe Bedeutung der Einziehungsklagen und die mit ihnen verbundenen Probleme wurden schon hingewiesen (o. III 2, IV 2). Dass die Klagen vor allem auf die gebündelte Durchsetzung von Bagatellforderungen ausgerichtet sind, führt in Verbindung mit der Tatsache, dass sie als „opt-in“ -Verfahren gestaltet sind, zu einem erheblichen Defizit: Die bei Bagatellforderungen feststellbare „rationale Apathie" herrscht auch im Hinblick auf die Beteiligung an einem Verbandseinziehungsprozess. „Opt-in"-Klagen machen letztlich nur bei echten Massenverfahren mit größeren Einzelschäden Sinn, da sie hier die Prozessführung erleichtern und Musterprozesse produzieren. Bei Bagatellschäden sind Gewinnabschöpfungsklagen, follow-on-Klagen (o. IV 3 a) und/oder „opt-out"-Verfahren (mit ihren allerdings spezifischen besonderen Problemen im Hinblick auf das rechtliche Gehör der Beteiligten) effektiver.

d) Generelle Probleme

Ein generelles Hindernis für die Nutzung eines kollektiven Rechtsschutzinstruments sind die Verfahrenskosten. Verbände können sich zum Teil nur wenige Verfahren leisten, sie tragen selbst bei gewonnenen Prozessen das Kostenrisiko (Zweitschuldnerhaftung) und profitieren ökonomisch von gewonnenen Verfahren nicht. Diskutiert wird hier vor allem für die Abschöpfungsklagen die andersartige Verwendung der Gewinne oder sogar der Kartellbußen zu Gunsten der Klagebefugten.[49] Zustellungs- und Vollstreckungsprobleme sind ein weiteres generelles Problem im kollektiven Rechtsschutz, das sich besonders dahingehend auswirkt, dass grenzüberschreitende Klagen letztlich nicht stattfinden.

V. Alternativen

Wenn die Frage gestellt wird, wie komplexe, viele Verbraucher betreffende Rechtsfragen optimal geklärt werden können, taucht neben der geforderten stärkeren Breitenwirkung von Unterlassungsklagen (o. IV 3 a) und dem Wunsch nach stärkerer Gerichtsstandkonzentration[50], möglichst bei höheren Gerichten oder sogar dem BGH, der Wunsch nach einer Ausdehnung des Anwendungsbereichs der KapMuG-Klage auf (u. 1). Als Alternativen in den Blick genommen werden sollten auch die derzeit insbesondere auf der europäischen Agenda stehende Verstärkung alternativer Streitbeilegungsmechanismen (u. 2) sowie die Planungen zu einer europäischen Sammelklage (u. 3).

1. Musterfeststellungsverfahren

Viele Verbände sprechen sich für eine Verfahrensart aus, mit der komplexe, viele Verbraucher betreffende Rechtsfragen geklärt werden können; bei den Verbraucher-

49 S. etwa *Fezer,* Zweckgebundene Verwendung von Unrechtserlösen und Kartellstrafen zur Finanzierung der Verbraucherarbeit, 2012, abrufbar unter www.umwelt.nrw.de/ministerium/pdf/gutachten_unrechtserloese.pdf; anders aber bislang Gesetzesentwurf zur Novelle des GWB, BT-Drs. 17/9852; zum Stand der Gesetzgebung s. gesetzgebung.beck.de/node/1015358 (zuletzt aufgerufen am 17.12.2012

50 S. *Meller-Hannich/Höland,* Gutachten aaO (Fn 1), S. 136; *Hess,* JZ 2011, 66.

zentralen sind es 100 %, bei den Mietervereinen 75 %.[51] Auf die Frage „Halten Sie eine gesetzliche Musterfeststellungsklage für ein geeignetes Instrument?“ ergab sich:[52]

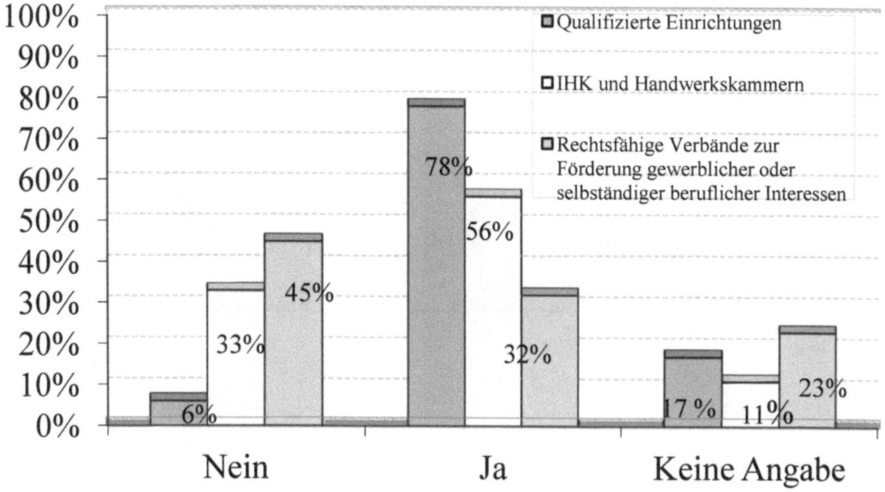

Das Verfahren nach dem KapMuG scheint dabei allerdings die Verbände nicht wirklich zu überzeugen. Bei der Frage „Könnte das Verfahren nach dem Kapitalanleger-Musterverfahrensgesetz (KapMuG) Modell für eine solche Musterfeststellungsklage sein?“ ergab sich nämlich dieses Bild (n = 89, Prozente): [53]

51 Vgl. Tabelle 26, in: *Meller-Hannich/Höland*, Gutachten aaO (Fn 1), S. 85.
52 Vgl. Abbildung 6, in: *Meller-Hannich/Höland*, Gutachten aaO (Fn 1), S. 86.
53 Vgl. Abbildung 8, in: *Meller-Hannich/Höland*, Gutachten aaO (Fn 1), S. 89.

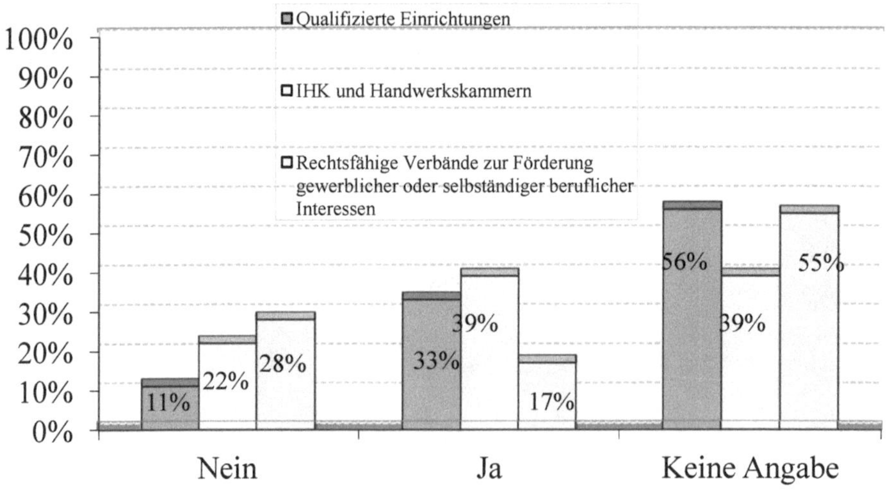

2. *Alternative Streitbeilegung*

Die Vorteile der Alternativen Streitbeilegung liegen auf der Hand: Sie ist (relativ) einfach, in der Regel schnell und kostengünstig; findet zu flexiblen Lösungen unter Ausschluss der Öffentlichkeit. Die europäische Gunst[54], die alternative Streitbeilegungsmechanismen erfahren, bestätigt sich in Deutschland auch in der Praxis. So sind die Beschwerdezahlen beim Ombudsmann der privaten Banken, durchaus eine für den kollektiven Rechtsschutz repräsentative Branche, vom 2006 bis zum Jahr 2011 um 120% auf knapp 8500 jährlich angestiegen.[55] Die Vorteile der Flexibilität und des Ausschlusses der Öffentlichkeit können allerdings für kollektive Rechtsstreitigkeiten nicht durchgängig überzeugen.[56] An dieser Stelle dazu nur soviel: Wenn es im kol-

54 S. etwa Konsultationspapier „kohärenter kollektiver Rechtsschutz" v. 4.2.2011 SEC (2011) 173; Stellungnahme der American Chamber of Commerce to the European Union und der Association of British Insurers, jew. im Konsultationsprozess „kohärenter kollektiver Rechtsschutz" (abrufbar unter ec.europa.eu/competition/consultations/2011_collective_redress/); Mitteilung der Kommission – Alternative Verfahren zur Beilegung von Verbraucherstreitigkeiten im Binnenmarkt v. 29.11.2011 KOM(2011) 791 endg.; Vorschlag für eine Richtline über Formen der alternativen Beilegung verbraucherrechtlicher Streitigkeiten v. 29.11.2011 (KOM) 2011 793 endg.; Vorschlag für eine Verordnung über die Online-Beilegung verbraucherrechtlicher Streitigkeiten v. 29.11.2011 KOM(2011) 794 endg; Entschließung des Europäischen Parlaments v. 2.2.2012 abrufbar unter www.europarl.europa.eu/sides/getDoc.do?pubRef=-//EP//TEXT+TA+P7-TA-2012-0021+0+DOC+XML+V0//DE (zuletzt aufgerufen am 17.12.2012); bestätigt durch Abstimmung im Ausschuss „Binnenmarkt und Verbraucherschutz" am 18.12.2012 s. Pressemitteilung unter http://europa.eu/rapid/press-release_MEMO-12-994_en.htm.

55 Vgl. Ombudsmann der privaten Banken – Tätigkeitsbericht 2011, S. 42; abrufbar als pdf-Datei unter www.bankenverband.de (Publikationen).

56 *Meller-Hannich/Höland*, GPR 2011, 168, 176.

lektiven Rechtsschutz um Interessen geht, die in Individualverfahren – aus verschiedenen Gründen – nicht optimal gewährleistet werden, mag zwar eine Alternative Streitbeilegung dem einzelnen Verbraucher, möglicherweise auch vielen einzelnen Verbrauchern, von Nutzen sein: Die überindividuellen Aspekte (Einhaltung der objektiven Rechtsordnung, Transparenz, Rechtssicherheit, Breitenwirkung, Prävention) können durch sie – anders als übrigens durch eine transparente Vergleichsregelung gerichtlicher Verfahren oder deren Beendigung durch sonstige Parteidisposition – nicht uneingeschränkt verwirklicht werden. Oben wurde die fehlende Verzahnung des kollektiven mit dem individuellen Rechtsschutz festgestellt; bei der Alternativen Streitbeilegung besteht die umgekehrte Gefahr, nämlich fehlender Folgen individuellen Rechtsschutzes für überindividuelle Interessen. Dennoch: *Alternative dispute resolution* (ADR) und *Online dispute resolution* (ODR) entwickeln sich zu *den* favorisierten Instrumenten des Verbraucherschutzes, durchaus in Abgrenzung zu anderen tatsächlich kollektiven Instrumenten (s. sogleich 3).

3. Die europäische Sammelklage

Auch hier können die aktuellen Entwicklungen nur kurz dargestellt werden:[57] Aufgrund eines gemeinsamen Papiers der drei Kommissare für Justiz, Wettbewerb und Verbraucherpolitik vom Oktober 2010 eröffnete die Kommission bis April 2011 eine öffentliche Konsultation. Wieder einmal teilen sich hier die Stellungnahmen der „stakeholder" zwischen der Ablehnung „amerikanischer Verhältnisse" und der positiven Bewertung entsprechender europäischer Ansätze. Dazu ganz klar: Europäische Sammelklage muss nicht bedeuten: „(pre-trial-)discovery", Strafschadenersatz, „opt-out", Klageindustrie, Vergleichszwang, und sollte auch nicht länger mit diesen Argumenten bekämpft werden. Wenn wir über die Effektivität der vorhandenen Rechtsschutzinstrumente sprechen, sei klargestellt, dass grenzüberschreitender kollektiver Rechtsschutz *nicht* stattfindet[58] und ein europäisches Rechtsschutzsystem deshalb, auch zur Vermeidung von Wettbewerbsverzerrungen, anzustreben ist. Im momentanen System scheitert vielfach schon die grenzüberschreitende Zustellung, spätestens aber die Vollstreckung.[59] Im materiellen Verbraucherschutzrecht und im materiellen Wettbewerbsrecht haben wir inzwischen eine europäische Rechtsvereinheitlichung oder zumindest Angleichung auf Mindestniveau erreicht, womit der Angleichungsstand im kollektiven Rechtsschutz nicht Schritt gehalten hat. Zu begrüßen wäre also ein effektives europäisches System des kollektiven Rechtsschutzes. Die dem Konsultationsprozess nachfolgende Entschließung des Europäischen Parlaments vom 2. Februar

57 Ausführlich zum Konsultationsprozess *Meller-Hannich/Höland*, GPR 2011, 168; zum Vergleich mit der Situation in den USA zuletzt etwa *Möllers/Pegler*, ZHR 176 (2012), 144; *Wendt*, EuZW 2011, 616; *Brömmelmeyer*, VuR 2011, 161; *Koch*, JZ 2011, 438; *Brand*, NJW 2012, 1116.

58 Zu den Problemen s. etwa *Stadler*, VuR 2010, 83; *Baetge*, ZEuP 2011, 933.

59 Pikanterweise sollten kollektive Schadensersatzklagen vom für die Revision der Brüssel I-VO geplanten Wegfall des Exequaturverfahrens nicht erfasst sein, s. KOM(2010), 748 endg, S. 5 ff., 19; nunmehr aber VO (EU) Nr. 1215/2012 vom 12.12.2012 (ABl. EU L 351/1 vom 20.12.2012).

2012[60] strebt vor allem eine Entschädigung von geschädigten Verbrauchern und Unternehmen in Massen- und Streuschadensfällen an, bei denen das Kostenrisiko nicht in Verhältnis zum erlittenen Schaden steht. Sie betont, dass missbräuchliche Klagen verhindert werden sollen, ein „opt-in"-System zu befürworten sei, Ausforschungsbeweise, eine Abkehr von der Kostentragungspflicht des Prozessverlierers und Strafschadenersatz nicht anzustreben seien, und legt besonderen Wert auf die alternative Streitbeilegung. Letztlich geht es eher um die Erarbeitung eines gemeinsamen Besitzstandes an Prinzipien, die jedenfalls in Kohärenz zu den nationalen vorhandenen Systemen stehen sollen. Auf die Probleme von „opt-in"-Lösungen im Falle von – auch massenhaft auftretenden – Bagatellschäden (o. IV 3 c) und diejenigen der Alternativen Streitbeilegung bei kollektiven Rechtsschutzinstrumenten (o. V 3.) wurde dabei bereits hingewiesen. Auf Schadensersatz für Bagatellschäden gerichtete Sammelklagen mit möglichst einvernehmlicher Streitbeilegung sind sowohl „ungefährlich" als auch als *isoliertes* Instrument kollektiven Rechtsschutzes ineffektiv. Wahrscheinlich ist unter der derzeitigen EU-Kommission nicht mehr mit Weiterentwicklungen eines europäischen kollektiven Rechtsschutzes zu rechnen; gesetzt wird auf die Alternative Streitbeilegung (o. 2). Die Vizepräsidentin der Europäischen Kommission und EU-Justizkommissarin Viviane Reding hat die noch kürzlich ganz deutlich gemacht: Ich zitiere an dieser Stelle aus ihrer Rede auf dem 69. Deutschen Juristentag in München im September 2012: „Ich persönlich bin entschieden *gegen* europäische Gesetzgebung auf diesem Gebiet (ie EU-Sammelklagen, *Einf. durch Verf.*). Ich meine, dass das nationale Prozessrecht in der Europäischen Union noch zu unterschiedlich ist, um solche Experimente zu wagen. Ich kann auch keinen Vorteil im Import der amerikanischen „class actions" in die europäische Rechtsordnung erkennen – auch nicht für Verbraucher, die gerade in Deutschland durch eine umfangreiche Gesetzgebung, durch die Justiz und durch Verbraucherverbände bereits heute auf beeindruckend hohem Niveau geschützt sind."[61]

VI. Thesen

1. Grundlage der Wirksamkeit nahezu aller kollektiver Rechtsschutzinstrumente ist die Aktivität der klagebefugten Einrichtungen. Hier begegnen wir überaus engagierten klagebefugten Einrichtungen, die eine erfolgreiche und professionelle Abmahnpraxis üben und viele erfolgreiche und im einzelnen Verfahren durchaus effektiv ablaufende Prozesse führen. Es hat sich dabei als fruchtbar erwiesen, dass kollektive Rechtsschutzinstrumente sowohl von den Akteuren des Verbraucherschutzes als auch denjenigen des fairen Wettbewerbs erhoben werden.
2. Es ist nicht feststellbar, dass die grundsätzliche Einordnung kollektiver Rechtsschutzinstrumente in das System des Zivilprozesses (Stichwort „private enforce-

60 Abrufbar unter www.europarl.europa.eu/sides/getDoc.do?pubRef=-//EP//TEXT+TA+P7-TA-2012-0021+0+DOC+XML+V0//DE (zuletzt aufgerufen am 17.12.2012); Konsequent eine horizontale Rahmenrichtlinie fordernd: *Lehne*, WuW 2012, 566.

61 http://europa.eu/rapid/press-release_SPEECH-12-614_de.htm?locale=en (es gilt das gesprochene Wort).

ment“) ihrer Effektivität schaden. Im Gegenteil: Das Engagement der klagebefugten Einrichtungen passt zum Zweck des Zivilprozesses und zu seinen Maximen. Auch auf Nachfrage hat kein Verband etwa die Verortung kollektiver Rechtsschutzinstrumente in ein behördliches System befürwortet.

3. Dass der kollektive Rechtsschutz „multiinstrumentell“ ist, ist ein entscheidendes Plus für seine Effektivität. Die Defizite des Individualrechtsschutzes sind zu unterschiedlich, als dass sie durch ein einheitliches Instrument beseitigt werden könnten. Unterlassungs-, Gewinnabschöpfungs-, Einziehungs-, Muster- und Gruppenklagen haben jeweils spezifische Funktionen: Gewinnabschöpfungsklagen und Unterlassungsklagen sind dabei tauglich in den Fällen „rationaler Apathie“ bei Bagatellschäden und können dort die Funktion ansonsten nicht stattfindender Individualprozesse ersetzen und darüber hinaus präventiv (abschreckend) wirken. Unterlassungsklagen sind zudem geeignet, wenn objektive Rechtsverletzungen gar nicht durch ein entsprechendes subjektives (Unterlassungs-)Recht sanktioniert werden. Die Kompensation von massenhaft entstandenen Großschäden wird hingegen am besten durch Muster- und/oder Gruppenklagen erleichtert und einheitlicher Entscheidung zugeführt.
4. Die Möglichkeit der Unterlassungsklage wird intensiv und erfolgreich genutzt. Dies gilt vor allem für die Unterlassungsklage im Bereich des Wettbewerbsrechts. Diese hat sich auch deshalb als besonders effektiv erwiesen, weil unlautere Geschäftspraktiken von mehreren, jeweils unterschiedliche Aspekte des Lauterkeitsrechts beobachtenden Verbänden und Einzelklägern professionell verfolgt werden. Auch die Unterlassungsklage gegen rechtswidrige AGB kommt häufig vor. Die Unterlassungsklage wegen verbraucherschutzgesetzwidriger Praktiken hat demgegenüber nur eine Auffangfunktion.
5. Die Zahlungsklagen (Gewinnabschöpfung, Einziehungsklage von Verbänden, Sammel- und Gruppenklage) haben keine große Bedeutung. Gerade die Gewinnabschöpfungsklage hat sich als nahezu gänzlich ineffektiv erwiesen, weil ihre Voraussetzungen zu hoch angesetzt wurden. Bei den auf Zahlung gerichteten Musterklagen bedarf es einer Vereinfachung des Ablaufs.
6. Trotz erfolgreicher Unterlassungsklagenpraxis zeigen sich in der Breitenwirkung von Unterlassungsklageverfahren Defizite. Das betrifft zum einen die Bindung gegenüber Dritten und damit die Prävention zukünftiger Rechtsverletzungen. Zum anderen profitiert hier der individuelle Rechtsschutz kaum vom kollektiven Rechtsschutz. „Follow-on“-Klagen sind zu vernachlässigen. Abhilfe kann hier ein für die verbraucherrechtlichen und die wettbewerbsrechtlichen Verbandsunterlassungsansprüche *einheitliches* kollektives Rechtsschutzverfahren schaffen, das zudem mit Gewinnabschöpfungsansprüchen und einer normierten Breitenwirkung erfolgreicher Unterlassungsklagen verbunden wird. Bei rechtswidrigen AGB empfiehlt sich zudem ein Musterverfahren, da diese einer abstrakten Überprüfung in besonderem Maße zugänglich sind. Es müsste allerdings einfacher ausgestaltet sein, als dies derzeit im KapMuG der Fall ist. Sinnvoller als die neue Regelung des § 204 Nr. 6a BGB erscheint dabei eine verjährungshemmende Wirkung vergleichbar § 33 Abs. 5 GWB schon durch die Erhebung der Unterlassungsklage.

7. Verbände haben keinen Nutzen von gewonnenen Prozessen und tragen dennoch erhebliche Kostenrisiken auch im Falle des Obsiegens. Die intrinsische Motivation der Verbandsvertreter kann über die insoweit fehlenden Anreize nicht vollends hinwegtragen, und vor allem bei der Gewinnabschöpfung scheitern Klagen am Kostenrisiko. Hier ist etwa durch Einrichtung von Fonds für zukünftige Klagen, in die abgeschöpfte Vorteile eingespeist werden könnten, ein Anreiz zu schaffen.
8. Grenzüberschreitende Klagen, Zustellungen und Vollstreckungen sind zu vernachlässigen. Der derzeit diskutierte Ansatz einer europäischen Sammelklage scheint hierzu keine Abhilfe zu schaffen. Ein eigenständiges multiinstrumentelles europäisches System des kollektiven Rechtsschutzes entwirft die europäische Sammelklage nicht.
9. Ob *effektiver* kollektiver Rechtsschutz gewollt ist, ist letztlich eine rechtspolitische Frage. Möglich ist er, gratis ist er nicht zu haben.

Kollektiver Rechtsschutz im Kartellrecht – Sammelklagen auf Schadensersatz?

Univ.-Prof. Dr. Christoph Brömmelmeyer

Die Kommission hat sich bereits mehrfach für eine Sammelklage auf Schadensersatz im Europäischen Wettbewerbsrecht ausgesprochen. Dieses Plädoyer wird vor allem mit der Effektivität des Rechtsschutzes und des Kartellrechtssystems gerechtfertigt. Fraglich ist jedoch, ob die Sammelklage das rationale Desinteresse der Kartellgeschädigten wirklich überwinden und das mit der Liquidation von Bagatellschäden verbundene Transaktionskostenproblem lösen kann. Fraglich ist auch, ob die Sammelklage die Effektivität des Kartellrechtssystems wirklich erhöht. Denn sie trägt zur Aufdeckung von Kartellen nichts bei, gefährdet u.U. aber die Effektivität der Kronzeugenregelung.

I. Einführung

Kollektiver Rechtsschutz richtet sich nach dem Begriffsverständnis der Kommission gegen "unlautere Geschäftspraktiken mit nachteiligen Folgen für eine Vielzahl von Klägern".[1] Diese Definition ist allerdings ungenau, weil die Kommission auch Verbandsklagen (*representative actions*) als kollektiven Rechtsschutz behandelt, obwohl in diesen Fällen nur der Verband, d.h. nur ein einziger Kläger in Erscheinung tritt. Die Literatur[2] versteht unter kollektivem Rechtsschutz teils die *kollektive Durchsetzung von Individualinteressen*, d.h. die gebündelte Geltendmachung von Individualansprüchen durch einen oder mehrere Kläger, teils aber auch die *Durchsetzung von Kollektivinteressen*, die sich als solche nicht in der bloßen Bündelung von Individualinteressen erschöpfen. Diese Definitionen schließen sich gegenseitig nicht aus; vielmehr rechtfertigt man das Plädoyer für eine Sammelklage auf Schadensersatz im Kartellrecht u.a. mit dem Hinweis darauf, dass die effektive Durchsetzung der Individualansprüche auch im Kollektivinteresse, nämlich im Interesse der "Durchsetzungskraft" (EuGH) der Europäischen Wettbewerbsregeln und damit im Interesse des unverfälschten Wettbewerbs liege (*private enforcement*).[3]

1 Kommission, SEK (2011) 173 endg., Kollektiver Rechtsschutz – Hin zu einem kohärenten Europäischen Ansatz, S. 3.

2 Im Einzelnen: *Bernhard*, Kartellrechtlicher Individualschutz durch Sammelklagen, 2010, S. 9-12.

3 Exemplarisch: Kommission, KOM (2005) 672 endg., Grünbuch vom 19.12.2005, Schadensersatzklagen wegen Verletzung des EU-Wettbewerbsrechts, S. 4, im Hinblick auf Schadensersatzklagen im allgemeinen. Es gilt als ausgemacht, dass *private enforcement* in der Logik der Reform des Kartellrechts (2003), d.h. v.a. der Dezentralisierung sowie der Einführung der Legalausnahme durch die Kartellverfahrensverordnung liegt. Dazu: *Micklitz*, in: Basedow/Terhechte, Private Enforcement of Competition Law, S. 101, 102.

II. Die Sammelklage auf Schadensersatz

Die Diskussion über eine Sammelklage auf Schadensersatz findet ihren Ursprung in der Rechtsprechung des Gerichtshofs: Danach verbürgt das Europäische Wettbewerbsrecht auch subjektive Rechte;[4] jedermann könne sich, so der Gerichtshof, auf die Nichtigkeit eines verbotenen Kartells berufen und jedermann könne Ersatz des Schadens verlangen, der ihm durch ein Kartell entstanden sei.[5] Mangels einschlägiger Regelung auf EU-Ebene sei es jedoch grundsätzlich "Sache der Mitgliedstaaten", die zuständigen Gerichte zu bestimmen und die Klagemodalitäten zu regeln – sofern diese Modalitäten nicht weniger günstig ausgestaltet seien als die entsprechender innerstaatlicher Klagen (Äquivalenzgrundsatz) und sofern sie die Ausübung der durch die Gemeinschaftsrechtsordnung verliehenen Rechte nicht praktisch unmöglich machten oder übermäßig erschwerten (Effektivitätsgrundsatz).[6]

Die Befürworter einer Sammelklage befürchten nun, dass diese Haftung für Kartellverstöße insb. bei *Streuschäden* bloß auf dem Papier existiert. Denn vielfach bestehe ein rationales Desinteresse potentieller Kläger daran, geringfügige Schäden ("Streuschäden") gegen die Mitglieder eines (angeblichen oder tatsächlichen) Kartells einzuklagen.[7] Die Kommission hat dieses Problem in den Erwägungsgründen ihres inoffiziellen Richtlinien-Entwurfs (2009) wie folgt auf den Punkt gebracht:

> *"Harm caused by infringements of Art.[101] of the Treaty is often scattered among a multitude of injured parties, typically consumers or small and medium-sized enterprises. These injured parties are likely to be dissuaded from bringing an individual action for damages given the costs, complexities, legal uncertainties and the resulting risks associated with such action, in particular compared to the value of their individual claim. It is therefore important that effective mechanisms of collective redress are available for the parties injured ... ."*[8]

4 EuGH, EuZW 2001,715 – *Courage*, Rn. 23 "[...], dass [heute: Art. 101 f. AEUV] in den Beziehungen zwischen Einzelnen unmittelbare Wirkungen erzeugen und unmittelbar in deren Person Rechte entstehen lassen, die die Gerichte der Mitgliedstaaten zu wahren haben"; EuGH, EuZW 2006, 529 – *Manfredi*, Rn. 58.

5 EuGH (Manfredi), a.a.O.: "Was die Möglichkeit angeht, Ersatz des Schadens zu verlangen, der durch einen Vertrag, der den Wettbewerb beschränken oder verfälschen kann, oder ein entsprechendes Verhalten verursacht worden ist, so wären die volle Wirksamkeit des Art. 81 EG und insb. die praktische Wirksamkeit des Art. 81 Abs. 1 EG beeinträchtigt, wenn nicht jedermann Ersatz des Schadensverlangen könnte, der ihm durch einen solchen Vertrag oder ein solches Verhalten entstanden ist."

6 EuGH (Courage), Rn. 29; EuGH (Manfredi), Rn. 62, 71.

7 Statt aller: *Hempel*, Kollektiver Rechtsschutz im Kartellrecht, in: *Möschel/Bien*, Kartellrechtsdurchsetzung durch private Schadensersatzklagen?, 2010, S. 71, 73 f.; zum Begriff des Streuschadens auch: *Bernhard*, a.a.O., S. 32 "... wenn ein Schädigungsereignis einer Vielzahl von Personen in gleichartiger Weise einen Schaden zufügt, die Schadenssumme aber so gering ist, dass die Geschädigten nach einer rationalen Kosten-/Nutzen-Analyse des Prozesskostenrisikos regelmäßig von einer klageweisen Geltendmachung des Schadens absehen".

8 Erwägungsgrund Nr. 8; ähnlich bereits: Kommission, Weißbuch, a.a.O.: Insb. bei relativ geringwertigen Streuschäden schreckten einzelne Verbraucher, aber auch kleinere Unternehmer, angesichts der mit einem Gerichtsverfahren verbundenen Kosten, Verzögerungen, Unwägbarkeiten, Risiken und Belastungen vor Individualklagen zurück." Infolgedessen erhielten viele Opfer zur Zeit gar keine Entschädigung.

1. Rechtspolitische Diskussion

Die Kommission hat sich bereits im Jahre 2008 für eine Sammelklage auf Schadensersatz im Kartellrecht ausgesprochen[9] und "einen eindeutigen Bedarf nach [sic!] Mechanismen [ermittelt], die eine Bündelung der individuellen Schadensersatzforderungen von [Kartell-]Opfern ermöglichen." Deswegen schlug sie zwei einander ergänzende Mechanismen für einen wirksamen kollektiven Rechtsschutz vor:

1. *Verbandsklagen*, die von *qualifizierten Einrichtungen* (z.B. Verbraucherverbände, staatliche Institutionen oder etwa berufsständische Organisationen) für eine Gruppe bezeichneter oder, in eher begrenzten Fällen, identifizierbarer Einzelpersonen erhoben werden. Die qualifizierten Einrichtungen sollen nach dem Konzept der Kommission entweder a) im Vorhinein offiziell von einem Mitgliedstaat benannt oder b) von einem Mitgliedstaat *ad hoc* ermächtigt werden, im Namen einiger oder aller ihrer Mitglieder Verbandsklage einzureichen.
2. *Opt-in-Gruppenklagen*, zu denen sich einzelne Opfer *ausdrücklich zusammenschließen*, um ihre jeweiligen Schadensersatzansprüche in einer einzigen Klage zusammenzufassen.[10] Da qualifizierte Einrichtungen nicht immer in der Lage oder bereit seien, allen Schadensfällen mithilfe einer Verbandsklage nachzugehen, sei es erforderlich, dass Verbandsklagen durch die Möglichkeit von *opt-in*-Gruppenklagen *ergänzt* würden, um einen wirksamen Rechtsschutz für Opfer von Wettbewerbsverstößen zu gewährleisten.[11] Individualklagen sollen dadurch ausdrücklich *nicht* ausgeschlossen werden – allerdings dürfe es nicht zu einer Mehrfachentschädigung kommen.[12]

Daraufhin hatte das Europäische Parlament[13] die Kommission aufgefordert, eine "horizontale und integrierte" Regelung zu prüfen und "vorerst davon abzusehen, kollektive Rechtsdurchsetzungsmechanismen für Opfer von Verstößen gegen das EG-Wettbewerbsrecht vorzulegen". Die Kommission hat sich davon jedoch nicht weiter beeindrucken lassen; sie hat vielmehr einen inoffiziellen Richtlinienentwurf (2009)[14] lanciert, der wie avisiert, *group actions* (Art. 4) sowie *representative actions*" (Art. 5) qualifizierter Einrichtungen (Art. 6) vorsah,[15] der jedoch kurz darauf wieder *ad acta* gelegt wurde – ob vorläufig oder endgültig, bleibt abzuwarten.

Im Konsultationspapier "Kollektiver Rechtsschutz: Hin zu einem kohärenten Europäischen Ansatz" (2011) betont die Kommission nunmehr erneut, plakativ und nicht

9 Kommission, Weißbuch, Schadensersatzklagen wegen Verletzung des EG-Wettbewerbsrechts, 02.04.2008, KOM(2008) 165 endg., unter 2.1.

10 Kommission, a.a.O. Hervorhebung durch die Kommission.

11 Kommission, a.a.O. Hervorhebung durch die Kommission.

12 Kommission, a.a.O.

13 Entschließung des Europäischen Parlaments vom 26.03.2009 zu dem Weißbuch zu Schadensersatzklagen wegen Verletzung des EU-Wettbewerbsrechts, ABl. C 117 E vom 06.05.2010, S. 161.

14 *Proposal for a Council Directive on rules governing damages actions for infringements of Art. 81 and 82 of the Treaty*, Competition DG, COMP/A1/CV D(2009)6.

15 Dazu ausführlich: *Wagner von Papp*, EWS 2009, 445, 446.

beschränkt auf das Kartellrecht, dass "Rechte, deren Durchsetzung in der Praxis nicht gewährleistet werden könne, wertlos seien, um dann, insb. unter Berufung auf die Defizite der Individualklage für einen kohärenten kollektiven Rechtsschutz zu werben.[16]

2. Rechtspolitische Legitimation

a) Funktion(en) der Sammelklage auf Schadensersatz

Das Plädoyer für eine Sammelklage auf Schadensersatz beruht auf zwei Legitimationssträngen, nämlich auf dem (angeblichen) Rechtsschutzdefizit, das bisher dazu führt, dass die Kartellopfer nur in einem Bruchteil der Fälle, in denen ein Kartellverstoß vorliegt, tatsächlich entschädigt werden, und auf dem (angeblichen) Beitrag, den die Sammelklage auf Schadensersatz im Sinne eines *private enforcement*[17] zu der Effektivität des Kartellrechtssystems leisten könne.[18] Dies spiegelt die (angebliche) Doppelfunktion der Haftung: Die Haftung auf Schadensersatz soll nicht nur der *Kompensation*, d.h. nicht nur dazu dienen, den Schaden auszugleichen, den das Kartellopfer im konkreten Einzelfall erlitten hat (Individualschutz),[19] sondern auch der *Prävention* (Institutionenschutz);[20] sie soll auch abschrecken.

aa) Effektiver Rechtsschutz (Kompensation)

Die Kommission begründet ihre Vorschläge für eine Sammelklage auf Schadensersatz vor allem mit der Effektivität des Rechtsschutzes: Das vorrangige Ziel bestehe darin, "die rechtlichen Rahmenbedingungen für die Geschädigten zu verbessern, damit sie ihren [im heutigen AEUV] ... verankerten [Schadensersatz-]Anspruch ... wirksamer geltend machen können." Wichtigstes Leitmotiv sei eine vollständige Entschädi-

16 Kommission, SEK(2011) 173 endg., Konsultationspapier vom 04.02.2011, Kollektiver Rechtsschutz: Hin zu einem kohärenten europäischen Ansatz.

17 Begriff: Durchsetzung objektiven (Privat-)Rechts durch Private (vgl:. *Saam*, Kollektive Rechtsbehelfe zur Durchsetzung von Schadensersatzansprüchen im europäischen Wettbewerbs- und Verbraucherrecht, 2011, S. 58).

18 Siehe nur die Problembeschreibung im *Commission-Staff Working Paper accompanying the White Paper on Damages actions for breach of the EC antitrust rules*, SEC(2008) 404 vom 02.04.2008, Rn. 24: "*individual actions ... do little to deter the perpetrators from violating the law, and the full harm caused to society is not repaid.*"

19 Der Kompensationsgedanke ist im deutschen Recht wie selbstverständlich verankert und im französischen Recht sogar verfassungsrechtlich anerkannt; vgl.: *Conseil constitutionnel* v. 22.10.1982, D. 1983, S. 189; *Krenzer*, in: *Möschel/Bien* (Hrsg.), S. 25, 26.

20 *Roth*, in: Casper et al., Auf dem Weg zu einer europäischen Sammelklage, 2009, S. 109 f.; *Schmidt*, AcP 206 (2006), 87 f.

gung.[21] In der Folgenabschätzung heißt es noch pointierter: "*full compensation in the greatest possible number of cases*" sei "*the first and foremost objective*".[22]

bb) Effektivität des Kartellrechtssystems (Prävention)

Die Haftung auf Schadensersatz soll aber auch der Effektivität des Kartellrechtssystems, d.h. der Prävention dienen: Der EuGH begründet die Haftung für Kartellverstöße vor allem mit dem Hinweis darauf, dass ein Schadensersatzanspruch die Durchsetzungskraft der gemeinschaftsrechtlichen Wettbewerbsregeln erhöhe; er sei geeignet, von – oft verschleierten – Vereinbarungen oder Verhaltensweisen abzuhalten, die den Wettbewerb beschränken oder verfälschen" könnten. Schadensersatzklagen vor den nationalen Gerichten könnten, so der EuGH, wesentlich zur Aufrechterhaltung eines wirksamen Wettbewerbs in der Gemeinschaft beitragen.[23] Die (Sammel-)Klage auf Schadensersatz wird damit zu einer Indienstnahme Privater; über den individuellen Rechtsschutz hinaus verwirklicht sie (angeblich) auch das übergeordnete Kollektivinteresse an der durch das Kartellrecht geschützten Funktionsfähigkeit der Märkte.

b) Rangverhältnis

Im Hinblick auf das Rangverhältnis von Kompensation und Prävention fallen die Erwägungen der Kommission und die Rechtsprechung des EuGH erkennbar auseinander: Die Kommission knüpft (inzwischen) vor allem an den Kompensationsgedanken an,[24] während der EuGH[25] die Haftung mit der Effektivität des Kartellrechtssystems rechtfertigt. Der BGH[26] geht – wie die Kommission – davon aus, dass die Haftung auch im Kartellrecht vor allem der Kompensation dient: Zweck des Schadensersatzanspruchs aus § 823 Abs. 2 BGB i.V.m. Art. 101 AEUV sei es, den Schaden auszugleichen, der den durch das Kartell Geschädigten entstanden sei. Diese Ersatzpflicht wirke auf die Kartellteilnehmer zugleich abschreckend. Prävention sei somit eine nützliche Folge der Kompensation.[27]

III. Die Sammelklage als Beitrag zu einer effektiven Entschädigung der Kartellopfer

Die Frage, ob die Sammelklage die Effektivität des Rechtsschutzes für Kartellgeschädigte erhöhen würde, die (hypothetisch) auf Schadensersatz klagen könnten, lässt sich nur auf der Folie der jeweiligen nationalen Rechtsordnungen beurteilen

21 Kommission, Weißbuch, a.a.O. unter 1.2.
22 Commission Staff, SEC (2008), 405, *Impact Assessment*, unter 5.1.1 [Benefits], a).
23 EuGH, a.a.O.
24 Darauf hat auch *Roth*, a.a.O., bereits hingewiesen.
25 EuGH, a.a.O.
26 BGH, GRUR 2012, 291, Rn. 37.
27 BGH, a.a.O., Rn. 62.

1. Rechtsschutzmöglichkeiten im Deutschen Recht

a) Individuelle Rechtsverfolgung

In der Bundesrepublik Deutschland ist ein Schadensersatzanspruch aufgrund eines Kartellverstoßes im Individualprozess ohne weiteres einklagbar. Dass dieser Rechtsschutz nicht nur auf dem Papier existiert, lässt sich u.a. aus der aktuellen Rechtsprechung ablesen: Der BGH[28] hat mit Blick auf ein Preiskartell unter Papierherstellern gerade erst entschieden, dass "[d]er Kreis der wegen eines Verstoßes gegen Art. 101 AEUV Anspruchsberechtigten *nicht* auf die unmittelbare Marktgegenseite der Kartellmitglieder begrenzt" sei. Den Einwand, "der Ersatzberechtigte habe den kartellbedingten Preisaufschlag [seinerseits] auf seine Kunden abgewälzt" (*passing-on defence*),[29] will der BGH zwar grundsätzlich berücksichtigen,[30] prozessual jedoch erkennbar entschärfen. Die *passing on defence* besteht in der Behauptung, der Abnehmer habe gar keinen Schaden erlitten, weil er die durch das (Preis-)Kartell entstandenen Mehrkosten in Form höherer Preise an die indirekten Abnehmer weitergegeben habe. Der BGH geht zwar davon aus, dass "[d]er Vorteil, der dem Geschädigten aus einer Abwälzung des kartellbedingten Preisaufschlags auf seine Abnehmer" erwachse, "unter dem Aspekt der Vorteilsausgleichung zu berücksichtigen sein" könne. Die Darlegungs- und Beweislast für die tatsächlichen Voraussetzungen der Vorteilsausgleichung liege jedoch beim Schädiger.[31] Dementsprechend müsse der beklagte Kartellteilnehmer anhand der allgemeinen Marktverhältnisse auf dem relevanten Absatzmarkt, insb. [anhand] der Nachfrageelastizität, der Preisentwicklung und Produkteigenschaften, plausibel dazu vortragen, dass eine Weiterwälzung des Schadens zumindest ernsthaft in Betracht komme; weiter sei darzutun und zu beweisen, dass der Weiterwälzung keine Nachteile des Abnehmers gegenüberstünden, insb. kein Nachfragerückgang, durch den die Preiserhöhung (ganz oder teilweise) kompensiert worden sei.[32] Im Hinblick auf eine sekundäre Darlegungslast des Geschädigten gibt sich der BGH sehr zurückhaltend: sie setze eine umfassende Prüfung voraus, bei der sorgfältig abzuwägen sei, inwieweit dem Geschädigten insb. eine Darlegung zu Umständen ab-

28 BGH, a.a.O..
29 Im Detail: *Schürmann*, Die Weitergabe des Kartellschadens, 2010.
30 BGH, a.a.O., Rn. 11.
31 BGH, a.a.O., Rn. 64.
32 BGH, a.a.O., Rn. 69.

verlangt werden könne, an deren Geheimhaltung er ein schützenswertes Interesse habe.[33] Damit gewährleistet der BGH, dass sich der Schaden nicht entlang der Marktstufen verflüchtigt und am Ende gar nicht mehr liquidiert wird,[34] und relativiert so (ungewollt) auch den Ruf nach einer Sammelklage: Denn die Befürchtung, dass Kartellmitglieder aufgrund der Diffusion des Schadens über mehrere Marktstufen hinweg im Ergebnis gar nicht haften, wiegt umso leichter, je restriktiver die Rechtsprechung die *passing on defence* behandelt.

b) Kollektive Rechtsverfolgung

Klarzustellen ist, dass es auch künftig vielfach zu Bagatellschäden kommen wird, die der Geschädigte aufgrund seines rationalen Desinteresses (s.o.) nicht (gerichtlich) geltend machen wird; nach deutschem Recht wäre allerdings eine Bündelung der Schadensersatzansprüche möglich:

aa) Materielle Bündelung

Ein Musterbeispiel für die materielle Bündelung von Schadensersatzansprüchen und die sich daran anschließende Klage liefert das Urteil des OLG Düsseldorf vom 14. Mai 2008.[35] Dort klagte die Cartell Damage Claims AG, ein belgisches Unternehmen, das sich darauf spezialisiert hat, kartellrechtliche Schadensersatzansprüche geltend zu machen, gegen die an dem Kartell beteiligten Zementhersteller. Die Kartellopfer hatten ihre Schadensersatzansprüche an die Klägerin verkauft und abgetreten. Das OLG Düsseldorf hat die Prozessführungsbefugnis der Klägerin bestätigt; im Prozess mache sie ein eigenes Recht in eigenem Namen geltend.[36]

bb) Prozessuale Bündelung

Das deutsche Recht erlaubt auch eine prozessuale Bündelung von Schadensersatzansprüchen: Gem. § 59 f. ZPO können mehrere Personen u.a. dann "als Streitgenossen

33 BGH, a.a.O. Diese Rechtsprechung ist auf die Rechtslage nach Inkrafttreten der 7 GWB-Novelle übertragbar. § 33 Abs. 3 Satz 2 GWB bestimmt zwar in Fällen des Bezugs "einer Ware oder Dienstleistung zu einem überteuerten Preis", dass "der Schaden nicht deshalb ausgeschlossen [ist], weil die Ware oder Dienstleistung weiterveräußert wurde" (Satz 2). Diese Formulierung ist indes, wie *Mäsch* (Mäsch, in: *Mäsch* (Hrsg.), Praxiskommentar zum deutschen und europäischen Kartellrecht, 2010, § 33 GWB, Rn. 51) mit Recht betont, missglückt: Der Schaden tritt bereits dadurch ein, dass der Erstabnehmer das Produkt zu einem überhöhten Preis erwirbt; eine spätere Abwälzung des Schadens ändert daran nichts. Die eigentliche Frage ist also, ob dem Kartellopfer ein Schadensersatzanspruch mit dem Argument der Vorteilsausgleichung zu verwehren ist (*Mäsch*, a.a.O.).

34 Je verstreuter die Schäden sind, desto geringer ist der Anreiz des einzelnen Geschädigten, den Schaden zu liquidieren (*von Papp*).

35 OLG Düsseldorf, WuW/E DE-R 2311-2317.

36 OLG Düsseldorf, a.a.O., Rn. 53.

gemeinschaftlich klagen ..., wenn sie ... aus demselben tatsächlichen und rechtlichen Grunde berechtigt ... sind.[37] Das ist bei Klagen gegen ein- und dasselbe Kartell wegen eines durch einen Kartellverstoß verursachten Schadens der Fall.

c) Bewertung

Festzuhalten bleibt, dass das deutsche Recht Rechtsschutzmöglichkeiten eröffnet, dass jedoch weder die materielle noch die prozessuale Bündelung von Schadensersatzansprüchen geeignet ist, das rationale Desinteresse des Kartellgeschädigten an der Liquidation von Streuschäden zu überwinden. Denn die Bündelung setzt voraus, dass die (angeblichen) Kartellopfer die Initiative ergreifen und trotz des Bagatellcharakters des Schadens die Belastung durch die Forderungsabtretung bzw. den Prozess in Kauf nehmen.

2. Sammelklagen

Bleibt die Frage, ob die von der Kommission vorgeschlagene Sammelklage das Problem der Streuschäden lösen kann:[38]

a) Gruppenklage

Die Gruppenklage basiert auf einem *opt-in* Modell, ist also ein "Instrument des kollektiven Rechtsschutzes mit freiwilliger Bündlung von Klagen".[39] "Diesen Instrumenten ist gemein, dass die Geschädigten sich selbst organisieren und selbst die Initiative ergreifen (müssen)".[40] Daher überwiegt in der Literatur auch die Erwartung, dass der *opt-in*-Gruppenklage kein großer Erfolg beschieden sein wird.[41] Denn an dem rationalen Desinteresse der (potentiellen) Kläger ändert sich nichts. Es bleibt ja grundsätz-

37 *Bernhard*, a.a.O., S. 151, hat mit Recht darauf hingewiesen, dass Streitgenossenschaft und Gruppenklage nicht gleichzusetzen sind: Die Klagen der Streitgenossen werden faktisch miteinander verbunden bleiben aber rechtlich voneinander unabhängig; jeder Streitgenossen kann unabhängig über sein Verfahren disponieren, indem er abweichende Tatsachen vorträgt oder Beweisvorbringen widerspricht. Fristen laufen für jeden Streitgenossen gesondert. Die Rechtskraft des Urteils bezieht sich jeweils nur auf den individuellen Anspruchsinhaber, nicht aber auf die weiteren Streitgenossen.

38 Klarzustellen ist insoweit, dass die Effektivität der Sammelklage auch von den generellen, d.h. nicht auf den kollektiven Rechtsschutz beschränkten Regelungsvorschlägen der Kommission – bspw. zu Fragen des Beweiszugangs und der Kostentragung abhängt.

39 *Hempel*, in Möschel/Bien, a.a.O., S. 71, 86.

40 *Hempel*, a.a.O.

41 *Hempel*, a.a.O., S. 87.

lich bei den prohibitiv hohen Transaktionskosten – auch, weil die Koordinierung der Kläger mit Kosten verbunden ist.[42]

b) Verbandsklage

Laut Richtlinien-Entwurf (s.o.) könnte die *Verbandsklage* alternativ als *opt-in-* oder als *opt-out*-Klage erhoben werden. Die Kommission hält jedoch vor allem das *opt-out*-Modell für vielversprechend: "*To ensure the effectiveness of [representative] ... actions, qualified entities should not be required to individually identify all the injured parties belonging to the represented group*" (siehe auch: Art. 5 Abs. 2 Satz 2 der Richtlinie). Die qualifizierten Einrichtungen sollen die repräsentierten Geschädigten statt dessen nur (möglichst) von der in ihrem Interesse erhobenen Klage in Kenntnis setzen (Absatz 3 Satz 1).[43] Die Rechtskraft des Urteils soll sich dann aber auf alle Geschädigten erstrecken, die von der *opt-out*-Option (bewusst oder unbewusst) keinen Gebrauch gemacht haben.[44] Bekanntlich werden gegen eine solche Konstruktion jedoch gravierende, grund- und prozessrechtliche Einwände erhoben; so wird gegen das *opt-out*-Modell u.a. das Recht auf rechtliches Gehör (Artt.6 Abs. 1 EMRK, 47 Abs. 2 Europäische Grundrechtecharta, 103 Abs. 1 GG)[45] angeführt sowie die Dispositionsmaxime (Art. 2 Abs. 1 GG).[46] Hinzu kommen Beweprobleme: Nicht nur, dass der Verband den Beweis führen müsste, dass bestimmte, aber nicht genannte Geschädigte aufgrund bestimmter (?) Transaktionen einen bestimmten Schaden erlitten haben. Hinzu kommt, dass später auch noch der (angebliche) Geschädigte gegenüber dem Verband nachweisen müsste, dass gerade er diesen Schaden erlitten hat. Die Verteilung des Schadensersatzes wäre also erneut mit Kosten verbunden.[47]

IV. Die Sammelklage als Beitrag zur Effektivität des Kartellrechtssystems

Bleibt die Frage, ob sich die Sammelklage auf Schadensersatz mit der (angeblich) erhöhten Effektivität des Kartellrechtssystems begründen lässt. Das setzt voraus, dass das bisherige Kartellrechtssystem Defizite aufweist, die eine Sammelklage beheben würde. Derartige Defizite benennt die Kommission allerdings nicht; selbst in der Folgenabschätzung heißt es nur (sehr) vorsichtig: "*better enforcement of ... [EC competition rules] (by means of private actions),* may *contribute to greater compliance with*

42 *Hempel*, in: Möschel/Bien, a.a.O., S. 71, 87.

43 Art. 5 Abs. 3 Satz 1 des inoffiziellen Richtlinien-Entwurf: "*The qualified entity shall take the appropriate means to make the representative action known to all those who may have claims for damages within the scope of the representative action.*"

44 Art. 5 Abs. 4 Satz 2 des inoffiziellen Richtlinien-Entwurf: "*Any decision by the court on the merits of the case shall be binding on all injured parties represented by the qualified entity at the time when such decision is adopted.*"

45 Dazu: *Bernhard*, a.a.O., S. 228-230.

46 *Bernhard*, a.a.O., S. 232 ("verfassungsrechtlich unzulässig").

47 Dazu auch: *Roth*, in: Casper et al., S. 109, 129.

these rules".[48] Bei der Bewertung dieser Hypothese sind die (möglichen) positiven und negativen Effekte einer Sammelklage abzuwägen. Positiv könnte sich das erhöhte Haftungsrisiko, negativ könnte sich die mögliche Beeinträchtigung der Kronzeugenprogramme auswirken:

1. Erhöhtes Haftungsrisiko

a) Erhöhtes Entdeckungsrisiko

Die Frage, ob eine Sammelklage auf Schadensersatz das Entdeckungsrisiko eines Kartells erhöht – mit der Folge, dass potentielle Kartellmitglieder auf der Basis einer mit der Entdeckungswahrscheinlichkeit gewichteten Kosten-/Nutzen-Analyse auf die Bildung des Kartells verzichten – ist zu verneinen.

Beobachtet die Marktgegenseite ein Marktverhalten, das den Rückschluss auf ein mögliches Kartell zulässt, so fehlen ihr doch die Mittel, um eine (rechtswidrige) Kooperation der (angeblichen) Kartellmitglieder nachzuweisen; ggf. bleibt ihnen nur, sich an die Kartellbehörden zu wenden und den mutmaßlichen Wettbewerbsverstoß mitzuteilen.[49] Die Literatur geht teils zwar davon aus, dass der Anreiz, die Behörden auf Kartellverstöße aufmerksam zu machen, durch die Aussicht auf Schadensersatz erhöht werde.[50] Das halte ich aber für konstruiert: Die Marktgegenseite hat ohnehin ein Interesse daran, dass das Kartell aufgedeckt wird – schon um künftige Schäden zu verhindern. Dass sie mangels Kompensationsanreiz schweigt, ist also eher unwahrscheinlich.[51]

Für die Prognose, dass Kartelle durch Sammelklagen nicht aufgedeckt werden, spricht auch, dass kaum jemand *stand-alone* Klagen erwartet. Ein Kartell ohne die Mitwirkung der Kartellbehörden nachzuweisen sei, so *Bernhard*, praktisch unmöglich.[52] Dementsprechend erwartet man ausschließlich Folgeklagen (*follow-on*-Klagen) auf der Basis eines bereits erfolgreich abgeschlossenen behördlichen Kartellverfahrens. Dann ist das Kartell aber schon aufgedeckt.

48 Folgenabschätzung, a.a.O., Rn. 98.

49 Etwas anderes gilt nur, wenn man eine *class action* nach US-amerikanischem Muster einführt, was aber erkennbar nicht gewollt ist.

50 *Wagner-von Papp*, in Möschel/Bien , a.a.O. S. 272, insb. auch: Fn. 23.

51 Hypothetisch vorstellbar wäre allenfalls, dass professionelle Kläger Prämien für einen *whistleblower* ausloben, der dann u.U. nicht nur in den Genuss von Bonusregelungen käme, sondern auch noch eine Prämie von dem (potentiellen) Kläger erhielte; aber abgesehen von vielen ungeklärten Rechtsfragen entstünde so genau die Klageindustrie, die in Europa nicht gewollt ist.

52 Siehe statt aller: *Bernhard*, a.a.O., S. 64 f., mit dem Hinweis darauf, dass es "nahezu unmöglich" sei, "einen Kartellverstoß ohne behördliche Hilfe nachzuweisen".

b) Erweiterte Haftung im Falle der Entdeckung

Immerhin erhöht eine Sammelklage auf Schadensersatz jedoch das Sanktionsrisiko für den Fall, dass das Kartell (wie auch immer) aufgedeckt worden ist: Die Mitglieder des Kartells könnten sich nicht mehr darauf verlassen, dass bloße Streuschäden schon aufgrund des rationalen Desinteresses (s.o.) der Geschädigten nicht geltend gemacht werden; vielmehr müssten sie mit einer – im Einzelnen unberechenbaren – Sammelklage auf Schadensersatz und damit rechnen, dass sie auch die Prozesskosten tragen und die mit einer Sammelklage u.U. verbundene negative Presse in Kauf nehmen müssten. Daraus könnte sich ein gewisser *Präventionseffekt* ergeben.

2. Beeinträchtigung der Kartellaufsicht

Die Sammelklage könnte sich andererseits jedoch nachteilig auf die staatliche Durchsetzung des Kartellrechts auswirken; "nationale und europäische Behörden" spielen, so das Europäische Parlament,[53] "eine wesentliche Rolle bei der Durchsetzung des Unionsrechts"; private Rechtsdurchsetzung solle die staatliche Rechtsdurchsetzung nur ergänzen, nicht ersetzen; im Lichte der *Pfleiderer*-Entscheidung des EuGH müsse die Kommission sicherstellen, dass kollektiver Rechtsschutz die Wirksamkeit der Kronzeugensysteme[54]und das Vergleichsverfahren nicht beeinträchtige.[55]

Tatsächlich liegt es nahe, dass die Kooperationsbereitschaft des (potentiellen) Kronzeugen sinkt, dass er ihn selbst belastende Informationen also lieber für sich behält, wenn er mit einer Sammelklage auf Schadensersatz rechnen muss.[56] Dabei ist zu

53 Entschließung, "Kollektiver Rechtsschutz: Hin zu einem kohärenten Europäischen Ansatz", […].Entschließung des Europäischen Parlaments vom 02.02.2012 zu dem Thema „Kollektiver Rechtsschutz: Hin zu einem kohärenten europäischen Ansatz" (2011/2089C/Ni)), unter i

54 Kronzeugenregelungen finden sich sowohl auf Europäischer Ebene als auch auf der Ebene der Mitgliedstaaten, Siehe: Mitteilung der Kommission über den Erlass und die Ermäßigung von Geldbußen in Kartellsachen, ABl. Nr. C 298 vom 08.12.2006, S. 17; Bekanntmachung des Bundeskartellamtes Nr. 9/2006 über den Erlass und die Reduktion von Geldbußen in Kartellsachen – Bonusregelung.

55 Zu der Befürchtung, das *private enforcement* könnte ausufern und die Gerichte deswegen zu einer restriktiven Interpretation des materiellen Kartellrechts veranlassen, so dass (unvermeidlich) auch das *public enforcement*, d.h. die Durchsetzung des Kartellrechts durch die Kartellbehörden erschwert werden könnte. *Wils*, World Competition 2009, S. 3, 23 f.; *Wagner-von Papp*, in: Möschel/Bien (Hrsg.), S. 268, 300.

56 Die Kommission hatte noch im Weißbuch (a.a.O., unter 2.9.) dafür plädiert, Kronzeugen vor einem gesteigerten Haftungsrisiko zu schützen, hat im späteren Richtlinienentwurf jedoch weitgehend darauf verzichtet. Dazu: *von Papp*, EWS 2009, 445, 446. Immerhin sieht Art. 8 (*Exceptions from disclosure of evidence*) vor: "1. *Member states shall ensure that national courts at no point in time order the disclosure of corporate statements or settlement submissions. 2 Member States shall ensure that national courts refrain, to the extent necessary, from ordering disclosure upon application by a competition authority that has shown to the court that disclosure would undermine an ongoing investigation concerning a suspected infringement of Art. 81 or 82 of the Treaty."*

berücksichtigen, dass sich die Kronzeugenregelung auch nach dem Eindruck des Bundeskartellamts als das schlagkräftigste Instrument bei der Verfolgung von besonders schädlichen *Hardcore*-Kartellen erwiesen hat.[57] Bisher ist Stein des Anstoßes vor allem das Akteneinsichtsrecht des (angeblich) Kartellgeschädigten:

- Das Gericht hat dem Kartellgeschädigten – genau genommen: der CDC Hydrogene Peroxide – vor kurzem, auf der Basis der Transparenzverordnung (EG) Nr. 1049/2001, ein Recht auf *Einsicht in das Inhaltsverzeichnis der Ermittlungsakten der Kommission* eingeräumt.[58] Die Kommission könne die Einsicht grundsätzlich zwar mit Rücksicht auf den Schutz der geschäftlichen Interessen des von dem Dokument Betroffenen ablehnen. Das Interesse eines Kartellmitglieds, eine Klage auf Schadensersatz zu vermeiden, sei jedoch kein schutzwürdiges geschäftliches Interesse.[59] Auch einen Ablehnung mit Rücksicht auf den Schutz des Zwecks der Untersuchung durch die Kommission komme nicht in Betracht. Durch die Einsichtnahme in das Inhaltsverzeichnis werde die konkrete Untersuchung, d.h. das bereits abgeschlossene behördliche Kartellverfahren nicht (mehr) gefährdet.[60]
- Das AG Bonn hingegen hat dem Kartellgeschädigten die Einsichtnahme in die Akten des Bundeskartellamts im Fall *Pfleiderer* verwehrt: Die Pfleiderer AG war Kundin eines Kartells bestimmter Dekorpapier-Hersteller. Das Bundeskartellamt konnte das Kartell aufgrund von Kronzeugenaussagen identifizieren. Daraufhin wandte sich die Pfleiderer AG an das Bundeskartellamt und beantragte gem. § 406e Abs. 1 StPO Akteneinsicht, um ihre Klage auf Schadensersatz vorzubereiten. Das Bundeskartellamt lehnte ab. Das AG Bonn ging anfangs davon aus, dass die Pfleiderer AG aufgrund der überhöhten Preise, die sie für die Dekorstoffe gezahlt habe, Verletzte i.S. von § 406e Abs. 1 StPO sei, und dass die beabsichtige Inanspruchnahme auf Schadensersatz ein "berechtigtes Interesse" an der Einsichtnahme begründe.[61] Da das Amtsgericht Rückwirkungen auf die Kooperation der Europäischen Kartellbehörden befürchtete (Art. 11 f. VO Nr. 1/2003), legte es dem Gerichtshof die Frage vor, ob das Europäische Recht so auszulegen sei, dass der Geschädigte eines Kartells keine Akteneinsicht in Bonusanträge und -unterlagen erhalten dürfe.[62] Der Gerichtshof hat dies verneint, hat aber darauf hingewiesen, dass es Sache der Gerichte der Mitgliedstaaten sei, auf der Grundlage des jeweiligen nationalen Rechts unter Abwägung der unionsrechtlich geschützten Interessen zu bestimmen, unter welchen Voraussetzungen Akteneinsicht zu gewähren oder zu verweigern sei.[63] Das AG Bonn hat nunmehr entschieden, dass das Bundeskartellamt die Akteneinsicht mit Recht versagt habe, weil andernfalls der Untersuchungs-

57 Bundeskartellamt, Stellungnahme zum Referentenentwurf zur 8. GWB-Novelle vom 30.11.2011, S. 4 zum Thema Akteneinsicht.
58 EuG, Urt. v. 15.12.2011, T-437/08, BeckRS 2011, 81909.
59 EuG, a.a.O., Rn. 58.
60 EuG, a.a.O.
61 AG Bonn, EuZW 2012, 193.
62 AG Bonn, a.a.O.
63 EuGH, EuZW 2011, 589 = NJW 2011, 2946.

zweck gefährdet werde (§ 406e Abs. 2 Satz 2 StPO);[64] gewähre man dem Geschädigten auch Einsicht in die Bonusanträge, erhöhe man die für die Kronzeugen ohnehin schon bestehende Gefahr, auf Schadensersatz in Anspruch genommen zu werden.

Beide Entscheidungen zeigen, dass sich die Gerichte des Spannungsverhältnisses zwischen Effektivität des Rechtsschutzes im Einzelfall und Effektivität des Kartellrechtsystems bewusst sind, auch wenn sie zu unterschiedlichen Ergebnissen kommen. Dabei lässt sich nicht bestreiten, dass die Inanspruchnahme der Kronzeugenregelung unattraktiver wird, wenn der Kronzeuge mit einem erhöhten Haftungsrisiko (auch) aufgrund von Sammelklagen rechnen muss.

V. Ergebnisse und Perspektiven

Im Ergebnis fällt die Bewertung der Sammelklage auf Schadensersatz eher verhalten aus: Das Kernproblem, das rationale Desinteresse potentieller Kläger daran, Bagatellschäden gegen die Mitglieder eines Kartell gerichtlich geltend zu machen, vermag die Sammelklage nicht zu lösen: Bei einer *opt-in*-Gruppenklage müssten die Kläger nach wie vor die Initiative ergreifen. Eine *opt-out*-Verbandsklage begegnet grund- und prozessrechtlichen Bedenken. Abgesehen davon löst auch sie das Transaktionskostenproblem nicht; sie verlagert es nur auf die Verteilung des Schadensersatzes. Hinzu kommt, dass die Sammelklage allenfalls am Rande zur Effektivität des Kartellrechtssystems beiträgt. Es könnte sich ein gewisser Präventionseffekt ergeben, es käme aber auch zu Reibungsverlusten mit Blick auf die Kronzeugenregelung. Damit ist nicht nur die Frage gestellt, ob die Diskussion über die Sammelklage eigentlich zu Recht unter dem Rubrum des *private enforcement* geführt wird. Damit steht auch die Frage der Regelungszuständigkeit der EU im Raum: Fraglich ist unter Berücksichtigung von Art. 5 Abs. 4 EU-Vertrag, ob sich die Sammelklage im Kartellrecht wirklich auf Art. 103 Abs. 1 AEUV, d.h. auf die Kompetenz zur "Verwirklichung der in den Art. 101 und 102 niedergelegten Grundsätze" stützen lässt.

Diese Bedenken sprechen im deutschen Rechts dafür, anstelle der Sammelklage das Instrument der *Vorteilsabschöpfung durch Verbände* (§ 34a GBW) auszubauen: anders als bei einer Sammelklage auf Schadensersatz braucht der Verband im Falle der Vorteilsabschöpfung keinen konkreten, im Einzelfall adäquat kausal verursachten Schaden nachzuweisen und er braucht den Vorteil auch nicht auf die Mitglieder des Verbands – resp. die Verbraucher – zu verteilen. Trotzdem gewährleistet die Vorteilsabschöpfung, dass Kartellmitglieder nicht die Früchte des verbotenen Marktverhaltens ernten. Die Regelung der Vorteilsabschöpfung (§ 34a GWB) ist bisher zwar ein stumpfes Schwert – u.a., weil Verbraucherverbände nicht klagebefugt sind und weil der abgeschöpfte Vorteil an den Bundeshaushalt herauszugeben ist (Absatz 1). Der Entwurf der 8.GWB-Novelle vom 31.05.2012 sieht nunmehr jedoch eine Klagebefugnis für

64 AG Bonn, a.a.O.

Verbraucherverbände vor[65]; setzt man jetzt noch angemessene finanzielle Klageanreize, könnten die Verbände m.E. einen sinnvollen Beitrag zur Effektivität des Kartellrechtssystems und zum unverfälschten Wettbewerb leisten. Die Kompensation von Bagatellschäden bliebe zwar auf der Strecke; in einer Welt ohne Transaktionskosten wäre die Vorteilsabschöpfung deswegen nur „*2nd best solution*"; aber in einer Welt mit Transaktionskosten kann man eben nicht jeden Geschädigten zum Jagen tragen.

65 Art. 1 Nr. 16 des Entwurfs des achten Gesetzes zur Änderung des Gesetzes gegen Wettbewerbsbeschränkungen (8 GWB-ÄndG) vom 31.05.2012 (BT-Drucks. 17/9852, S. 1). Die Novelle soll "die Position der Verbraucherschutzorganisationen durch eine angemessene Beteiligung an der privaten Kartellrechtsdurchsetzung" verbessern; qualifizierte Einrichtungen, d.h. insb. Verbraucherverbände erhalten "in Anknüpfung an das bewährte System des UWG" sowohl einen Unterlassungsanspruch als auch einen Anspruch auf Vorteilsabschöpfung für den Fall von Massen- und Streuschäden (Begründung des RegE, a.a.O., S. 21 Umdruck, S. 28).

Kollektiver Rechtsschutz: Effektivität und Erforderlichkeit im Verbraucherrecht

Prof. Dr. Eva Kocher

Bei der rechtspolitischen Frage, ob ein neues kollektives Rechtsschutzinstrument im Verbraucherrecht eingeführt werden sollte, handelt es sich letztlich um eine Frage nach bestehenden Rechtsschutzlücken. Nicht zuletzt vor den unionsrechtlichen Grundsätzen der Subsidiarität und Verhältnismäßigkeit müsste die Einführung neuer Instrumente „erforderlich“ sein, um Verbraucherrecht „effektiver“ durchzusetzen. Oder in den Worten der Europäischen Kommission: Welchen Mehrwert hätte die Einführung neuer kollektiver Rechtsschutzmechanismen (Unterlassungs- und/oder Schadenersatzklage) für die Durchsetzung des Unionsrechts?[1]

Dabei geht es aktuell insbesondere um die Frage, welches kollektive Instrument die finanziellen Interessen der Verbrauchermärkte besser als der Individualrechtsschutz schützen und gleichzeitig ökonomische Anreizfunktionen erfüllen könnte. Diese Frage wird im Folgenden vor dem Hintergrund des deutschen Rechts behandelt.

I. Erforderlichkeit

A. Funktionen des kollektiven Rechtsschutzes im Verbraucherrecht

Dass Verbraucherrecht zu seiner Durchsetzung des kollektiven Rechtsschutzes bedarf, wird im Grundsatz kaum noch bestritten.[2] „Kollektiver Rechtsschutz“ ist jedoch ein weites Feld – es erfasst unterschiedliche Instrumente mit den verschiedensten Funktionen und Aufgaben.

Zwar gilt zunächst für den kollektiven Rechtsschutz dasselbe wie für jeglichen Rechtsschutz: Er dient der Durchsetzung des Rechts und damit letztlich der Verwirklichung des Grundsatzes „ubi ius ibi remedium“. Grundlagen dieses Rechtssatzes sind einerseits der verfassungsrechtliche Justizgewährungsanspruch des deutschen Rechts, andererseits die Garantie effektiven Rechtsschutzes im Unionsrecht.[3] Dieser ist Maß-

1 Europäische Kommission, Öffentliche Konsultation: Kollektiver Rechtsschutz: Hin zu einem kohärenten europäischen Ansatz,. SEC(2011) 173 endg; die zahlreich eingegangenen Antworten sind zusammengestellt auf <http://ec.europa.eu/dgs/health_consumer/dgs_consultations/ca/replies_collective_redress_consultation_en.htm> (14.9.2012); Beschluss des Europäischen Parlaments vom Februar 2012, P7_TA(2012)0021; Bericht des Rechtsausschusses des Bundestages: BT-Drs. 17/5956; zu den Kompetenzen der Union siehe Mirja Sauerland, Die Harmonisierung des kollektiven Verbraucherrechtsschutzes in der EU, 2012, S. 65 ff.

2 Europäische Kommission (Fn. 1), SEC(2011) 173 endg.; siehe z.B. Kocher, ZEuP 2004, S. 260 ff; Koch, JZ 2011, S. 442 ff.

3 BVerfG 30.4.2003 – 1 PBvU 1/02, NJW 2003, S. 1924; BVerfG 2.3.1993 – 1 BvR 249/92, NJW 1993, S. 1635; BVerfG 13.3.1997 – 1 BvR 116/97, NJW 1997, S. 2167.

stab für die Rechtsdurchsetzung im Verbraucherrecht, soweit sie auf unionsrechtliche Vorgaben zurückgeht. Effektiver (gerichtlicher) Rechtsschutz ist für den EuGH *„ein allg. Grundsatz des Unionsrechts, der sich aus den gemeinsamen Verfassungsüberlieferungen der Mitgliedstaaten ergibt, in den Art. 6 und 13 EMRK verankert ist und iÜ von Art. 47 der Charta der Grundrechte der Europäischen Union bekräftigt worden ist“.*[4] Der Grundsatz der Effektivität verlangt, dass Verfahren *„nicht so ausgestaltet [sind], dass sie die Ausübung der Rechte, die die Unionsrechtsordnung einräumt, praktisch unmöglich machen oder übermäßig erschweren“.*[5]

Zur Legitimation neuer Instrumente reicht dies aber nicht ganz aus. Denn Rechtsschutz wird bereits als Individualrechtsschutz gewährleistet. Welche Probleme weist dieser also auf, die kollektiver Rechtsschutz eventuell lösen könnte?

1. Prozessökonomie

Das erste Argument zielt auf die **Prozessökonomie:** Gibt es eine Klageflut und sind die Gerichte „selbst überlassen“, um mit dieser in angemessener Zeit fertig zu werden, kann eine Kollektivklage auf Schadenersatz helfen.[6]

Im Verbraucherrecht spielt dies allerdings nur selten eine Rolle, nämlich dort, wo große Streitwerte betroffen sind, deshalb viele Personen Klagen erheben und die Gerichte in Anspruch nehmen. Dieses Problem sucht z.B. das KapMuG zu lösen.[7]

2. Soziale Zugangsbarrieren

Ein zweites Problem sind die **Zugangsbarrieren im Individualrechtsschutz:** Bürger und Unternehmen schrecken häufig davor zurück, individuell Klage zu erheben, selbst wenn ihnen materiellrechtliche Rechtsansprüche zustehen (könnten). Im Privatrecht gilt zwar nicht nur im materiellen Recht die Privatautonomie, sondern auch für die Rechtsdurchsetzung: “volenti non fit iniuria”.[8]

Dennoch können Zugangsbarrieren problematisch sein: Denn zum einen sind in vielen Fällen die Voraussetzungen autonomen Wollens nicht gegeben: Personen „verzichten“ auf die Geltendmachung ihrer Rechte häufig nicht bewusst, sondern aus Unkenntnis oder Unsicherheit darüber, welche Instrumente ihnen tatsächlich zur Verfü-

4 EuGH 18.3.2010, Rs C-317-320/08 (Rosalba Alassini), EuZW 2010, S. 550; EuGH 22.12.2010, Rs C-279/09 (DEB), EuZW 2011, S. 137; s. schon EuGH 15.5.1986, Rs C-222/84 (Johnston), Slg 1986, S. 1682.

5 EuGH 6.10.2009, Rs C-40/08 (Asturcom Telecomunicaciones), EuZW 2009, 852; EuGH 16.12.1976, Rs C-33/76 (Rewe), Slg 1976, 1989; EuGH 13.3.2007, Rs C-432/05 (Unibet), NJW 2007, 3555; EuGH 15.4.2008, Rs C-268/06 (Impact), Slg 2008, 2483.

6 Siehe Kocher, § 31, Rn 2, in: Tamm/Tonner (Hrsg.), Verbraucherrecht, 2012.

7 Siehe dazu den Aufsatz von Jan v. Hein in diesem Buch S. 129 ff.; siehe auch Kocher, § 32, Rn 42 ff, in: Tamm/Tonner (Hrsg.), 2012 (Fn. 6).

8 Vgl. Säcker, Die Einordnung der Verbandsklage in das System des Privatrechts, 2006, S. 32.

gung stehen.[9] Informationsbarrieren, mangelnde Transparenz, aber auch schicht- und rollenspezifische Verfahrensbarrieren entfalten als Filter des Zugangs zu Rechtsschutzinstitutionen insofern ungleiche Wirkungen. Inwiefern bestimmte Gruppen der Bevölkerung dem Rechtsschutz ferner stehen als andere und deshalb stärker von diesen Problemen betroffen sind, lässt sich unter anderem mit Hilfe der „behavioral economics" aufklären.[10] Recht zeitigt so ungleiche Wirkungen.

Zur Verbesserung des Zugangs gibt es allerdings eine ganze Menge rechtspolitischer Konzepte – der kollektive Rechtsschutz ist nur eins unter vielen. Denn die sozialen Zugangsbarrieren können auch durch Erleichterungen beim Individualrechtsschutz verringert werden, durch Verfahren der Alternativen Konfliktlösung, der niedrigschwelligen Rechtsberatung oder durch Hilfen bei der Finanzierung.[11]

3. Ökonomische Zugangsbarrieren

Diese Rechtsschutzerleichterungen stoßen erst da an ihre Grenze, wo das Zögern vor dem Rechtsschutz nicht mangelnder Kenntnis oder Risikofreude geschuldet ist, wo die „Apathie" rational ist (wenn man das Modell des homo oeconomicus zu Grunde legt). Dies sind die Fälle, in denen der individuelle Nachteil im Verhältnis zu den Kosten des Rechtsschutzes relativ gering ist.

Fälle, in denen der Verzicht auf die Geltendmachung eines Rechts ökonomisch rational ist, kommen gerade im Verbraucherrecht nicht selten vor. So hat eine Studie über die Wahrnehmung von Rechtsbehelfen von Verbraucherinnen und Verbrauchern in der EU im Jahr 2009 gezeigt, dass die Wahrscheinlichkeit einer Beschwerde sowie die eine Einlegung von Rechtsbehelfen im Verbraucherrecht von einer Reihe ökonomischer Faktoren abhängen:[12]

- einerseits vom Preis der Ware und der Dienstleistung (insbesondere Verzicht bei Streitwerten unter 100 Euro);
- andererseits von den Kosten des Rechtsbehelfs und dem Zeitaufwand, genauer gesagt: von den vermuteten Kosten und dem vermuteten Zeitaufwand.

Dies sind die Fälle „diffuser Interessen", die oft als Probleme von Kleinst- oder Massenschäden bezeichnet werden (oder auch breitgestreute Bagatellschäden).[13] Die Kom-

9 Auch im Bereich der Digitaltechnik ist, wie die „Digitale Agenda für Europa" einräumt (Mitteilung der Kommission, KOM(2010)245 endg.), wegen mangelnder Transparenz vor allem bei den Verbraucherrechten die Durchsetzung des Unionsrechts bisweilen schwierig (vgl. auch (Säcker, 2006 (Fn. 8), S. 6); sie behindere auch die Entwicklung des grenzüberschreitenden Internethandels.

10 Dieser ökonomische Ansatz vermag u.a. zu erklären, wie Entscheidungen unter Unsicherheit getroffen werden (vgl. van Aaken, Rational Choice in der Rechtswissenschaft, 2003).

11 Überblick z.B. Kocher, 2007 (Fn. 6), S. 128 ff.

12 Eurobarometer, Consumer Redress in the European Union: Consumer Experiences, Perceptions and Choices, Aggregated Report August 2009, S. 20 ff.

13 Zu Phänomen, Begriff und Instrumenten zur Behebung des Rechtsschutzdefizits siehe schon Cappelletti/Garth, in: Cappelletti (Hrsg.), Access to Justice and the Welfare State, 1981, S. 4 ff.

mission nannte in ihrem Grünbuch über kollektive Rechtsdurchsetzungsverfahren für Verbraucher[14] hierfür beispielhaft die folgenden Fallgruppen: Energieversorgung, Täuschungen bei der Verpackung von Gütern, verdorbene Lebensmittel, unwirksame Schönheits- oder Schlankheitsmittel, rechtswidrige Flughafen- oder Bankgebühren und insbesondere Gebühren und Fragen der Telekommunikation.[15]

Ein Regulierungsproblem ergibt sich hier aus den Problemen für die Märkte und der Gefahr des verzerrten Wettbewerbs. Ein Versagen der Rechtsdurchsetzung führt zu falschen Anreizen. In der jetzigen Öffentlichen Konsultation stellt die Kommission darauf ab, dass der wirtschaftliche Gesamtschaden für die europäischen Bürger und Unternehmen erheblich sein kann, soweit rechtswidriges Verhalten andauert.[16]

B. Begriffe und Konzepte

Die ökonomischen Zugangsbarrieren, die kollektiven Rechtsschutz bei diffusen Interessen rechtfertigen, sind damit keine Frage der Individualinteressen, sondern der überindividuellen Interessen der Verbrauchermarktseite. Dies muss auch eine Rolle für die Wahl des geeigneten Instruments spielen. Denn die verschiedenen Modelle für prozessuale Verbandsbefugnisse gestalten das Verhältnis von Individualinteressen und überindividuellen Interessen in ganz unterschiedlicher Weise.

1. Prozessökonomie: Gruppenklage und Musterklage

Für das Management von Großverfahren und Großschäden kommen Instrumente wie die Gruppenklage in Betracht, die in erster Linie Ziele der Prozess- und Verfahrensökonomie verfolgen. Auch das Musterverfahren stellt ein hervorgehobenes Verfahren unter einer Reihe gleichgelagerter Verfahren dar, das es ermöglicht, kollektive Aspekte eines Rechtsproblems in einem einzigen Verfahren und damit Ressourcen sparend zu adressieren. Zugangsprobleme vermögen diese Verfahren nur begrenzt zu lösen – sie sind deshalb ungeeignet für das Problem der Durchsetzung diffuser Interessen. Im Folgenden werden sie außen vor gelassen.[17]

14 European Kommission, Grünbuch über kollektive Rechtsdurchsetzungsverfahren für Verbraucher, KOM(2008) 794 endg.

15 Siehe auch Säcker, Die Einordnung der Verbandsklage in das System des Privatrechts, 2006, S. 22-23.

16 Siehe Nachweise in Fn. 1. Eine empirisch fundierte gesamtgesellschaftliche Schätzung der Verbraucherschäden hat schon vor langer Zeit v.Falckenstein geliefert (WRP 1978, S. 502 ff (S. 510)).

17 Siehe aber den Aufsatz von Jan v. Hein in diesem Buch, S. 129 ff.

2. Zugangserleichterung: Verbandsklage

Für die Zugangserleichterung kommt das Instrument der Verbandsklage in Betracht. Hier handelt es sich um eine eigenständige Verbandsbefugnis im kollektiven Interesse der sozialen Gruppe, die durch den Verband repräsentiert wird. Die Interessenwahrnehmung ist hier unabhängig von der Mitgliedschaft, die kollektiven Interessen werden also durch den Verband repräsentiert, unabhängig von konkreten individuellen Interessen einzelner Betroffener.[18]

Vor allem bei der Durchsetzung „diffuser Interessen" bzw. breitgestreuter Bagatellinteressen erfüllt die Verbandsklage damit auch Funktionen einer Prozessführung im öffentlichen bzw. im überindividuellen kollektiven Interesse.[19]

3. Sammelklage

Die „Sammelklage", die in der aktuellen unionsrechtspolitischen Debatte im Mittelpunkt gestanden hat, steht in gewisser Weise zwischen beiden Instrumenten – und ihre Funktion ist abhängig davon, wie sie im Einzelnen jeweils konstruiert ist. Der Begriff ist in den letzten Jahren als Übersetzung für die US-amerikanische „class action" gebräuchlich geworden, bezeichnet aber (wie auch „class action") ganz unterschiedliche Instrumente.[20]

Gemeinsam ist den Konzepten von Sammelklagen, dass sie mehrere gleich gerichtete Individualansprüche oder -klagen in einem einzigen Verfahren zusammenfassen. In aller Regel wird das Verfahren dann durch einen Repräsentanten geführt, der entweder einer der Anspruchsinhaber ist, oder ein Dritter, der die Ansprüche sammelt.

Für die möglichen Funktionen der Sammelklage ist entscheidend, wie sich die Beteiligung der einzelnen Anspruchsinhaberinnen und Anspruchsinhaber gestaltet. Im Fall eines „opt-in"-Verfahrens handelt es sich um nicht mehr als eine besondere Form der Gruppenklage, die kaum Zugangsbarrieren verringern kann. Im Fall eines „opt-out"-Verfahrens kann die Sammelklage eine Alternative zur Verbandsklage sein; werden die Ansprüche durch einen Dritten gesammelt, handelt es sich letztlich um eine besondere Form der Verbandsklage.

18 Zur Diskussion und Rechtsprechung ausführlich Kocher, 2007 (Fn. 6), S. 354 ff.

19 Insbesondere Koch, Prozessführung im öffentlichen Interesse, 1983. Zur Differenzierung zwischen öffentlichen und kollektiverm Interessen ausführlich Kocher, 2007 (Fn. 6), S. 55 ff.

20 Kocher § 34 (insbesondere Rn. 1 und passim), in: Tamm/Tonner (Hrsg.), 2012 (Fn. 7); zur Class Action siehe Stadler in diesem Buch S. 91 ff.

C. Rechtsgrundlagen und Praxis in Deutschland

1. Ordnungsbehördliche Durchsetzung

Nun ist es in den anglo-amerikanischen Ländern ganz unumstritten, dass gerade auch das Privatrecht und Zivilverfahrensrecht die Funktion „regulation through litigation" erfüllen kann. In Deutschland wird hingegen z.T. immer noch angenommen, das kontinentale System der Rechtsdurchsetzung sei anders konzipiert, mit einer Arbeitsteilung zwischen privaten Akteurinnen und Akteuren, die individuelle Interessen verfolgen, und öffentlichen Behörden, die öffentliche Interessen vertreten.[21]

Einige Mitgliedstaaten haben tatsächlich öffentlichen Stellen eine Klagebefugnis zuerkannt (z.B. dem Bürgerbeauftragten in Finnland), während andere privaten Einrichtungen wie Verbraucherschutzverbänden (Bulgarien) oder Einzelnen, die im Auftrag einer Gruppe handeln (Portugal), ein Klagerecht einräumen. In vielen Mitgliedstaaten existieren verschiedene Szenarien nebeneinander her.[22]

Auch in Deutschland gibt es in neueren verbraucherrechtlichen Gesetzen nicht selten ordnungsbehördliche Durchsetzungsmechanismen.[23] So kann z.B. ein Verstoß gegen die Preisangabepflicht des § 66b Abs. 1 Telekommunikationsgesetz als Ordnungswidrigkeit geahndet werden (§ 149 Abs. 1 Nr. 13d TKG). Daneben gibt es aber immer individualrechtliche bzw. vertragliche Rechtsfolgen; so soll der Verstoß zum Wegfall des Entgeltanspruchs führen (§ 66g Nr. 1 TKG). Selbst für das Problem der „Kostenfallen im Internet“ wird in der Gesetzgebung mit der „Buttonlösung“ zu einem materiellrechtlichen Instrument gegriffen (§ 312g Abs. 3 und 4 BGB), obwohl der Regierungsentwurf selbst davon ausging, dass bereits nach geltendem Recht in der Regel kein rechtswirksamer Vertrag zustande komme, so dass das eigentliche Problem eines der Rechtsdurchsetzung sei (die Internetnutzerinnen und -nutzer zahlten aus Unkenntnis oder weil sie unter Druck gesetzt würden).[24]

Jedenfalls aber für die Effektivität des europäischen Rechts steht fest, dass der zivile Rechtsschutz Vehikel einer privaten Regulierung sein kann, die einen Verzicht auf entsprechende straf- oder verwaltungsmäßige Durchsetzung erlaubt. So hat es der EuGH für gerechtfertigt gehalten, wenn ein Mitgliedstaat auf die staatliche Ahndung von Verstößen gegen europäisches Recht insoweit verzichtet, als Klagemöglichkeiten für Wettbewerber, Unternehmens- und Verbraucherverbände vorgesehen sind, die

21 Säcker, 2006 (Fn. 8), S. 46; S. 73, 76.

22 Für einen ausführlichen Überblick über die Modelle siehe insbesondere Micklitz/Stadler (Hrsg.), Das Verbandsklagerecht in der Informations- und Dienstleistungsgesellschaft, 2005; Sauerland, 2012 (Fn. 1), S. 175 ff.

23 Siehe auch EG-Verbraucherschutzdurchsetzungsgesetz (VSchDG) zur Kooperation von/mit Behörden.

24 Entwurf eines Gesetzes zur Änderung des Bürgerlichen Gesetzbuchs zum besseren Schutz der Verbraucherinnen und Verbraucher vor Kostenfallen im elektronischen Geschäftsverkehr, BT-Drs. 17/7745.

nicht nur den wirksamen Schutz der Hersteller, sondern auch den Schutz der einzelnen Bürger sicherstellen.[25]

2. Verbraucherverbandsklage

Einzelne sekundärrechtliche Richtlinien konkretisieren den Grundsatz des effektiven Rechtsschutzes ausdrücklich unter Benennung kollektiver Rechtsschutzmöglichkeiten.

Maßgebliche Rechtsgrundlage der Verbandsklage ist auf europäischer Ebene insofern die Richtlinie 2009/22/EG über Unterlassungsklagen zum Schutze der Verbraucherinteressen.[26] Darüber hinaus enthalten auch Art. 5 der Richtlinie 2006/114/EG über irreführende und vergleichende Werbung und Art. 11 der Richtlinie 2005/29/EG über unlautere Geschäftspraktiken im binnenmarktinternen Geschäftsverkehr zwischen Unternehmen und Verbrauchern europarechtliche Pflichten der Mitgliedstaaten, „geeignete und wirksame Mittel zur Bekämpfung" rechtswidrigen Verhaltens sicherzustellen – wobei Rechtsweg und behördliche Prüfung alternativ für geeignet angesehen werden. Art. 23 Abs. 2 der Verbraucherrechte-Richtlinie 2011/83/EU wiederum verweist auf die Notwendigkeit von Klagebefugnissen entweder von Behörden oder von Verbänden.

Im deutschen Recht sind diese Vorgaben durch das Unterlassungsklagengesetz sowie für das Recht des unlauteren Wettbewerbs im UWG so umgesetzt, dass eigenständige Verbandsklagebefugnisse begründet werden, denen jeweils eigene materiellrechtliche Ansprüche der Verbände zu Grunde liegen, unabhängig von den individuellen Ansprüchen der Verbraucherinnen und Verbraucher. Der Streitgegenstand unterscheidet sich deshalb ebenfalls von parallelen Individualklagen.[27] Das gilt sowohl für die Unterlassungsklage wie für die Klage auf Gewinnabschöpfung nach § 10 UWG, auf die noch zurückzukommen sein wird.

Nach Angaben des Bundesverbands der Verbraucherzentralen führen die öffentlichrechtlich geförderten Verbraucherzentralen jährlich etwa 1200 solcher Verfahren, die sich zu einem guten Teil auf die Durchsetzung des AGB-Rechts beziehen.[28] Die Grenzen dieser Klageinstrumente sind dann erreicht, wenn nicht nur Unterlassung erreicht werden soll, sondern auch materielle und finanzielle Interessen unmittelbar eingeklagt werden sollen.[29] Die Europäische Kommission trifft bei ihrem Versuch der Entwicklung einer „toolbox" im Bereich des kollektiven Rechtsschutzes deshalb zu Recht eine grundlegende Unterscheidung zwischen Unterlassungs- und Schadensersatzklagen.[30]

25 EuGH 26.2.2008, Rs C-132/05 (Parmesan), VuR 2009, 191; hier ging es in der Sache um den Schutz geografischer Angaben.

26 Neufassung der Unterlassungsklagen-Richtlinie 98/27/EG; siehe schon Art. 7 Abs. 2 der Richtlinie 93/13/EWG über missbräuchliche Klauseln in Verbraucherverträgen.

27 Ausführlich Kocher, 2007 (Fn. 6), S. 358 ff.

28 Empirische Daten und Analysen im Einzelnen siehe Meller-Hannich in diesem Buch S. 33 ff.

29 Zu den Grenzen der Gewinnabschöpfungsklage nach § 10 UWG siehe unten II.B.3.

30 Europäische Kommission (Fn. 1).

Diese Grenzen der Verbandsklage sind auch der Grund dafür, dass in Deutschland zunehmend auf Instrumente zurückgegriffen wird, die funktional Sammelklagen darstellen können:

3. Sammelklagen

Für die Bündelung von Ansprüchen durch Dritte („Sammelklage") kommen sowohl materiellrechtliche als auch prozessuale Instrumente in Betracht. Individualansprüche können einerseits dadurch gebündelt, dass der Verband/die Organisation die Anspruchsinhaber/innen bei der Geltendmachung ihrer Ansprüche lediglich im Gerichtsverfahren unterstützt (vgl. § 79 ZPO; § 90 Abs. 1 ZPO).[31] Möglich ist aber auch die materiellrechtliche Abtretung einer Reihe von Ansprüchen an ein und dieselbe Person[32] oder die Prozessstandschaft, bei der ein Verband die Ansprüche Dritter als fremde gerichtlich geltend macht.[33] Die Anerkennung der Rechts- und Parteifähigkeit der BGB-Gesellschaft[34] hat darüber hinaus die Möglichkeit eröffnet, dass sich mehrere Klägerinnen und Kläger zu einer GbR zusammenschließen, um eine einheitliche Prozessführung zu erreichen.[35]

Bei diesen Instrumenten stellt sich immer die Frage nach der Rechtsberatungsbefugnis des Verbands, der Organisation oder des Repräsentanten nach dem Rechtsdienstleistungsgesetz (RDG).[36] Denn wenn die Einziehung fremder Forderungen oder die Geltendmachung von Forderungen, die zum Zweck der Einziehung auf fremde Rechnung abgetreten wurden, als eigenständiges Geschäft betrieben wird, ist eine Genehmigung erforderlich (§ 2 Abs. 2 RDG, Inkassodienstleistung). Hier liegen aktuell Grenzen einer Privatisierung der Rechtsdurchsetzung durch Sammelklagen.[37]

Soweit es um die Rechtsdurchsetzung im Diskriminierungsschutz auf Massenmärkten geht, ist darüber hinaus § 23 AGG relevant, wonach Verbände die Rechte einzelner Rechtsinhaberinnen und Rechtsinhaber mit deren Zustimmung und in deren

31 Siehe z.B. Kocher, § 34, Rn 11 ff, in: Tamm/Tonner (Hrsg.), 2012 (Fn. 7).

32 Zur Abtretung als Alternative zur Prozessstandschaft Koch, JZ 1984, S. 814 f.

33 Zu den Voraussetzungen siehe BGH 9.5.1967 – Ib ZR 59/65, NJW 1967, S. 1558; BGH 13.11.2001 – X ZR 134/00, GRUR 2002, S. 238; siehe aber auch LG Hamburg 17.6.2010 – 307 O 152/09, WM 2010, S. 1412 ff für die Abtretung an den Prozessvertreter.

34 BGH 29.1.2001 – II ZR 331/00, NJW 2001, S. 1056.

35 Hess, JZ 2011, S. 66 ff, S. 70 f, Koch, NJW 2006, S. 1469; Mann, NJW 2010, S. 2391.

36 Zur Rechtslage nach dem RBerG siehe BGH 13.11.2001 – X ZR 134/00, GRUR 2002, S. 238; BGH 14.11.2006 – XI ZR 294/05, NJW 2007, S. 593.

37 Zur Frage der Geschäftsmäßigkeit siehe z.B. (allerdings noch nach altem Recht) BGH 12.4.2011 – II ZR 197/09; siehe auch BGH 19.7.2011 – II ZR 86/10, II ZR 87/10, II ZR 88/10; a.A. zur Frage, ob für die Geschäftsmäßigkeit die Zahl der eingesammelten Forderungen oder nicht eher die Zahl der behandelten Sachverhalte entscheidend ist, siehe Mann, NJW 2010, S. 2391; ders., ZIP 2011, S. 2393 ff.; Zum „gemeinsamen Interesse" iSd § 7 Abs. 1 S. 1 Nr. 1 RDG Mann, NJW 2010, S. 2391; siehe auch Koch, NJW 2006, S. 1469; Koch, JZ 2011, S. 441. Der BGH 12.4.2011 – II ZR 197/09 hat zudem offen gelassen, ob die Geschäftsmäßigkeit bei Gelegenheitsgesellschaften nicht anders zu beurteilen sein könnte.

Interesse einklagen können.[38] Antidiskriminierungsverbände sind nach § 23 Abs. 3 AGG vom Verbot der außergerichtlichen und gerichtlichen Rechtsberatung freigestellt – eine gegenüber §§ 7, 8 RDG spezielle Norm; § 23 Abs. 2 AGG ergänzt darüber hinaus die Regelung zur prozessualen Beistandschaft für nicht-rechtsfähige Verbände.[39]

Hier handelt es sich also zusammengefasst um „opt-in“-Instrumente, die vor allem bei großen Streitwerten als Alternative zur Gruppenklage dienen können. Für die Durchsetzung diffuser Interessen hat in Deutschland bislang vor allem die gerichtliche Einziehung von kleinen Forderungen durch Verbraucherorganisationen eine Rolle gespielt. Zum Teil ergingen öffentliche Aufrufe, um Ansprüche gezielt zu sammeln;[40] zum Teil werden nur einige wenige ausgewählte Ansprüche eingeklagt (Verbandsmusterklage).

II. Effektivität

A. Brauchen wir eine „Class Action“?

Da die opt-in-Klage immer auf das Problem der rationalen Apathie zurückwirft (die Logik des kollektiven Handelns – “Olson’s law”),[41] opt-out-Instrumente jedoch Bedenken wegen des rechtlichen Gehörs begegnen, hat die US-amerikanische „Class Action“ in der rechtspolitischen Debatte in Europa immer eine große Rolle gespielt – als Vorbild oder abschreckendes Beispiel. Nun gibt es ja eine ganze Reihe von Nutzungsmöglichkeiten der „Class Action“; sie ist auch in den USA keineswegs durchgehend auf Schadensersatz gerichtet.[42] Statt also unmittelbar die „Class Action“ zum Thema zu machen,[43] soll es im Folgenden um die europäischen und deutschen Funktionen dieser Debatte gehen: Wieso ist die „Class Action“ angesichts der bestehenden Möglichkeiten auch in Deutschland immer noch Thema?

Oder: Inwiefern gibt es im deutschen Rechtsschutzsystem Defizite,[44] für welche Funktionen der Class Action gibt es (noch) kein angemessenes Äquivalent?

38 Zu den europarechtlichen Hintergründen siehe schon Kocher, ZEuP 2004, 260 ff.

39 Beschlussempfehlung und Bericht auf Fraktions- und Regierungsentwurf, BT-Drucks. 16/2022, 14.

40 Heidemann-Peuser, VuR 2002, S. 457 ff.

41 Olson, Die Logik des kollektiven Handelns, 3 Auflage 1992.

42 Pfarr/Kocher, Die US-amerikanische Class Action gegen Diskriminierung im Erwerbsleben, in: Festschrift für Wolfgang Däubler, 1999, S. 1010 ff. Zu einer (zu) großen antidiskriminierungsrechtlichen Class Action siehe jetzt wieder Höffmann, Kollektivklage wegen Diskriminierung am Arbeitsplatz – Wal-Mart v. Dukes, ZVglRWiss 2012, S. 233 ff zur Entscheidung des US Supreme Court vom 20.6.2011.

43 Zur möglichen Vorbildfunktion der *Class Action* für Europa siehe Astrid Stadler in diesem Buch S. 91 ff.

44 Koch/Zekoll, ZEuP 2010, 108.

1. Internalisierung externer Effekte

Die ökonomische Funktion der „Class Action" unterscheidet sich nicht wesentlich von den Verbandsklagen: Sie liegt in erster Linie in der tatsächlichen Durchsetzung der Regulierung auf den Verbrauchermärkten.[45] Allerdings arbeitet die Durchsetzung hier mit einem ganz spezifischen ökonomischen Gedanken, nämlich dem der Internalisierung externer Effekte.[46] Dieser Gedanke ökonomischer Abschreckung basiert auf einem recht einfachen Modell unternehmerischen Verhaltens des homo oeconomicus: Ein Unternehmen, das entstandene wirtschaftliche Nachteile erstatten muss, wird sie zu vermeiden suchen.[47] Im Grunde genommen ist das jedenfalls für das Deliktsrecht auch im materiellen Recht anerkannt. Aber das materielle Recht reicht eben insoweit nicht aus: Einen ökonomischen Anreiz der Vermeidung wirtschaftlicher Benachteiligungen gibt es nur, soweit die Rechtsansprüche auch realisiert werden.

Im Fall von gestreuten Interessen kann dieses Ziel nur erreicht werden, soweit alle entstandenen externen wirtschaftlichen Nachteile auch ausgeglichen werden. Dementsprechend misst z.B. das Grünbuch über kollektive Rechtsdurchsetzungsverfahren für Verbraucher[48] Effektivität und Effizienz des kollektiven Rechtsschutzes explizit an der Zahl derjenigen Verbraucherinnen und Verbraucher, die an der Kollektivklage "teilnehmen", deren Interessen also realisiert und damit internalisiert werden.

2. Anreize für Akteurinnen und Akteure: eine Frage der Finanzierung

Was an der Class Action so faszinierend oder erschreckend ist: Ihr gelingt es bei Anwendung eines opt-out-Mechanismus, auch bei individuell rationaler Apathie ökonomische Anreize zu einer Rechtsdurchsetzung zu setzen, die in der Lage ist, wirtschaftliche Externalitäten vollständig und nicht nur exemplarisch zu internalisieren. Das ist der wesentliche Unterschied zu opt-in-Sammelklagen: Diese sammeln Ansprüche nur exemplarisch, jedoch ohne Vollständigkeitsanspruch.

a) Die Bedeutung ökonomischer Anreize für klagende Institutionen

Es ist eigentlich eine Selbstverständlichkeit, dass private Akteurinnen und Akteure, denen man Rechtsdurchsetzung im öffentlichen und kollektiven Interesse anvertraut,

45 Carrington, German Law Journal 2004, 1415; Bogus, Why Lawsuits are Good for America: Disciplined Democracy, Big Business and the Common Law, 2001. Zur funktionalen Äquivalenz insoweit auch schon Fisch, American Journal of Comparative Law 27 (1979), S. 51 ff.

46 Schäfer/Ott, Lehrbuch der ökonomischen Analyse des Zivilrechts, 4. Auflage 2005, S. 394.

47 Ebert, Pönale Elemente im deutschen Privatrecht. Von der Renaissance der Privatstrafe im deutschen Recht, 2004, S. 409, S. 528; Koch, Die Präventions- und Steuerungswirkung des Schuld- und Wettbewerbsrechts, JZ 1999, S. 922 ff; Wagner, Prävention und Verhaltenssteuerung durch Privatrecht, AcP 206 (2006), S. 352 ff; vgl. auch Silver, Class Actions - Representative Proceedings, in: Boudewijn /De Geest (Hrsg.), Encyclopedia of Law and Economics, Volume V. The Economics of Crime and Litigation , 2000, S. 194 ff.

48 Europäische Kommission (Fn. 14), KOM(2008) 794 endg.

dafür gewisse Anreize brauchen. Dementgegen wird in Europa zwar mittlerweile anerkannt, dass das öffentliche Interesse durch private Akteurinnen und Akteure wahrgenommen werden kann – andererseits scheint man davon auszugehen, dass diese damit keine privaten Interessen verfolgen sollen. Das ist ein konzeptioneller Selbstwiderspruch: Wenn die Autonomie privater Akteure, die anders als Behörden keinen Handlungsauftrag haben, genutzt werden soll im allgemeinen Interesse, dann muss auch akzeptiert werden, dass diese irgendeinen Vorteil oder zumindest Ausgleich dafür erwarten – und in einer privatrechtlich und marktwirtschaftlich organisierten Gesellschaft sollten ökonomische Interessen auch nicht pauschal als moralisch problematisch abgewertet werden.

So hört es sich aber an, wenn man die Kommissionsdokumente liest. Da ist mehr von „exzessiver Klagekultur“ und „Klageindustrie“ die Rede als von einer Analyse der Rechtsschutzdefizite: „Wie kann die Finanzierung kollektiver Rechtsschutzverfahren (Unterlassungsklage und/oder Schadensersatzklage) in angemessener Weise gewährleistet werden – **vor allem so**, dass missbräuchliche Klagen vermieden werden?“[49]

b) Das Risiko von „Missbrauch“

Der Missbrauch, auf den hier angespielt wird, ist eine Variante des Principal-Agent-Problems: Ein Repräsentant kann genauso gut als weißer wie als schwarzer Ritter tätig sein.[50] Für die Repräsentation von kollektiven Interessen kompliziert sich die Lage noch dadurch, dass sie logisch eine gewisse Autonomie der Repräsentation für die Interessendefinition impliziert.[51] Aus diesem Grund hat z.B. das BVerfG die Beschränkungen der Sammelklage durch Vereine für ihre Mitglieder schon für verfassungsrechtlich zulässig gehalten. Die Geltendmachung individueller Schadensersatzansprüchen durch den Verein zum Zweck der Klärung von rechtlichen Grundsatzfragen könne sich zum Nachteil der Mitglieder auswirken, die in erster Linie an materieller Kompensation interessiert seien.[52]

Konkret benennt das BVerfG dann allerdings lediglich Gefahren, die sich aus möglichen Konflikten „etwa bei Vergleichsgesprächen“ ergeben können.[53] Zu Recht wird ein möglicher Missbrauch nicht mit ökonomischen oder finanziellen Interessen als solchen begründet, sondern mit konkreten Konflikten dieser Interessen mit den Interessen der Repräsentierten. Auch in der US-amerikanischen Debatte um die Class Action wird in der Regel nicht das ökonomische Interesse der Anwältinnen und Anwälten problematisiert, sondern die Gefahr, dass dieses dazu führen kann, den Rechtsweg

49 Europäische Kommission (Fn. 1), SEC(2011) 173 endg.

50 Meller-Hannich, in: dies. (Hrsg.), Kollektiver Rechtsschutz im Zivilprozess, 2008, S. 18 unter Bezugnahme auf einen Diskussionsbeitrag von Höland.

51 Koch, Internationaler kollektiver Rechtsschutz, in: Meller-Hannich (Hrsg.), 2008 (Fn. 50), S. 53 ff zu Arrow's "Impossibility Theorem". Zum grundsätzlichen Problem auch ausführlich Kocher, 2007 (Fn. 6), S. 59 ff.

52 BVerfG 15.12.1999 – 1 BvR 2161/93, NJW 2000, 1251 (Girmes).

53 BVerfG aaO.

nicht zur Rechtsdurchsetzung zu nutzen, sondern zur Erhöhung der Vergleichsbereitschaft.[54]

c) Missbrauchskontrolle durch institutionelle Sicherungen?

Im deutschen Recht hat die Verhinderung von Missbrauch ideologisch immer eine große Rolle gespielt. So enthält § 2 Abs. 3 UKlaG eine Missbrauchsregelung für den Missbrauch im Einzelfall.[55] Sie wurde allerdings von Beginn an als misslungen und überflüssig angesehen[56] und wird kaum angewandt.[57] Rechtsvergleichende und ökonomische Untersuchungen zeigen ohnehin, dass das Missbrauchsrisiko bei typischen Verbandsklagen äußerst gering ist.[58]

Denn hier kann die Sicherung vor „Missbrauch" (was immer das sein sollte) auch institutionell erfolgen, indem eine gewisse Seriosität durch unterschiedliche Sachmerkmale verlangt wird (vgl. § 4 Abs. 2 S. 1 UKlaG; § 23 Abs. 1 S. 1 AGG; § 8 Abs. 2 RDG).[59]

Noch zielgenauer kann auf „Missbrauch" reagiert werden, wenn man sich klarmacht, dass konkrete Gefahren der kollektiven Interessenrepräsentationen ja nur insoweit bestehen, als die Verbände oder anderen Repräsentanten über autonome Handlungsmöglichkeiten verfügen. Und diese lassen sich verfahrensrechtlich einschränken, ohne ökonomische Anreize zu beseitigen, also ohne das Kind mit dem Bade auszuschütten. So ist es für das Verfahren der Verbandsklage fast schon herrschende Meinung, dass hier Einschränkungen der Dispositionsmaxime erforderlich seien.[60] Insbesondere wird dafür eingetreten, prozessuale Dispositionen in Form des Verzichts und des Anerkenntnisses, aber auch Vergleich und Klagerücknahme zu beschränken und sie etwa nur für zulässig zu halten, wenn die Klage durch eine dem Klagantrag entsprechende strafbewehrte Unterlassungserklärung gegenstandslos geworden ist.[61]

54 Madaus, ZEuP 2012, S. 99 ff, S. 110 weist insofern auf das Problem der „coupon settlements" hin.

55 Siehe auch die Verweise in § 4a Abs. 2 UKlaG und § 2a Abs. 3 UKlaG für die Verbandsklage; eine entsprechende Vorschrift für die AGB-Klage existiert nicht.

56 Bultmann, Verklagen oder Verhandeln?, 1995, S. 43; zur Kritik schon Kötz, in: Homburger/Kötz, Klagen Privater im öffentlichen Interesse, 1975, S. 95; Pfarr/Kocher, Kollektivverfahren im Arbeitsrecht, 1998.

57 Vgl. aber z.B. BGH 25.9.2002 – VIII ZR 253/99, NJW 2003, 290.

58 Baetge, ZZP 112 (1999), S. 329 ff, S. 350.

59 Siehe auch jetzt § 4a Abs. 2 S. 2 UKlaG, wonach Beauftragungen (privater) Dritter durch die zuständigen Behörden (§ 7 VSchDG) die Voraussetzungen des § 3 Abs. 1 UKlaG unwiderleglich vermuten lassen.

60 Göbel, Prozesszweck der AGB-Klage und herkömmlicher Zivilprozess, 1980, S. 140 ff; § 6 des Entwurfs für ein GVMuG von Micklitz/Stadler, 2005 (Fn. 22), S. 1423; siehe auch die Vorschläge von Madaus, ZEuP 2012, S. 99 ff: gerichtliche Zulassung der Klage und gerichtliche Vergleichskontrolle, soweit Klagebefugnisse privater Organisationen, die nicht eingetragen/anerkannt sind, zugelassen werden; anders Greger, NJW 2000, 2463.

61 So schon Göbel, 1980 (Fn. 60), S. 143 f.

d) Anreizinstrumente

Konzentriert man sich dementsprechend für die Missbrauchskontrolle auf diejenigen Konstellationen, in denen konkrete Missbrauchsgefahren bestehen, können Kostenrecht und die Finanzierung von solchen Funktionen entlastet werden – und das ökonomische Interesse privater Organisationen als solches kann als grundsätzlich legitim anerkannt werden.

Das Kostenrecht kann so für die Setzung ökonomischer Anreize genutzt werden (wie bei der Class Action), insbesondere in Form von Erfolgshonoraren, die das Klägerrisiko auf den Anwalt und Prozessvertreter verlagern.[62] Auch die negativen kostenrechtlichen Anreize durch Erstattung außergerichtlicher Kosten der Gegenseite müssten verhindert werden.[63]

Darüber hinaus ist jedoch an Anreizinstrumente zu denken, die (zumindest) die Finanzierung des Aufwands für das Verfahren und für die Organisation sicherstellen können.[64] Dies ist der Grund, weshalb über die „Verbandsklage auf Schadensersatz" nachzudenken ist; sie bezeichnet die entscheidende Rechtsschutzlücke im verbraucherrechtlichen Durchsetzungssystem.

B. Kollektivklage auf Schadensersatz?

Eine Kollektivklage, die sich nicht auf Unterlassung, sondern auf Zahlung richten könnte, müsste wie die Unterlassungsklage das „kollektive Interesse" zum Gegenstand haben.

1. Das kollektive Interesse

Der Begriff des kollektiven Interesses kann sozialwissenschaftlich sowohl Gruppeninteressen[65] als auch kollektive Güter[66] erfassen. Die Unterlassungsklagenrichtlinie geht explizit davon aus, dass „kollektive Interessen" durchgesetzt werden können; und die deutsche verbandliche Unterlassungsklage beruht entsprechend auf einem eigenen Anspruch der Verbände.[67]

62 Madaus, ZEuP 2012, S. 99 ff, S. 107. Vgl. §§ 49b II 1, BRAO, § 4a I 1 RVG. Siehe auch die Argumentation des BVerfG 12.12.2006 – 1BvR 2576/04, NJW 2007, 979, 984: Ein Verbot anwaltlicher Erfolgshonorare einschließlich des Verbotes der "quota litis" ist insoweit verfassungswidrig, als es eine Berücksichtigung besonderer Umstände in der Person des Auftraggebers verhindere, die diesen sonst davon abhielten, seine Rechte zu verfolgen.

63 Madaus, ZEuP 2012, S. 99 ff, S. 108.

64 Genauer dazu unten II.B.3..

65 Thiere, Die Wahrung überindividueller Interessen im Zivilprozeß, 1980, 73-74.

66 Vanberg, Kollektive Güter und kollektives Handeln, Kölner Zeitschrift für Soziologie und Sozialpsychologie, 30 (1978), S. 669 ff.; Olson, 3. Auflage 1992 (Fn 41), S. 49.

67 BGH, 26.9.1996 – I ZR 265/95, BGHZ 133, 316 („Altunterwerfung I").

Meist wird hier negativ abgegrenzt: Das kollektive Interesse sei weder eine Kumulation von individuellen Rechten noch gleichbedeutend mit dem allgemeinen und öffentlichen Interesse.[68] So definiert auch Erwägungsgrund (3) der Unterlassungsklagenrichtlinie 2009/22/EG "Kollektivinteressen" als „die Interessen [...], bei denen es sich nicht um eine Kumulierung von Interessen durch einen Verstoß geschädigter Personen handelt." Für Südeuropa, wo der Begriff der kollektiven Interessen als Rechtsbegriff verbreiteter ist, sei auf die Definition der französischen Rechtsordnung hingewiesen. Art. L 421-1 Code de la Consommation bezieht sich insofern auf: „faits portant un préjudice direct ou indirect à l'intérêt collectif des consommateurs"; „existant à l'égard de tous les membres", „intérêt propre à un groupe".[69]

Wenn es nun darum geht, das kollektive Interesse ökonomisch zu bemessen, ließe sich diesem eine bestimmte Pauschalsumme zuweisen, wie es in griechischen und französischen Vorbildern praktiziert wird.[70] Eine solche Regelung wird allerdings der ökonomischen und damit privatrechtlichen Funktion des Anspruchs nicht gerecht. Entstandene externe Effekte zu internalisieren und über ein ökonomisch wirkendes Anreiz- und Sanktionsmodell zu steuern, bedeutet, dass die entstandenen wirtschaftlichen Nachteile der Verbraucherinnen und Verbraucher ausgeglichen werden. Aber wie lässt sich dies als kollektives Interesse bemessen?

Schulte hatte vorgeschlagen,[71] den kollektiven Schaden mit statistischen, demoskopischen Mitteln (unter Ausnutzung des Schätzungsermessens und mit Hilfe von vorgestuften Auskunftsansprüchen) zu berechnen; dabei landet man jedoch wieder bei einer kumulativen Bemessung des kollektiven Interesses als Summe der Individualinteressen. Micklitz und Stadler wiederum haben einmal vorgeschlagen, die Summe zugrunde zu legen, die der Verstoß bzw. die rechtswidrige Maßnahme selbst gekostet

68 Puttfarken/Franke, Die action civile der Verbände in Frankreich, in: Basedow/Hopt/Kötz/Baetge (Hrsg.), Die Bündelung gleichgerichteter Interessen im Prozeß, 1999, S. 166.

69 Puttfarken/Franke, 1999 (Fn. 68), S. 166 ff; Franke, Die Verbandsklagen der Verbraucherverbände nach dem französischen Code de la consommation im Vergleich zum deutschen Recht, 2002, S. 75 ff; Halfmeier, Popularklagen im Privatrecht, 2006, S. 383.

70 Zu einer entsprechenden griechischen Regelung Schaumburg, Die Verbandsklage im Verbraucherschutz- und Wettbewerbsrecht, 2006; Papathoma-Baetge, Die Verbandsklage im griechischen Recht, in Basedow/Hopt/Kötz/Baetge (Hrsg.), 1999 (Fn. 69), S. 187; für eine entsprechende französische Regelung Puttfarken/Franke (Fn. 69), S. 175.

71 Schulte, Die kollektive Geltendmachung von Verbraucherschäden im UWG, 1982, S. 93 ff. Der Kollektivschaden wäre das Produkt aus dem Einzelschaden pro Vertragseinheit multipliziert mit der Gesamtzahl der Vertragseinheiten und dem prozessualen Anteil der getäuschten Abnehmer an der Gesamtabnehmerschaft; er sieht eins der Hauptprobleme in der Berechnung des Anteils der getäuschten Abnehmer. Problematisch ist aber auch, dass nur der jeweilige Differenzschaden eines möglichen minderen Werts von Waren berücksichtigt wird, hingegen weder Vertragsabschlussschäden noch individuell höhere Begleit- und Folgeschäden (S. 14; ähnlich Mertens, ZHR 139 (1975), S. 474 für seinen Vorschlag.).

haben.[72] Andere Modelle gehen wie bei der schwedischen Gruppenklage[73] oder der spanischen AGB-Klage[74] in Richtung einer Gewinnabschöpfung.[75]

2. Verhältnis zu Individualansprüchen

Im deutschen Recht haben wir dazu mit § 10 UWG ebenfalls eine Regelung. Anlässlich dieser Norm ist das Verhältnis eines Kollektivanspruchs zu den Individualansprüchen ausführlich diskutiert worden.

a) Zum Rechtscharakter des Gewinnabschöpfungsanspruchs

In der Sache ging es dabei um den so genannten "Rechtscharakter" des Anspruchs. Hier hat sich die Diskussion schnell auf die Frage kapriziert, ob es sich um Schadensersatz oder ungerechtfertigte Bereicherung handele.[76] Damit wird zu Recht impliziert, dass mit der Gewinnabschöpfung ein konkretes ökonomisches Interesse entschädigt wird. Die Analyse führt aber in eine Sackgasse, wenn umstandslos davon ausgegangen wird, es müsse sich um Individualinteressen handeln. Schließlich haben die Anspruchsinhaber, also die Verbände, selbst keinen Schaden gehabt.[77] Und auch der bereicherungsrechtliche Gedanke wird nur für die Interessen der Verbraucherinnen und Verbrauchern formuliert: Der unternehmerische Gewinn müsse zu Lasten einer Vielzahl von Abnehmern erzielt worden sein,[78] er werde also in der Regel die Rückseite der Verbrauchernachteile und –verlust sein.[79]

Die Frage nach dem Rechtscharakter ist aber aus einem anderen Grund interessant: In der Sache geht es um die Frage, ob es sich bei der Gewinnabschöpfung um "punitive damages" oder Strafschadensersatz handele.[80] Dabei wird in der Diskussion nicht immer deutlich, was eigentlich gemeint ist, und was die Büchse der Pandora „punitive

72 Micklitz/Stadler, Gesetzesvorschlag, in: Meller-Hannich, Kollektiver Rechtsschutz im Zivilprozess, 2008, S. 116.

73 Schaumburg, 2006 (Fn. 70), S. 109; Stengel/Hakeman, RIW 2004, S. 221 ff; Stadler, Gruppen- und Verbandsklagen auf dem Vormarsch?, in: Festschrift für Peter Schlosser, 2005, S. 939 ff.

74 Art. 12.2. para. 2: "A la acción de cesación podrá acumularse, como accesoria, la de devolución de cantidades que se hubiesen cobrado en virtud de las condiciones a que afecte la sentencia y la de indemnización de daños y perjuicios que hubiere causado la aplicación de dichas condiciones.".

75 Siehe auch Micklitz/Stadler, Unrechtsgewinnabschöpfung. Möglichkeiten und Perspektiven eines kollektiven Schadensersatzanspruches im UWG, 2003, S. 92 f.

76 Schaumburg, 2006 (Fn. 70), S. 109; Leicht, Gewinnabschöpfung bei Verstoß gegen die lauterkeitsrechtliche Generalklausel, 2008.

77 Säcker, 2006 (Fn. 8), S. 54; Schaumburg, 2006 (Fn. 70).

78 Schaumburg, 2006 (Fn. 70).

79 Siehe Nachweis in Fn. 72.

80 Halfmeier, 2006 (Fn 69), S. 387.

damages“ eigentlich enthalte:[81] Mit der Trennung zwischen Zivil- und Strafrecht und dem Begriff des Strafschadensersatzes wird in der Regel vor allem darauf hingewiesen, dass ein „Schaden“, der tatsächlich nicht entstanden oder bereits entschädigt ist, zivilrechtlich nicht mehr ersatzfähig ist. Das Verdikt gegen „punitive damages“ enthält also die Aussagen:

- Die Unternehmen sollen nicht verpflichtet werden, mehr zahlen zu müssen, als tatsächlich an wirtschaftlichen Nachteilen entstanden ist.
- Dieselben ökonomischen Interessen sollen nicht doppelt/mehrfach entschädigt werden.[82]

b) Gegenseitige Anrechnung von Individual- und Kollektivansprüchen?

Der Vorwurf der doppelten Entschädigung entfällt bei einer „Anrechnung“ des Kollektivanspruchs auf die Individualansprüche – oder umgekehrt einer Begrenzung des Kollektivanspruchs durch Individualansprüche.

Den ersten Weg gehen die am amerikanischen Recht angelehnten Class-Action-Modelle; hier werden weitergehende Individualansprüche bei Rechtskraft des Urteils über den Kollektivanspruch gekürzt oder prozessual ausgeschlossen – nachdem zuvor i.d.R. ein Verteilungsverfahren stattgefunden hat.[83]

Den zweiten Weg wählt § 10 UWG. Die Norm verlangt in ihrem Abs. 2, dass der Gewinn zu Lasten der Abnehmer erlangt wurde und dass auf den Gewinn die Leistungen angerechnet werden, die der Schuldner “auf Grund der Zuwiderhandlung” an Dritte oder an den Staat bezahlt hat.

c) Gegenstand des kollektiven Interesses: Rechtsschutzdefizite

Zur genaueren Klärung lohnt es sich deshalb, der Frage nachzugehen, worin das kollektive Interesse denn ökonomisch liegen könnte. Man könnte es in der Differenz zwischen dem Ziel einer effektiven Abschreckung durch Internalisierung aller externen Effekte einerseits und der Ineffektivität des Individualrechtsschutzes bei rationaler Apathie andererseits suchen. Das kollektive Interesse liegt in der Differenz zwischen dem Nominalwert der entstandenen Verbraucherverluste und deren real geltend gemachtem Wert aufgrund geringer Rechtsdurchsetzungswahrscheinlichkeit. Das kollektive Interesse kompensiert die geringe Durchsetzungswahrscheinlichkeit.[84] In diese Richtung geht bereits eine von Ott/Schäfer vorgelegte Berechnung, die der Wahrschein-

81 Halfmeier, 2006 (Fn 69), S. 387; zur Bedeutung von punitive damages in diesem Kontext siehe Carrington, German Law Journal, 2004, 1421; Ebert, 2004 (Fn. 47), S. 525. Siehe jetzt wieder zu § 241a BGB Piekenbrock, GPR 2012.

82 Vgl. Säcker, 2006 (Fn. 8), S. 60 zu § 10 UWG.

83 Pinna, Erasmus Law Review 2008, S. 31 ff; Koch/Zekoll, ZEuP 2010, S. 107 ff, S. 127. Auch Schultes Vorschlag enthält ein solches Verteilungsverfahren (Schulte, 1982 (Fn. 71), S. 145 ff).

84 Siehe schon Kocher, 2007 (Fn. 6), S. 72-80.

lichkeit der Geltendmachung von Ansprüchen einen ökonomischen Wert beimisst.[85] Der individuell zu leistende konkrete Schadensersatz solle um „punitive damages" erhöht werden, die dem Unterschied zwischen dem insgesamt entstehenden Schaden und dem geltend gemachten Schaden entsprechen müssten. Dazu müsse der geltend gemachte Schaden durch die Wahrscheinlichkeit der Geltendmachung dividiert werden.

Auch das OLG Frankfurt/Main argumentierte anlässlich der Bejahung eines Gewinnabschöpfungsanspruchs wegen einer rechtswidrigen „Kostenfalle" im Internet: Eine durch den Wettbewerbsverstoß verursachte Gewinnerzielung zu Lasten einer Vielzahl von Verbrauchern liege auch dann vor, wenn die Verbraucherinnen und Verbraucher, die für das geleistete Entgelt keine brauchbare Gegenleistung erhalten hätten, ihnen zustehende Anfechtungs- oder Rückforderungsrechte nicht geltend machen und infolge dessen verlieren würden.[86] In die gleiche Richtung geht die Überlegung, bei ad hoc-Vereinigungen oder BGB-Gesellschaften, die zur Durchsetzung bestimmter Forderungen gebildet wurden, könne ein „gemeinsames Interesse" iSd § 7 Abs. 1 S. 1 Nr. 1 RDG im Gruppeninteresse am gerichtlichen Obsiegen liegen.[87]

Die geringe Rechtsdurchsetzungswahrscheinlichkeit der Ansprüche könnte aber auch bei der Verteilung zwischen individuellen und kollektiven Ansprüchen berücksichtigt werden. So hat es das Bundesverfassungsgericht bereits in der Contergan-Entscheidung hervorgehoben:[88] Wenn die Zugehörigkeit des Einzelnen zu einer Gemeinschaft von Geschädigten seinen Anspruch erst realisierbar gemacht habe, treffe ihn eine begrenzte Pflicht, eine entsprechende Ordnung der Berechtigung hinzunehmen. Und anlässlich der Stiftung Zwangsarbeiter wurde 2004 bestätigt: Erst die in den Vereinigten Staaten von Amerika erhobenen Sammelklagen und die vielen in der Bundesrepublik anhängig gemachten Klagen hätten die Bereitschaft der deutschen Wirtschaft zu substantiellen Leistungen im Rahmen der Stiftungsinitiative der deutschen Wirtschaft entstehen lassen. Auf andere Weise hätte, wenn überhaupt, nur ein äußerst geringer Bruchteil der früheren Zwangsarbeiter die an sich bestehenden Ansprüche tatsächlich durchsetzen können. Gemessen an der Gesamtzahl der noch lebenden Opfer hatte nur ein kleiner Teil in Deutschland, den Vereinigten Staaten von Amerika oder anderen Ländern Entschädigungsklagen erhoben. Die Erfolgsaussichten solcher Klagen waren zweifelhaft. Der Eingriff in die Individualansprüche war damit gerechtfertigt.

85 Ott/Schäfer, Die Anreiz- und Abschreckungsfunktion im Zivilrecht, in: dies. (Hrsg.), Die Präventivwirkung zivil- und strafrechtlicher Sanktionen, 1999, S. 152.

86 OLG Frankfurt/a.M. 20.5.2010 – 6 U 33/09, GRUR-RR 2010, S. 482 ff (Abo-Falle im Internet). Eine solche Auslegung muss allerdings auch Konsequenzen für die Frage der haftungsausfüllenden Kausalität haben (dazu OLG Stuttgart 2.11.2006 – 2 U 58/06, VuR 2007, S. 70; Fezer/v. Braunmühl, § 10 UWG, Rn. 180.

87 Zweifelnd Mann, NJW 2010, 2391; siehe auch Koch, NJW 2006, 1469; ders., JZ 2011, 441.

88 BVerfG 8.7.1976- 1 BvL 19 und 20 /75, 1 BvR 148/75, BVerfGE 42, 263.

d) Anwendungsbereich: "diffuse Interessen"

Diese Überlegungen müssten für die Fälle der breitgestreuten Bagatellbeeinträchtigungen zur Konsequenz haben, Individualansprüche zugunsten der Rechtsdurchsetzung entfallen zu lassen.[89] Dies kann natürlich nur gelten, soweit tatsächlich die Rechtsdurchsetzungswahrscheinlichkeit rational betrachtet gering ist, was in den hier zur Debatte stehenden Fällen diffuser Interessen ökonomisch, d.h. durch den geringen ökonomischen Wert der Ansprüche begründet ist.

An der Berechnung der richtigen oder einer geeigneten Schwellensumme haben sich bereits wiederholt Autorinnen und Autoren versucht. Schon in den 1970ern waren Summen zwischen nach heutiger Berechung 10 und 15 Euro bis hin zu mehr als 500 Euro in der Diskussion.[90] Micklitz und Stadler sind auf 25 Euro gekommen, wobei sie sich an der niedrigsten Gerichtsgebühr für Streitwerte bis 300 Euro (§ 34 GKG) orientierten – denn selbst wer über eine Rechtsschutzversicherung verfügt, wird rationalerweise für eine solche Summe kein Gerichtsverfahren beginnen.[91] Noch realistischer[92] wäre es, sich an den tatsächlichen Gerichtskosten zu orientieren, also mindestens drei Gerichtsgebühren (75 Euro).[93]

Burckhardt[94] wiederum orientierte sich für seine präzise ökonomisch begründete Berechnung an einem Modell von Dimde zur ökonomischen Analyse des Zugangs zum Rechtsschutz.[95] Unter Berücksichtigung von Obsiegenswahrscheinlichkeiten und unterschiedlichen Risikoorientierungen kam er zu einer Durchschnittssumme von 159 Euro, ab der die Rechtsdurchsetzung für einzelne Verbraucherinnen und Verbraucher in Deutschland als ökonomisch rational anzusehen wäre.

3. Finanzierung und Anreize

Damit ist das Problem des Anreizes und der Finanzierung natürlich noch nicht vollständig gelöst – insbesondere, wenn man berücksichtigen will, worauf Dimde bei seiner Berechnung hinweist: Die ökonomischen Kosten beschränken sich nicht auf Gebühren und Honorare, sondern erfassen auch die Kosten der Vorbereitung und Durchführung der Rechtsdurchsetzung einschließlich der Informationsbeschaffung.[96] Nicht zufällig werden die nicht abgeholten Beträge aus den US-amerikanischen Class-Ac-

89 Stadler, Bündelung von Interessen im Zivilprozess, 2004, S. 18.

90 Thiere, 1980 (Fn. 65); Koch, 1983 (Fn. 19); Säcker, 2006 (Fn. 8), S. 34.

91 Stadler/Micklitz, WRP 2003, S. 560; Micklitz/Stadler, in: Micklitz/Stadler (Hrsg.), 2005 (Fn. 22), S. 1419 ff.

92 Säcker 2006 (Fn. 8), S. 34.

93 Stadler, Bündelung von Interessen im Zivilprozess, 2004, S. 13.

94 Burckhardt, Auf dem Weg zu einer class action in Deutschland, Eine Untersuchung des Art. 1 § 3 Nr. 8 RBerG im System zwischen Verbandsklage und Gruppenklage, 2005, S. 122-130.

95 Dimde, Rechtsschutzzugang und Prozessfinanzierung im Zivilprozess: Eine ökonomische Analyse des Rechts, 2003.

96 Dimde, 2003 (Fn. 95), S. 107; vgl. auch Koch, Duke Journal of Comparative and International Law 2001, S. 101 ("the attorney's hard work").

tion-Fonds in aller Regel zur Finanzierung von Verbraucherverbänden und Rechtsberatungsorganisationen vorgesehen.[97]

Und in diesem Punkt ist die Gewinnabschöpfungsregel des § 10 UWG wohl am defizitärsten: Sie vernachlässigt die notwendige Anreizfunktion; Empfänger des abgeschöpften Gewinns ist der Staat.[98] Diese Regelung wird allgemein als einer der Hauptgründe für die Ineffektivität der Norm angesehen.[99] Auch das Grünbuch der Kommission hatte die unzureichende Finanzierung der Verbraucherverbände als Effektivitätshindernis von Verbandsklagen angesehen.[100] Deshalb hatte Mertens bereits 1975 vorgeschlagen, (zusätzlich zu einer pauschalisierten Summe für die Individualschäden) eine großzügige Entschädigung für die Kosten der Rechtsdurchsetzung vorzusehen[101] – ohne Konkurrenzen zu eventuellen Individualansprüchen.

Dies dürfte auch den subjektiven Interessen der Verbraucherinnen und Verbraucher entsprechen: Die bereits zitierte Studie über die Wahrnehmung von Rechtsbehelfe durch Verbraucherinnen und Verbraucher in der EU aus dem Jahr 2009[102] wies darauf hin, dass Verbraucher selbst bei höheren Schäden als 100 Euro eher Verbraucherschutzorganisationen informieren, als sich unmittelbar an die Unternehmen zu wenden. Und die Verbraucherzentralen haben die Erfahrung gemacht, dass es leichter sein kann, Spenden für eine Sammelklagenaktion zu sammeln als die Betroffenen zu eigenen Klagen zu motivieren.

III. Schluss

Für eine effektive Prävention und Steuerung unternehmerischen Verhaltens auf Verbrauchermärkten bedarf es einer Verbandsklage, die Anreize für klagende Verbände setzt und umgekehrte Anreize zum Rechtsbruch mindert. Die Differenzierung zwischen „opt-in"- und „opt-out"-Modellen führt dabei in die Irre – denn sie suggeriert, dass eine Verbandsklage auf „Schadensersatz" notwendigerweise die gesammelten Individualansprüche einklagen müsse. Stattdessen sollte zwischen den Individualansprüchen und dem Kollektivinteresse unterschieden werden; dies bedeutet nicht notwendigerweise, dass „punitive damages" etabliert werden. Ein geeigneter Ansatzpunkt für ein solches Modell ist der Gewinnabschöpfungsanspruch – wenn er entsprechend effektiv und mit den nötigen Anreizfunktionen für klagebefugte Verbände ausgestaltet wird.

97 Vauter, The Next Best Thing: Unclaimed funds from class action settlements could benefit low-income consumers by deposits in the State Bar of Michigan Access to Justice Development Fund, 2001; vgl. z.B. Cal. Civ. Proc. Code § 384(b) (West Supp. 1997).

98 Koch Duke Journal of Comparative and International Law 2001, 101.

99 Stadler, Bündelung von Interessen im Zivilprozess, 2004, S. 14.

100 Europäische Kommission (Fn. 14), KOM(2008) 794 endg., Rn. 14.

101 Mertens, ZHR 139 (1975), S. 438 ff.

102 Siehe oben Fn. 12.

Class Actions in den USA als Vorbild für Europa?

Professor Dr. Astrid Stadler

I. Einleitung

Die *class action* hat einen schlechten Ruf in Europa. Sie hat sich zu einem Synonym für die missbräuchliche Durchsetzung zweifelhafter Ansprüche entwickelt bzw. gilt zumindest als probates Mittel, beklagten Unternehmen einen ungerechtfertigten Vergleich abzunötigen. Vertreter von Wirtschaft und Unternehmen würden daher die Frage des Vortragsthemas wohl ohne Zögern mit einem einhelligen „Nein" beantworten. Die bisweilen fast schon reflexhafte Abwehrhaltung der Wirtschaft ist nicht ohne Verschulden der Politik entstanden. Die Reformvorschläge der EU-Kommission, die vor allem im Wettbewerbsrecht allzu unkritisch und wenig reflektiert die amerikanische Idee eines „private law enforcement" übernehmen wollten, haben eine Überreaktion provoziert. Sachargumente sind in der Diskussion oft in den Hintergrund getreten und durch die gebetsmühlenhafte Versicherung europäischer und deutscher Politiker ersetzt worden, man wolle in Europa keine „amerikanischen Verhältnisse". Der Reformprozess ist jedenfalls auf europäischer Ebene darüber erst einmal in eine Sackgasse geraten.[1] Bei etwas emotionsloser Betrachtung zeigt sich – wie so oft –, dass etwas mehr Differenzierung Not tut.[2] Eine berühmte Abhandlung Arthur Miller's zur class action im Harvard Law Review trägt den Titel: „Of Frankenstein Monsters and Shining Knights: Myth, Reality and the ‚Class Action Problem'.[3] Tatsächlich hat die *class action* ganz verschiedene Seiten. Bisweilen wird sie auch bei uns mit einer gewissen Bewunderung als der „shining knight in armour", der glänzende Ritter ohne Furcht und Tadel wahrgenommen, der dem kleinen Mann gegen übermächtige Konzerne zur Seite steht. Überwiegend herrscht jedoch das eingangs beschriebene negative

1 Vgl. die unterschiedlichen Ansätze im Grünbuch der Generaldirektion Verbraucher und Gesundheit über kollektive Rechtsdurchsetzung für Verbraucher, KOM (2008) 794 endg und das Weißbuch der Generaldirektion Wettbewerb KOM (2008) 165 endg., (vorausgegangen war das Grünbuch KOM (2005), 672 endg.). Die Anfang 2011 initiierte Konsultation „Towards a Coherent European Approach to Collective Redress" (SEC (2011), 173 endg. v. 04.02.2011) hat – wie zu erwarten – kein eindeutiges Meinungsbild ergeben, vgl. hierzu die Auswertung von *Hess/Pfeiffer*, Study JUST/2010//JCIV/CT/OO27/A4, Evaluation of contributions to the public consultation and hearing: Towards a coherent approach of collective redress, abrufbar: http://ec.europa.eu/competition/consultations/2011_collective_redress/study_heidelberg_summary_en.pdf.

2 S. hierzu bereits *Stadler*, Die Sammelklage nach US-amerikanischem Vorbild – ein Modell für Europa? Vortrag Verbraucherpolitische Tagung des vzbv (Verbraucherzentrale Bundesverband), Berlin Juni 2008, abrufbar: http://www.vzbv.de/mediapics/sammelklage_us_vorbild_astrid_stadler_17_06_2008.pdf

3 *Miller A.*, "Of Frankenstein Monsters and Shining Knights: Myth, Reality and the 'Class Action Problem'", 92 Harvard Law Review 664 (1979).

Image vor und das Missbrauchspotential der *class action* ist auch in den USA ein seit vielen Jahren intensiv diskutiertes Problem. Ob man ihre Grundidee der Bündelung gleichgerichteter Ansprüche deshalb allerdings gleich von vorne herein verwerfen sollte, ist eine ganz andere Frage.

Wenn man sich auf die Suche nach rechtsvergleichenden Vorbildern begibt, gilt es sich zunächst Rechenschaft über die eigenen Reformziele abzulegen und zu überlegen, ob und wofür ein ausländisches Rechtsinstrument tauglich sein kann. Für die *class action* ist daher die Frage zu stellen, welche rechts- und sozialpolitische Funktion sie in den USA erfüllt und ob ihre eine ähnliche Aufgabe auch in Europa zukommen kann und soll. Erst danach wird darauf einzugehen sein, wie sich in einem europäischen Gruppenklagemodell die negativen Auswirkungen, die in den USA zu verzeichnen sind, vermeiden lassen.

II. Die rechtspolitische Zielsetzung der US class action

Die amerikanische *class action*, deren historische Wurzeln eigentlich im mittelalterlichen England liegen[4], muss vor dem Hintergrund des amerikanischen Gesellschafts- und Wirtschaftsmodells gesehen werden. Dieses gründet auf einer Wettbewerbsgesellschaft mit vergleichsweise geringem Regulierungsgrad in vielen Bereichen des Rechts und sehr zurückhaltenden administrativen Eingriffen. Die historisch bedingte Abneigung der Amerikaner gegenüber einer (Über-)Regulierung durch Parlamente und Behörden hat ein System hervorgebracht, das bevorzugt auf die Eigeninitiative für das verfassungsrechtlich verbürgte Recht des „pursuit of happiness“ setzt.[5] Dies mag etwa auch die für uns Europäer fast schon bizarr anmutende Ablehnung weiter Teile der amerikanischen Bevölkerung gegenüber einer staatlichen Krankenversicherung erklären. In dieses Bild passt es, für die Durchsetzung rechtlicher Regelungen auf vielen Gebieten darauf zu vertrauen, dass bei Verstößen die Betroffenen sich selbst zur Wehr setzen werden und sich letztlich über das Haftungsrecht eine regulatorische Wirkung ergibt. Die *class action* ist damit klassischer Weise Ausdruck des amerikanischen Misstrauens in die Regulierungsfähigkeit staatlicher Behörden etwa im Umweltrecht, bei der Rassen- und Geschlechterdiskriminierung, bei Menschenrechtsverletzungen, teilweise aber auch bei der Produkthaftung bis hin zum Kapitalmarktrecht und Kartellrecht.[6]

Nun ist man auch in den USA nicht so naiv anzunehmen, dass sich einzelne Geschädigte allein zum Verfechter der Rechtsordnung aufschwingen, was schon angesichts immenser Prozesskosten realitätsfern wäre. Aber: „Vereint sind auch die Schwachen mächtig“.[7] So bietet die *class action* die Möglichkeit, eine Vielzahl von Ansprüchen auf einfache Weise zusammenzuführen und stärkt damit die Klägerposition ge-

4 *Yeazell, Stephen*, From Medieval Group Litigation to the Modern Class Action, New Haven, 1987.

5 *Bruns*, Einheitlicher kollektiver Rechtsschutz in Europa?, Vortrag auf der Tagung der Vereinigung der Zivilprozessrechtslehrer, Halle 2012, erscheint in ZZP 2013.

6 Zu Recht kritisch zum amerikanischen Ansatz, Marktverhalten nahezu ausschließlich repressiv über Schadensersatzersatzansprüche lenken zu wollen, *Stürner*, AcP 210 (2010), 106 ff, 125.

7 Friedrich Schiller, Wilhelm Tell, 1804, Akt 1, 3. Szene

genüber dem Beklagten. Gibt man Geschädigten und ihren Anwälten über *punitive damages* und *contingency fees* zudem erhebliche finanzielle Anreize[8], gegen Rechtsverstöße vorzugehen, ergibt sich ein Regelungs- und Steuerungsmodell, das die Bewährung der Rechtsordnung großzügig in die Hände der Bürger gelegt,[9] dafür allerdings eine „law as a business" Mentalitiät mit allen ihren rechtskulturellen Auswirkungen akzeptieren muss.[10]

Ein weiterer wichtiger Regelungszweck der *class action* liegt darin, dass die Bündelung der Ansprüche „access to justice" für kleinere Schadensersatzforderungen garantieren kann, die sonst keine Chance hätten, vor Gericht gebracht zu werden. Sie sind für ein anwaltliches Erfolgshonorar zu unattraktiv und für eine Abrechnung des Anwalts auf Stundenhonorarbasis für den Kläger viel zu teuer. Regelungen zu staatlicher Prozesskostenhilfe, auf die man in Europa vielfach zurückgreifen kann – auch wie diese zusehends in das Visier der Sparzwänge geraten -, sucht man in den USA vergeblich. Bündelt man aber viele kleine Ansprüche in einer *opt-out class action* (mit regelmäßig nahezu vernachlässigenswerten *opt-out*-Quoten), wird der Streitwert auch in den USA für ein anwaltliches Erfolgshonorar interessant.

Allerdings hat man auch in den USA keineswegs verkannt, dass eine solche Anspruchsbündelung dazu führt, dass im Verfahren auf die Besonderheiten des einzelnen Anspruchs nur noch bedingt Rücksicht genommen werden kann. Beschneidungen der prozessualen wie der materiellen Rechtsstellung der *class members* sind daher unvermeidlich[11]. Rule 23 Federal Rules of Civil Procedure (FRCP)[12] bestimmt daher, dass eine Zulassung („certification") der *class action* nur in Betracht kommt, wenn die Ansprüche der Geschädigten auf gemeinsamen Rechts- oder Tatsachenfragen beruhen[13] und die kollektive Geltendmachung deshalb gegenüber dem Individualprozess als die überlegenere Form der Rechtsdurchsetzung angesehen werden kann. Gerade für *personal injury mass claims* in Produkt- oder Arzneimittelhaftungsfällen haben

8 US-amerikanische Autoren geben unumwunden zu, dass das *class action*-System nur aufgrund der erheblichen finanziellen Anreize für die Anwaltschaft funktioniert, s. u.a. *Issach*aroff, Fairness in Aggregation, in: Procesos Colectivos – Class Actions, I International Conference & XXIII Iberoamerican Procedural Law Convention Buenos Aires June 2012, IAPL (ed.), p. 31 et seq., 36 mit Nachw.

9 *Issacharoff* aaO (Fn. 8), p. 38: "Class actions can serve an important role in deterrence as a useful complement to the underfunded and overtaxed public enforcement system. Such an approach is best suited to situations of market liberalization as an additional method of ex-post enforcement." Berechtigte Kritik an diesem Ansatz übt *Stürner,* The Role of Judges and Lawyers in Collective Actions. Equality among Parties. Conflicts of Interests, in: Procesos Colectivos – Class Actions, aaO (Fn. 8), p. 67 et seq., 86.

10 Zu Recht kritisch *Stürner*, aaO (Fn. 9), p. 67 et seq. 87-89

11 Nahezu alle *class actions* enden in einem Vergleich, der allerdings vom Gericht gebilligt werden muss (Rule 23 [e] Federal Rules of Civil Procedure, im Folgenden: FRCP); häufig wird die Klage nur noch angestrengt, um den bereits im Vorfeld ausgehandelten Vergleich genehmigen zu lassen (sog. *settlement class action*).

12 Rule 23 FRCP regelt drei Formen der *class action*. Praktisch am wichtigsten und für den Vergleich mit Europa am ehesten geeignet ist die sog. „common questions" oder „damage class action" nach Rule 23 (b) (3) FRCP.

13 Rule 23 (a) und (b) (3) FRCP.

zahlreiche US-Gerichte die Zertifizierung von *class actions* wiederholt abgelehnt, weil sie angesichts der signifikanten Unterschiede bei den einzelnen Ansprüchen (Kausalität, Schadenseintritt und -verlauf) gegenüber Individualklagen keine nennenswerten Vorteile bietet (fehlende „superiority" im Sinne von Rule 23 (b) (3) FRCP). Hier bietet sich allenfalls eine anfängliche „certification" an, um über Grundfragen der Haftung gemeinsam zu urteilen, dann über die Ansprüche jedoch in getrennten Verfahren gegebenenfalls individuell zu entscheiden. Für das Antidiskriminierungsrecht hat der Supreme Court im letzten Jahr in seinem *Walmart*-Urteil[14] bestätigt, dass zu große Unterschiede in den Ansprüchen der *class members* einer Bündelung mittels *class action* entgegen stehen – dort ging es um eine behauptete systematischen Diskriminierung von 1,5 Mio. bei Walmart angestellter Frauen bei Lohn und Beförderung.

Fazit: Die *class action* soll als Mittel repressiver Rechtsdurchsetzung in zahlreichen Rechtsgebieten eine fehlende präventive Regulierung und mangelnde behördliche Kontrolldichte ausgleichen. Insoweit übernimmt sie Aufgaben, die deutlich über unser herkömmliches Prozessrechtsverständnis hinausgehen, bei dem die Durchsetzung eines Individualanspruchs im Zwei-Parteien-Verhältnis im Vordergrund steht. Sie hat weiterhin die Funktion, den Zugang zu Gericht zu gewähren, wo dies für geringfügige Ansprüche einzelner Geschädigter ansonsten im US System nicht gesichert wäre.

III. Parallele Regelungsziele in Europa?

1. Priorität behördlicher Rechtsdurchsetzung

Dies führt unmittelbar zu der Frage, ob man in Europa ähnliche Regelungsziele verfolgt oder verfolgen sollten und deshalb ein Rückgriff auf das *class action* Modell angeraten erscheint. Naturgemäß bietet Europa oder die Europäische Union ein sehr viel heterogenes Bild als die USA. Ein gemeinsames Wirtschafts- oder Sozialmodell lässt sich schwerlich ausmachen und dies wäre vielleicht auch nicht wünschenswert. Zwar setzt die Verwirklichung des europäischen Binnenmarktes primär auf Marktfreiheiten, wirtschafts- und sozialpolitische Regulierungszuständigkeiten sind jedoch bislang weitgehend den einzelnen Mitgliedstaaten verblieben. Bis heute dominiert in Kontinentaleuropa ein historisch gewachsenes Staatsmodell, welches die Verantwortung für die Sicherheit aller und für die Rahmenbedingungen einer funktionierenden Wirtschaft beim Staat ansiedelt. Es unterscheidet sich von den USA deutlich durch die Idee von der sozialen Absicherung des Einzelnen sowie den höheren Regulierungsgrad in vielen Rechtsbereichen. Charakteristisch ist eine klare Trennung zwischen Privatrecht und öffentlichem Recht.[15] Europa bevorzugt tendenziell eine präventive Regulierung der Märkte und setzt für die Rechtsdurchsetzung in vielen Feldern eher auf behördliche,

14 *Dukes* v. *Walmart*, http://www.supremecourt.gov/opinions/10pdf/10-277.pdf. Andere Entscheidungen des US Supreme Court bestätigten die Ablehnung der richterlichen Genehmigung eines Vergleichs, weil erhebliche Interessenunterschiede innerhalb der „class" nicht oder nicht hinreichend berücksichtigt wurden, s. *Oritz* v. *Fireboard Corp.*, 527 U.S. 815 (1999); *Anchem* v. *Windsor*, 521 U.S. 591 (1997).

15 Ausführlich zum Ganzen *Bruns*, aaO Fn. 5.

denn private Aktivitäten. Dies gilt für das Kartellrecht sicher in stärkerem Maße als für das Recht des unlauteren Wettbewerbs oder im Verbraucherrecht, wo wir auf unterschiedliche Regelungsmodelle in Europa stoßen. Während etwa Großbritannien und ganz Skandinavien die Einhaltung von Verbraucherschutzgesetzen eher in die Hände eines Office of Fair Trading bzw. von staatlichen Ombudsleuten legen, überwiegen etwa in Deutschland, Österreich und mit Einschränkungen in Frankreich und Italien Verbandsklagen, die in einem überindividuellen Interesse erhoben werden können. Die Europäische Union setzt für die Durchsetzung von Verbraucherrechten zumindest parallel stark auf behördliche Befugnisse, wie die Verordnung 2006/2004 zeigt. Dies hat in einigen Mitgliedstaaten durchaus Änderungen bewirkt. Die Niederlande etwa etablierten im Zuge der Umsetzung mit der „Consumentenautoriteit“ unter der Aufsicht des Wirtschaftsministeriums eine neue Behörde, die über die Zielsetzung der Verordnung hinaus auch für nationale Fälle weitgehende Befugnisse hat.[16] Das prozessuale Modell der *class action* fügt sich in diese Landschaft also auf Anhieb keineswegs nahtlos ein.

Die Freude an einer gewissen Deregulierung der Märkte auch in Europa währte nur solange, bis sich eine zunehmende Zahl privater Anleger, die sich erfreut auf den „neuen Markt“ und später auf fragwürdige Finanzmarktprodukte einließen, mit erheblichen Verlusten konfrontiert sahen, nicht selten mit dem Verlust ihrer privaten Altersvorsorge. Auf massenhafte Anlegerklagen waren die Prozesssysteme in den Mitgliedstaaten schlecht vorbereitet. Komplexe und langwierige Verfahren sind die Folge. Auf der anderen Seite reklamierten Verbraucherschutzorganisationen zunehmend Abhilfe für Bagatell- und Streuschäden, die ungesühnt bleiben. Die Europäische Kommission machte Rechtsdurchsetzunglücken im Kartellrecht aus, wo die Schäden von Verbrauchern durch Preisabsprachen auf höheren Vertriebsstufen in der Praxis so gut wie nie geltend gemacht werden. Dasselbe gilt mit gewissen Einschränkungen selbst für kartellgeschädigte unmittelbare Abnehmern, welche aus den verschiedensten Gründen selten gegen die Kartellanten vorgehen.[17]

Für die Generaldirektion Wettbewerb war dies Anlass, die Idee der amerikanischen Idee des *private law enforcement* aufzugreifen und die Einführung von Gruppenklagen und Verbands-*opt-out* Klagen nach Vorbild der *class action* zu avisieren.[18] Nun ist gerade das Kartellrecht allerdings ein Bereich, für den das *class action*-Modell nicht ohne Weiteres zu passen scheint, da hier die Rechtsdurchsetzung durch Behörden bislang Priorität in Europa genoss. Zwar erlauben die limitierten Ressourcen der Kartellrechtsbehörden nur die Verfolgung großer Fälle und keine flächendeckende Rechtsdurchsetzung. Dennoch gibt es bislang nur wenige wissenschaftlichen Untersuchungen über das behauptete Versagen des *public enforcement*.[19] Nicht nur das relativ unab-

16 *F. Weber*, Towards an Optimal Mix of Public and Private Enforcement in Consumer Law, Rotterdam 2012, p. 243 et seq.

17 Vgl. hierzu die Beiträge in *Basedow* (Hrsg.), Private Enforcement of EC Competition Law, International Competition Law Series, Kluwer 2007; sowie *Cumming/Freudenthal*, Civil Procedure in EU Competition Cases before the English and Dutch Courts, Kluwer 2010.

18 S. oben Fn. 1.

19 Für einen „gemischten Ansatz“ *F. Weber*, aaO Fn. 16.

gestimmt wirkende Nebeneinander von behördlicher und privater Rechtsdurchsetzung hat hier die Zweifler auf den Plan gerufen. Letztlich gibt es gerade im Kartellrecht eine Fülle von Gründen für die Nichtgeltendmachung von Schadensersatzansprüchen, die sich nicht allein durch eine prozessuale Bündelung über *class actions* lösen lassen (Schadensberechnung *passing-on-defence*, Beweislast, Zurückhaltung gegen Geschäftspartner zu klagen). Angesichts der enormen Bußgelder, die seitens der Europäischen Kommission bei Kartellrechtsverstößen verhängt werden, muss man sich auch fragen, ob insoweit durch Formen des *private enforcement* eine noch weitergehende Abschreckung verwirklicht werden könnte.

2. *Class actions zur Bewältigung von Bagatell- und Streuschäden?*

a) Access to Justice für Kleinschäden im Kartell-, Wettbewerbs- und Verbraucherrecht?

Unbestritten ist jedoch, dass Kartellrechtsverstöße ebenso wie mannigfache Verletzungen von Verbrauchergesetzen zu sog. Bagatell- und Streuschäden bei Verbrauchern führen, welche aufgrund einer rationalen Apathie der Geschädigten nicht geltend gemacht werden.[20] Insoweit könnte sich also eine Parallele zu den USA ergeben. Wenn einzelne Verbraucher oder eine Verbraucher- bzw. sonstigen Interessenorganisation im Namen aller auf Schadensersatz klagen könnten, so lautet das Argument, ließe sich sowohl die Lenkungs- und Regulierungsfunktion des Haftungsrechts wieder herstellen also auch ein Kompensation verwirklichen. Der Gedanke ist im Prinzip richtig und in einigen Mitgliedstaaten inzwischen auch durch Gruppenklagemodelle umgesetzt[21], es fehlt jedoch weithin noch an praktischen Erfahrungen damit.

Der politische Widerstand hiergegen gründet auf der Befürchtung, dass die Aktivierung des Einzelnen für das Gemeinwohl insbesondere profitgierige Anwälte auf den Plan rufen könnte, die dergleichen Verfahren organisieren und dabei der Versuchung unterliegen, auch in letztlich unbegründeten Fälle nach amerikanischem Vorbild versuchen, Vergleiche zu erpressen. So mancher mag auch befürchten, dass auf diese Weise tatsächlich mehr wirkliche Rechtsverstöße aufgedeckt werden könnten als bisher. Eher vorgeschoben wirkt das Argument, die Idee, dass der Zivilprozess über die

20 Zur notwendigen Unterscheidung zwischen Bagatell- und Streuschäden mit rationaler Apathie der Betroffenen einer- und Großschäden andererseits s. *Stadler*, Collective Action as an Efficient Means for the Enforcement of European Competition Law, in Basedow, aaO Fn. 17) p. 195-214; *dies.*, Aggregate Litigation – Group/Class Actions in Germany" in: Gottwald (Hrsg.), Litigation in England in Germany, Bd. 19 der Veröffentlichungen der Wissenschaftlichen Vereinigung für Internationales Verfahrensrecht e.V. 2010, S. 79 ff; *dies.* Stellungnahme zu Konsultation der EU-Kommission zum kollektiven Rechtsschutz, abrufbar: http://ec.europa.eu/competition/consultations/2011_collective_redress/universitat_konstanz_de.pdf.

21 Gruppenklagen (regelmäßig ohne Beschränkung auf Bagatellschäden) finden sich in Schweden, Dänemark, Finnland, Norwegen, Portugal, Polen, Bulgarien.

Durchsetzung individueller Ansprüche hinaus – vielleicht sogar primär – das Ziel verfolgen könnte, eine allgemeine Marktsteuerungsfunktion zu übernehmen, wird bisweilen als „neosozialistisch" gebrandmarkt.[22] Die US-amerikanische Vorstellung von *private enforcement* sieht in der Tat den privaten Kläger als eine Art „private attorney general", der öffentliche Belange im Wege des zivilrechtlicher Schadensersatz- oder Unterlassungsklagen durchsetzt.[23] Zweifellos berührt der kollektive Rechtsschutz Grundfragen nach der Funktionen des Zivilprozesses. Neu ist dies jedoch auch in Europa keineswegs. Die Vorstellung, der Zivilprozess sei Privatsache, die den Staat nicht interessiere, ist längst Vergangenheit.[24] Schon mit der modernen Verbandsunterlassungsklage wurde in den 1960er und 70er Jahren ein richtiger Schritt zur Durchsetzung allgemeiner Verbraucherinteressen getan.[25] Die Gewinnabschöpfungsklagen des UWG und des GWB sowie nicht zuletzt das KapMuG zeigen, das sich der Gesetzgeber sehr wohl gezielt solcher Instrumente bedient, um Allgemeinbelange zu verwirklichen. Letztlich ist die Wahrnehmung überindividueller Interessen im Zivilprozess daher heute keine Grundsatzfrage mehr, sondern eine solche des rechten Maßes und der möglichst wenig missbrauchsanfälligen Ausgestaltung.[26]

Daher wendet sich ein weiteres Argument regelmäßig gegen die konkrete Ausgestaltung solcher Gruppenklagen. Bei Bagatell- und Streuschäden im Kartell- und Verbraucherrecht haben wir es regelmäßig mit einer Vielzahl von Geschädigten zu tun, die sich nicht persönlich identifizieren lassen, sondern nur allgemein als Gruppe umschreiben lassen und die regelmäßig nicht bereit sind, selbst nennenswerte Aktivitäten zu entfalten. Um möglichst viele Ansprüche zu erfassen, müsste eine Gruppenklage daher auf den sog. *opt-out* Mechanismus gestützt werden. Die Einreichung der Klage im Namen aller Betroffenen (aber ohne deren Zustimmung) könnte nur öffentlich bekannt gemacht werden und alle, die nicht an den Verfahrensausgang gebunden sein wollen bzw. ihren Anspruch individuell verfolgen möchten, müssten innerhalb einer bestimmten Frist ihr „opt out" erklären. Dies führt bekanntermaßen in schwierige verfassungsrechtliche Fragen der Gewährung rechtlichen Gehörs, der möglichen Verletzung der Dispositionsmaxime und der Frage, ob Einschränkungen dieser Rechte für

22 *Säcker,* Die Einordnung der Verbandsklage in das System des Privatrechts, München 2006, S. 73 ff.

23 *Hess* JZ 2011, 66, 67.

24 Vgl. *Hess* JZ 2011, 66, 67 unter Berufung auf *Wach* einer- und *Jhering* andererseits.

25 Ausführlich zur Durchsetzung der Verbandsklage in Europa *Stürner*, aaO (Fn. 9), p. 67 et seq., 74 et seq.

26 Zu Vorschlägen vgl. *Money-Kyrle/Hodges*, European Collective Action: Towards Coherence?, 19 Maastricht Journal of European Law (2012), 477.

Kleinstschäden, die ohnehin von den Betroffenen gar nicht eingeklagt werden, zulässig sind.[27]

b) Kompensation v. Prävention

Verfassungsrechtliche Bedenken bzw. der potentielle Verstoß gegen Art. 6 EMRK sind ein gewichtiger Einwand gegen die *opt-out* Lösung, über den man sich vor allem, wenn man grenzüberschreitende Gruppenklagen für Verbraucher in ganz Europa ins Auge fasst, nicht vorschnell hinwegsetzen darf.[28] Überwiegend wird ein solches Modell derzeit auch abgelehnt.[29] M.E. kommt es darauf jedoch letztlich gar nicht so sehr an. *Class actions* sollten zur Bewältigung von Bagatell- und Streuschäden und als sozialpolitisches Instrument einer „access to justice" Garantie auch aus anderen Gründen nicht in Betracht gezogen werden. Entscheidend ist dabei weniger, dass eine solche kollektive Schadensersatzklage häufig der Durchsetzung sog. „diffuser" Interessen oder einem Allgemeininteresse dienen würde und damit dem Vorwurf der Zweckent-

27 Hierzu *Stadler,* Group Actions as a remedy to enforce consumer interests, in: Cafaggi/Micklitz, New Frontiers of Consumer Protection, 2009, 305, 317 f. mit Nachw. Derzeit wird das *opt-out* Modell vor allem im Hinblick auf das niederländische Modell zur Förderung von (außergerichtlichen) Vergleichen bei Massenschäden diskutiert. Es erlaubt die gerichtliche Verbindlicherklärung eines von Repräsentanten mit dem Verursacher ausgehandelten Vergleichs für alle Geschädigten, die sich diesem Verbindlicherklärungsverfahren nicht durch ein *opt-out* entziehen; vgl. hierzu *Halfmeier*, Recognition of a WCAM settlement in Germany, Nederlands Internationaal Privaatrecht, 2012, 176 ff; *Jelsma/Cordewener*, The settlement of Mass Claims: A Hot Topic in The Netherlands, The International Law Quarterly 2011, 13 ff. Hierzu auch unten sub IV 4.

28 Kritisch zur Ablehnung des *opt-out*-Systems auf europäischer Ebene *Gaudet*, Turning a blind eye: the Commission's rejection of opt-out class actions overlooks Swedish, Norwegian, Danish and Dutch experience, 30 E.C.L.R. 107, 113 et seq. (2009); ähnlich *Halfmeier* aaO Fn. 27. *Antonio Gidi*, The Class Action Code: A Model for Civil Law Countries, 23 Arziona J. of. Int. & Comp. Law 37 (2005) hat ein modifiziertes *opt-out*-Modell vorgeschlagen, dass allerdings viele Durchbrechungen der Bindungwirkung vorsieht, die dem Beklagten kaum zumutbar erscheinen.

29 *Opt-out*-Gruppenklagen sind anzutreffen etwa in Portugal, in Dänemark (§ 254e [8] dänische ZPO) und Norwegen (§ 35-7 Dispute Act) für Bagatellschäden im Hinblick auf die sonst nicht zu überwindende Passivität der Geschädigten. Auch das niederländische Gesetz zur kollektiven Bewältigung von Massenschäden (2005) beruht auf einem *opt-out* Mechanismus, erlaubt nur die Verbindlicherklärung von Vergleichen, nicht die klagweise Durchsetzung kollektiver Schadensersatzansprüche. In England verfolgte man mit der Group Litigation Order in den Civil Procedure Rules 1999 einen *opt-in* Ansatz. Hier hat sich inzwischen ein Strömung, welche den US-amerikanischen *opt-out* Ansatz übernehmen möchte, durchgesetzt, s. insbes. *R. Mulheron*, Some Difficulties with Group Litigation orders – and why a class action is superior, 24 Civil Justice Quarterly 50 ff (2005); *dies*., Reform of Collective Redress in England and Wales, 2008 (abrufbar: http://www.lawcentres.org.uk/uploads/Collective_Redress_Prof.Mulheron_.pdf).
Ein im April 2012 veröffentlichtes Konsultationspapier der englischen Regierung sieht für das Kartellrecht *opt-out*-Gruppenklagen vor, s. BIS - Department for Business Innovation & Skills, Private Actions in Competiton Law: A Consultation on Options For Reform (abrufbar: http://bis.gov.uk/assets/biscore/consumer-issues/docs/p/12-742-private-actions-in-competition-law-consultation.pdf.

fremdung des Zivilprozesses ausgesetzt ist, sondern schlicht die Ungeeignetheit des Regelungsinstruments, den erstrebten Zweck überhaupt zu erreichen.

Der durch *class actions* gewährte Zugang zu Gericht soll den Geschädigten zu dem ihnen zustehenden Schadensersatz verhelfen. Genau dies kann jedoch im Regelfall durch Gruppenklagen gar nicht erreicht werden, wie gerade die Erfahrungen in den USA zeigen. Regelmäßig führen solche Schadensersatzklagen dort zur Einrichtung eines Entschädigungsfonds durch den Beklagten, der unter den Anspruchsberechtigten verteilt werden soll. Bei Kleinstschäden lohnt dies den administrativen Aufwand schon regelmäßig nicht, es profitieren im Ergebnis tatsächlich eher diejenigen, die gegen Entgelt den Fond verwalten und verteilen sollen. Wenige Verbraucher machen sich die Mühe, Ansprüche zu erheben oder besitzen nicht mehr die Beweismittel, ihren Anspruch gegenüber dem Fonds darzulegen.[30] Dies gilt jedenfalls für den Erwerb überteuerter Produkte in Folge von typischer Weise lange zurück liegenden Kartellrechtverstößen, aber auch bei Schäden aufgrund von Wettbewerbsverstößen etc. Im Anlegerschutz bereitet der Nachweis einer grundsätzlichen Anspruchsberechtigung regelmäßig weniger Probleme, es handelt sich allerdings auch selten um wirkliche Bagatellschäden.

In den USA ist es an der Tagesordnung, dass das für die Entschädigungsfonds erstrittene Geld nicht komplett abgerufen wird. In anderen Fällen geht man von vorne herein davon aus, dass sich einzelne Verbraucher nicht melden werden, um Kleinstschäden geltend zu machen. Es hat sich daher eine – zumindest aus europäischer Sicht - nicht unumstrittene Handhabung eingebürgert, sog. *cy près* Lösungen.[31] Da die wirklich Geschädigten nicht oder nur zu einem geringen Teil erreicht werden können, versucht man, den vom Beklagten erstrittenen Betrag ganz oder teilweise so zu verwenden, dass dies dem Kompensationsgedanken oder dem allgemeinen Verbraucherschutz möglichst nahe kommt. Typisches Beispiel ist der berühmte Yellow Cab Fall aus Kalifornien[32], wo im Wege der *class action* geltend gemacht worden war, dass ein Taxiunternehmen in L.A. über einen längeren Zeitraum seine Taxameter falsch justiert und daher zu viel von den Kunden kassiert hatte. In der vergleichsweise erreichten Einigung verpflichtet sich das beklagte Taxiunternehmen, zur Kompensation seines Gesetzesverstoßes über einen etwa gleich langen Zeitraum niedrigere Taxipreise anzubieten. Ob einer von den wirklich Geschädigten in den Genuss dieses Vorteils gekommen ist, ist nicht überliefert.

Wenn das Ergebnis der *class action* so aussieht, dann lohnt der Streit über den umstrittenen *opt-out* Mechanismus nicht und Beschränkungen verfassungsrechtlich verbürgter Verfahrensrechte sollte man nicht in Kauf zu nehmen. Von den Befürwor-

30 S. schon ausführlich *Stadler*, aaO (Fn. 27), p. 325 ff.

31 Zum Beispiel *Hensler* et al.(eds.), Class Action Dilemmas, Rand Corp. 2000, p. 216 et seq.; für eine ähnliche Entwicklung in England s. *Mulheron*, Cy-Près Damages Distributions in England: A New Era for Consumer Redress, 2009 European Business L. Rev. 307 ff.

32 *Daar* v. *Yellow Cab Co.*, 33 P.ed. 732, 745 (Cal. 1967); zu sog. Cy-près Lösungen in Europa G. *Howells*, Cy-près for consumer: ensuring class action reform deal with 'scattered damages', in: Steele/van Boom, Mass Justice, Challenges of Representation and Distribution, E. Elgar 2011, p. 58 et seq.

tern wird eingewandt, solche Fondlösungen seien immerhin ein billigenswerter Versuch, die Verbraucher zu entschädigen. Wer sich dann immer noch nicht melde, sei selbst schuld. Verbraucherpolitisch lässt sich dieser ehrenwerte Ansatz natürlich auch gut verkaufen. M.E. wäre es jedoch ehrlicher, sich für Bagatell- und Streuschäden von vorne herein vom Kompensationsgedanken zu verabschieden und stattdessen den Schwerpunkt auf eine Prävention durch zivilrechtliche Ansprüche zu legen. Diese lässt sich verfahrensrechtlich weit aus einfacher, aber ebenso effektiv durch Gewinnabschöpfungsansprüche gegen Unternehmen, die rechtswidrig gehandelt haben, realisieren. Der deutsche Ansatz in § 10 UWG ist daher im Prinzip der richtige Weg, wenn auch derzeit noch im Detail unbefriedigend ausgestaltet. Ob solche Gewinnabschöpfungsklagen als Verbands- oder als Behördenklagen zu konzipieren sind, wird man in Europa nach der Tradition der Mitgliedstaaten unterschiedlich beantworten. Ich sehe für Deutschland in der Verbandsklage klare Effizienzvorteile, wenn die Ansprüche so ausgestaltet werden, dass die Verbände auch einen gewissen finanziellen Anreiz haben, sie geltend zu machen, ohne andererseits zum Missbrauch einzuladen. Beide Formen fügen sich jedenfalls deutlich besser in die europäischen Gegebenheiten als eine *opt-out class action.*

Eine kurze Zwischenbilanz ergibt daher: *Class actions* in ihrer Funktion als Garant für „access to justice“ für Bagatell- und Streuschäden sollten in Europa keine Vorbildfunktion haben. Hier ist die Abschöpfung des rechtswidrig erlangten Gewinns in vielen Fällen die bessere und konfliktfreiere Lösung und stößt auf größere Akzeptanz. Im Kartellrecht wäre gesondert zu prüfen, ob die abschreckende Funktion, die letztlich von der drohenden Gewinnabschöpfung ausgehen soll, nicht bereits durch behördliche Bußgelder erreicht wird.

3. Class actions zur Bündelung von Massenverfahren

Damit ist jedoch noch kein endgültiges Urteil über die Vorbildfunktion der *class action* gefällt. Sie ist m.E. im weltweiten Vergleich noch immer die effizienteste Methode, Massenverfahren zu bewältigen. Wenn es also nicht um Bagatellschäden geht, sondern um Schadensfälle, in denen die Individualschäden so groß sind, dass die Betroffenen tatsächlich den Weg zu Gericht nicht scheuen, dann benötigen wir auch in Europa dringend Mechanismen, die über die bloße Streitgenossenschaft hinausgehen. Unser Umgang mit komplexen Massenklagen wie im Frankfurter Telekom-Verfahren stößt inzwischen im Ausland nur noch auf mitleidiges Kopfschütteln. Trotz KapMuG ist der Telekom-Prozess nach nunmehr 10 Jahren noch immer nicht bewältigt und ein Ende ist nicht wirklich in Sicht.[33]

Der Repräsentationsgedanke, der hinter der *class action* steht – der Gruppenkläger prozessiert im Namen aller Geschädigten – erlaubt es, solche Verfahren wieder in einen Zwei-Parteien Prozess zurückzuführen, bei dem die vielen Geschädigten keine vollen Mitwirkungsrechte als Partei oder Beigeladene, sondern im Wesentlichen nur Informations- und Vetorechte haben. Damit kann die Komplexität des Verfahrens erheblich reduziert werden. Hier geht es also nicht um eine Rechtsbewährungs- oder -durchsetzungsfunktion der *class actions*, sondern um Prozessökonomie. Insoweit muss man dann auch nicht auf den fragwürdigen *opt-out* Mechanismus zurückgreifen, sondern könnte sich mit einem freiwilligen *opt-in* der Geschädigten begnügen, was viele Probleme im Ansatz löst und ein klares Mandat für den Gruppenkläger beinhaltet. Da bei größeren Schäden ein hinreichendes Verfolgungsinteresse der Beteiligten besteht und die Vorteile gemeinsamer Rechtsdurchsetzung überwiegen, würden sich regelmäßig genügend Gläubiger zusammenfinden.

Der mögliche Anwendungsbereich der *class action* wäre bei dem von hier vertretenen Ansatz, der Bagatellschäden ausklammert, von vorne herein erheblich kleiner als in den USA. Er wird sich im Wesentlichen auf Massenverfahren beschränken, in denen es um reine Vermögensschäden geht. Fälle von Gesundheits- und Körperverletzungen, die in den USA inzwischen doch eine erhebliche Rolle als Massenverfahren spielen, gehen auf ein fehlendes umfassendes Sozialversicherungssystem zurück. Die immensen Kosten, die aus solchen Verfahren und den einzurichtenden Fonds für die beklagten Unternehmen entstehen können, dürfen also hierzulande nicht in die Diskussion geworfen werden, ohne in Rechnung zu stellen, dass bei uns dafür erhebliche Beiträge zur Kranken- und Unfallversicherung anfallen, auf diese Weise aber Massenklagen von Geschädigten gegen den Verursacher vorne herein vermieden werden.

IV. Missbrauchspotential von Gruppenklagen und Eckpunkte der Ausgestaltung

1. Der „toxic cocktail" in den USA

Dennoch muss man sich natürlich der Frage stellen, ob *class actions* tatsächlich zu dem oft beschworenen Alptraum für die Wirtschaft werden. Führen sie zwangsläufig zu einer Flut unberechtigter Klagen? Leisteten sie einer gefährlichen Streitkultur Vorschub und brächten sie ein erhebliches Erpressungspotential für Unternehmen mit

33 Das OLG Frankfurt entschied im Musterfeststellungsverfahren am 16. Mai 2012 gegen die Kleinanleger (Az. 23 Kap 1/06), nun wird der BGH zu befinden haben. Krit. zum KapMuG-Verfahren auch *Stürner*, aaO (Fn. 9), p. 85-86. Die am 1.11.2012 in Kraft getretene Reform des KapMuG mildert nur die gewaltige Kompliziertheit des bisherigen Verfahrens und wird künftig immerhin den Abschluss eines Vergleichs im Musterverfahren erlauben. Vorschläge zu einer Umgestaltung in ein Gruppenklageverfahren konnten sich nicht durchsetzen; s. zur Reform *Rotter* VuR 2011, 443; *Kremer/von Bernuth*, ZIP 2012, 413. Die Evaluation von *Halfmeier/Rott/Feess*, Kollektiver Rechtsschutz im Kapitalmarktrecht, 2010 liest sich im Detail auch eher kritisch.

sich? Niemand bestreitet, dass *class actions* in den USA zum *legal blackmailing* missbraucht werden und Unternehmen mit „deep pockets" gerne das Ziel gewinnorientierter Anwaltsfirmen sind. Mit zwei *Class Action Fairness Acts* 2003 und 2005 und dem *Private Securities Litigation Act* 1995 hat der amerikanische Gesetzgeber versucht, die schlimmsten Auswüchse zu beschneiden. Der Erfolg wird sehr unterschiedlich beurteilt.

Über die Rezeption dieses offenbar risikoträchtigen Rechtsinstituts nachzudenken, lohnt daher nur, wenn es gelingen kann, seine negativen Seiten in Europa zu vermeiden. Bei genauer Betrachtung beruht das viel zitierte Missbrauchspotential denn auch keineswegs auf den Charakteristika der *class action*, sondern auf den Rahmenbedingungen des US Rechts, die sich grundlegend von Europa unterscheiden.

Es ist die Kombination aus mehreren Faktoren des US-amerikanischen Verfahrens- und Haftungsrechts – der berühmte „toxic cocktail" aus einer niedrigen Klageschwelle, teurer und langer *pretrial discovery*[34] bei fehlender Kostenerstattung des Prozesssiegers, teilweise unberechenbaren *jury verdicts* und ggf. drohenden *punitive damages*, der den Prozessvergleich unabhängig von der materiellen Rechtslage für den Beklagten bisweilen als den günstigeren Ausweg erscheinen lässt. Zweifellos findet sich diese Kombination weder auf dem Kontinent noch in Großbritannien. Die Gegner der *class action* verweisen aber gerne auf eine angeblich schleichende Tendenz, auch in Deutschland bzw. Europa entscheidende Eckpfeiler des Verfahrensrechts nach amerikanischem Vorbild zu reformieren.

Zunächst einmal führt der – hier eingangs schon abgelehnte – *opt-out* Mechanismus der *class action* zu sehr hohen Streitwerten – in vielen Fällen verstärkt durch die Chance auf *punitive damages*. Schon die kompensatorischen Schadensbeträge liegen bei uns erheblich niedriger als in den USA, gegen *punitive damages* besteht auf europäischer und nationaler Ebene nahezu einhellige Ablehnung. Der enorme Druck auf den Beklagten in einer *class action*, sich aus einem Millionenprozess mit häufig gewaltigem Medieninteresse schnell durch einen Vergleich „frei zu kaufen", ist insbesondere dann problematisch, wenn dieser Mechanismus auch bei Klagen funktioniert, die in der Sache mehr oder weniger haltlos sind.

2. *Notice pleading statt fact pleading*

Die Hürde zur Klagerhebung ist in den USA bekanntermaßen relativ niedrig. Nach dem vorherrschenden Prinzip des „*notice pleading*" kann ohne weiteres Klage erhoben werden, ohne dass für alle anspruchsbegründenden Merkmale überhaupt ein konkreter Sachverhalt vorgetragen werden müsste.[35] Die Parteien sollen sich in den Schriftsätzen nur grob und grundsätzlich wechselseitig über ihre Positionen informieren. Substan-

34 Statt vieler zu den weiten Möglichkeiten und etwaigem Missbrauch *Marcus*, Retooling American discovey for the 21st century, 7 Tulane J. Internat. & Comp. L. 153-200 (1999).

35 Vgl. Rule 8 (a) FRCP. Grundsätzliches hierzu bei *Marcus*, The revival of fact pleading under the FRCP, 86 Columbia L. Rev. 433 (1986); *Spencer*, Understanding pleading doctrine, 108 Michigan L. Rev. 1 (2009); *Steinman,* The pleading problem, 62 Stanford L. Rev. 1293 (2010).

tiiertheit wird ebenso wenig erwartet wie Vollständigkeit; eine richterliche Schlüssigkeitsprüfung vor Eintritt in die teure *pre-trial disvovery* Phase findet nicht statt. Zwar gibt das US-Verfahrensrecht mit der *„motion to dismiss“*[36] dem Beklagten die Möglichkeit, auf die Abweisung völlig haltloser Klagen vor Beginn der *pretrial discovery* hinzuwirken. Sie helfen jedoch nur in besonders eindeutigen Fällen, weil es im Übrigen eben amerikanischem Prozessverständnis entspricht, Material für einen substantiierten Tatsachenvortrag und Beweismittel erst im Rahmen der *pretrial discovery* zu beschaffen. Lediglich in *securities class actions* wurde bereits mit der Reform 1995 die Substantiierungserfordernisse angehoben: Kläger müssen detailliert angeben, auf welchen Falschinformationen hin der Aktienkurs gefallen sein soll und müssen konkrete Angaben zum Verschulden des Beklagten machen. Seit der Supreme Court in einer Entscheidung im Jahre 2007 zum Antitrust-Recht (Bell Atlantic v. Twombly[37]) die Erfordernisse, konkreten Fakten vorzutragen, erheblich verschärfte und das *notice pleading* deutlich kritisierte, gibt es in den USA eine lebhafte Diskussion, ob die neuen, strengeren Standards auch auf Klagen außerhalb des Kartellrechts zu übertragen sind. Dabei ist vieles noch ungeklärt, insbesondere noch offen, ob im Rahmen der „motion to dismiss“ künftig nicht nur eine Schlüssigkeits-, sondern auch eine gewisse Plausibilitätskontrolle stattfinden muss.[38] Es ist also eher eine Annäherung an kontinental-europäische Maßstäbe zu verzeichnen als umgekehrt die befürchtete Senkung der Schwelle für dubiose Klagen bei uns.

3. *Pretrial discovery and American Rule of Cost*

Missbrauchsanfällig ist das amerikanische *notice pleading* vor allem in Kombination mit dem *pretrial discovery* Verfahren und der *American rule of cost*[39] – beides wiederum Faktoren, die in Europa so nicht bekannt sind. Auf die oft kritisierte Uferlosigkeit der Ermittlung im *pretrial discovery* hinsichtlich Inhalt und Umfang soll hier gar nicht näher eingegangen werden. Es genügt, nur auf die immensen Kosten hinweisen, die durch monate-, teilweise jahrelange *discovery* bei Abrechnung der Beklagtenanwälte auf der Basis von Stundenhonorar[40] entstehen. Selbst dies wäre für sich genom-

36 Rule 12 (6) FRCP. Regelmäßig findet keine *pre-trial discovery* statt, bevor nicht über eine *motion to dismiss* entschieden ist; 15 USC § 78u-4(b) (3); s. *Marcus,* 31 Hastings Internat. & Comp. Law Rev. 157, 178 (2008). Mit der *motion to dismiss* lassen sich aber nur solche Klagen bekämpfen, die selbst bei unterstellt wahrem Klägervortrag daran scheitern, dass sich aus dem vorgetragenen Sachverhalt ein Anspruch schon grundsätzlich nicht ergeben kann.

37 Bell Atlantic Corp. v. *Twombly*, 127 S.Ct. 1955 (2007).

38 Hierzu etwa *Ward,* The after-shocks on Twombly: Will we “notice” pleading changes?, 82 St. John’s L. Rev. 1 (2008).

39 Einzelheiten z.B. bei *Neufang*, Kostenverteilung im US-amerikanischen Zivilprozess und Urteilsanerkennung in Deutschland, 2002, S. 31 ff; *Schac*k Einführung in das US-amerikanische Zivilprozessrecht, 4. Aufl. München 2011, Rn. 22-24 mit Hinweisen zu den Ausnahmen von der Regel.

40 Hierzu *Schack,* Einführung in das US-amerikanische Zivilprozessrecht, 4. Aufl. München 2011, Rn. 20 (Stundensätze bewegen sich zwischen 300 und 800 US Dollar).

men vielleicht noch zu verkraften, wenn nicht die *American rule of cost* eine Prozesskostenerstattung der obsiegenden Partei – von wenigen Durchbrechungen abgesehen – ausschlösse. Unternehmen, die sich mit einer in der Sache unbegründeten *class action* konfrontiert sehen, kommen daher vielfach schnell zu dem Schluss, dass es nicht lohnt, das teure Verfahren bis zu einer Klageabweisung am Ende durchzustehen, weil sie ohnehin auf den Kosten sitzen bleiben. Das Erpressungspotential liegt daher im Gesamtsystem begründet, das den Beklagten zu unberechtigten Vergleichen zwingt. Allerdings gibt es auch zunehmend Beispiele beklagter Unternehmen, die sich konsequent jedem Vergleich verweigern und wenn sie am Ende gewinnen, das Image des unbequemen Prozessgegners erwerben können, der künftig nicht mehr leichtfertig mit Klagen überzogen wird.

Auch hier kann man, wenn man die Rahmenbedingungen für Gruppenklagen in Europa betrachtet, gelassen bleiben. Zivilverfahren sind – mit Ausnahme Großbritanniens – deutlich billiger, es gilt die „loser pays rule“ und eine ausufernde und kostenträchtige *discovery* fehlt.

In Deutschland wurden anlässlich der Zivilprozessrechtsreform 2002, welche die Mitwirkungs- und Aufklärungspflichten von Parteien moderat einem europäischen Standard angenähert hat, Bedenken geäußert, dies sei das Einfallstor des uferlosen und teuren amerikanischen Ausforschungsbeweises.[41] Dies hat sich bislang nicht bewahrheitet. Vielmehr bekräftigte der BGH wiederholt, dass die Erweiterung der Urkundenvorlagepflicht in den §§ 142 ff ZPO gerade keine Reduktion der Anforderungen an die Schlüssigkeit und Erheblichkeit des Tatsachenvortrags mit sich bringe.[42] Niemand muss daher befürchten, dass im großen Stil eine Urkundenvorlage zu erfolgen hätte, die wie in den USA Unternehmen wochenlang lahm legen kann.

Wirklich entscheidend ist, dass man in Europa auch im Zuge von Reformen des kollektiven Rechtsschutzes strikt an der grundsätzlich geltenden „loser pays rule“ für die Prozesskosten festhält. Obwohl bisweilen vorgetragen wird, sie führe in ihrer Strenge dazu, dass Kläger von der Durchsetzung ihrer Ansprüche abgehalten werden, hat sie sich als Filter bewährt. Hier war der Vorstoß der EU-Kommission im Weißbuch 2008 zur Stärkung privater Rechtsdurchsetzung im Kartellrecht unklug, wo angedacht war, in Ausnahmefällen bei Gruppenklagen auf eine Kostenerstattung durch den unterlegen Kläger zu verzichten. Derzeit ist mit einer Aufweichung der „loser pays rule“ kaum zu rechnen. Im Rahmen der von der EU-Kommission 2011 initiierten Konsultation zum kollektiven Rechtsschutz war dies einer der wenigen Punkten, in denen nahezu Einmütigkeit in den eingereichten Stellungnahmen herrschte.[43]

41 *Dombek* BRAK Mitteilungen 2001, 122, 124; *Kraayvanger/Hilgard* NJ 2003, 572; *Lüpke/Müller* NZI 2002, 588; Oberheim JA 2002, 408, 412; zu Recht ablehnend *Osterloh-Konrad*, Der allgemeine vorbereitenden Informationsanspruch, Diss. München 2007, S. 106.

42 BGH NJW 2007, 2989.

43 S. hierzu die Auswertung von *Hess/Pfeiffer*, Study JUST/2010//JCIV/CT/OO27/A4, Evaluation of contributions to the public consultation and hearing: Towards a coherent approach of collective redress, p. 10, Q 20 abrufbar: http://ec.europa.eu/competition/consultations/2011_collective_redress/study_heidelberg_summary_en.pdf

4. *Anwaltliches Erfolgshonorar*

Ein letzter Punkt, der für den Missbrauch der *class action* maßgeblich verantwortlich gemacht wird, ist das anwaltliche Erfolgshonorar, das zu sog. „lawyer driven litigation" führt. In der Tat gehen viele *class actions* – wenn nicht sogar die meisten – auf die Initiative von Anwaltsfirmen zurück. Wer 30-40% des erstrittenen Betrages für sich verbuchen darf, wird alles daran setzen, die Spielräume des Systems zu nutzen. Natürlich lauerten seit Beginn der Reformdebatte in Europa amerikanische Anwaltsimperien schon auf die Einführung von Gruppenklagen und erhofften sich ähnliche Pfründe wie in den USA. Hier scheint aber inzwischen eine etwas nüchterne und realistische Betrachtung eingekehrt zu sein.

Zugegebenermaßen ist in das System der Anwaltshonorare und der Prozessfinanzierung in Europa einiges in Bewegung geraten. Einige Länder, nicht zuletzt Deutschland, haben die strikten Verbote von Erfolgshonorarvereinbarungen gelockert. Die daraus resultierenden Gefahren werden aber durchaus ernst genommen. Die Bundesrechtsanwaltskammer sprach sich etwa nach dem Verfassungsgerichtsurteil 2006 klar gegen die völlige Freigabe von *quota litis* Vereinbarungen aus.[44] Die Reformen bewegen sich überwiegend im Rahmen einer erfolgsabhängigen Anhebung anwaltlicher Gebührensätze. Echte *quota litis* Vereinbarungen sind meist ausgeschlossen oder betragsmäßig deutlich gedeckelt.[45] Regelmäßig bleibt dem Kläger bei solchen Risikozuschlägen für den Anwalt aber weiterhin das Prozessrisiko, dem obsiegenden Gegner die Kosten ersetzten zu müssen,[46] so dass sich bislang niemand vorschnell von seinen Anwälten in risikoreiche Verfahren drängen lässt.

Einen deutlichen Schritt in Richtung Übernahme des US-amerikanischen Systems scheint man derzeit allerdings in Großbritannien zu planen. Neben der erst in einem Konsultationspapier angedachten Einführung von *opt-out*-Gruppenklagen im Kartellrecht werden künftig auch für streitige Verfahren Erfolgshonorarvereinbarungen[47] zugelassen. Die britische Regierung unternimmt mit beiden Vorstößen den Versuch, den Justizstandort London zu sichern – ein Schachzug, den man wohl vor dem Hintergrund des Erfolgsmodells in den Niederlanden sehen muss. Dort gibt es mit dem Gesetz zur Bewältigung kollektiver Massenschäden seit 2005 die Möglichkeit, dass das Amsterdamer Berufungsgericht einen ausgerichtlich erzielten Vergleich zwischen einem

44 Stellungnahme der BRAK zum Gesetzentwurf des BMJ, Pressemitteilung der BRAK vom 1.11.2007; auch der DAV sprach sich dafür aus, Erfolgshonorare nur in Ausnahmefällen zuzulassen, s. Pressemitteilung vom 22.8.2007: www. anwaltsverein.de.

45 Vgl. die Regelungen in Estland, Finnland, Griechenland, Tschechien, hierzu *Mirco Ros*, Fédération des Barreaux d'Europe: Der Erfolg und das Honorar des Anwalts – Entwicklungen zu erfolgsorientierter Vergütung des Rechtsanwalts, Tagungsbericht 2006: http://www.bgfa.ch/scripts/getfile?id=1107. Unlängst hat Polen mit dem Gruppenklagegesetz vom 17.12.2009 eine *quota-litis* Vereinbarung der klägerischen Anwälte bis zu einem Prozentsatz von 20 % zugelassen, s. *Cierpal/Horwarth*, WiRO 2010, 180 (mit Übersetzung des polnischen Gesetzestextes).

46 *Stürner,* Zugang zum Recht durch Erfolgshonorar?, 4. Hannoveraner ZPO-Symposium 2007, NJW-Sonderheft S. 9, 11.

47 Vgl. Legal Aid, Sentencing and Punishment of Offenders Bill (LASPO) clause 44; http://www.official-documents.gov.uk/document/cm80/8041/8041.pdf

Schadensverursacher und einer (oder mehreren) Organisationen, welche die Opfer vertreten, in einem *opt-out* Verfahren nach Prüfung und Anhörung für alle Betroffenen für verbindlich erklärt.[48] Diese Möglichkeit hat in den letzten Jahren dazu geführt, große internationale Kapitalanlegerstreitigkeiten (Royal Shell, Converium), bei denen europäische Geschädigte aus US amerikanischen *class actions* ausgeschlossen waren, beizulegen. Angesichts des Erfolgs denkt man in den Niederlanden darüber nach, nun auch Schadensersatzklagen solcher repräsentativen Organisationen im Namen der Geschädigten zuzulassen.

Selbstverständlich muss man in Europa anlässlich zahlreicher Reformen in den Mitgliedstaaten zur Bewältigung von Massenschäden auch über neue Formen der Finanzierung solcher Verfahren nachdenken.[49] Massenverfahren sind in Organisation und Durchführung teuer, gesetzliche Erleichterungen bei der Streitwertberechnung oder Verzichte des Staates bei den Gerichtskosten oder Vorschüssen des Klägers für teure Beweisaufnahmen bringen regelmäßig für sich genommen wenig. Dies hat zu kreativen Lösungen jenseits des klassischen anwaltlichen Erfolgshonorars geführt. Neben Modellen wie dem belgischen *Cartel Damages Claims* Unternehmen[50], das kartellrechtliche Schadensersatzforderungen zu niedrigen Preisen ankauft, sich abtreten lässt und gegen eine Gewinnbeteiligung gerichtlich durchsetzt, hat sich ein neuer Markt entwickelt, auf dem sich Versicherungsunternehmen und Private Equity Investoren tummeln, welche die Finanzierung und Risikoübernahme bei Massenverfahren gegen eine erhebliche Gewinnbeteiligung als lohnendes Investment ansehen. Hier besteht noch erheblicher Beobachtungs- und Klärungsbedarf, ob man die Prozessfinanzierung für Großverfahren wirklich dem freien Spiel des Marktes überlassen darf. Mögliche Bedenken richten sich aber weniger gegen die Gefahr, dass aus reiner Profitgier unbegründete Klagen erhoben werden als gegen die teilweise erhebliche Einflussnahme solcher Drittfinanzierer auf den Kläger und dessen Prozessführung. Es gilt daher sicherzustellen, dass der Gruppenkläger mitsamt seinem Anwalt tatsächlich die Interessen aller Geschädigten adäquat vertritt und nicht die finanzierender Investoren – beides muss sich keineswegs immer decken. Nach den bisherigen Erfahrungen führt die Übernahme des Prozesskostenrisikos durch Dritte keineswegs zu leichtfertigen Klageerhebungen, vielmehr findet regelmäßig eine strenge Vorprüfung der Ansprüche statt und Finanzierungszusagen erfolgen nur bei hinreichender Erfolgsaussicht. Hieraus erwachsen eher umgekehrt Bedenken, ob es sich um ein allgemein taugliches Finanzierungsmodell handelt, denn es verschafft nur für hohe Streitwerte und vergleichsweise klare Fälle Zugang zu Gericht – von den Abstrichen der Geschädigten an ihrem Schadensersatz, den sie mit dem Prozessfinanzier teilen müssen, einmal ganz abgesehen.

48 Ausführlich hierzu *Mom*, Kollektiver Rechtsschutz in den Niederlanden, 2011; s. auch *Arons*, Cross-border Enforcement of Listed Companies‘ Duties to Inform, Kluwer 2012, p. 241 ss.

49 Einen hervorragenden Überblick bieten *Hodges/Vogenauer/Tulibacka*, The Costs and Funding of Civil Litigation – A Comparative Perspective", Oxford 2010.

50 Vgl. http://www.carteldamageclaims.com/; ähnliche Formen der Prozessfinanzierung bzw. Forderungsdurchsetzung bietet etwa Omnibridgeway (http://omnibridgeway.com/) an.

V. Fazit

Die Frage, ob die *class action* als Vorbild für europäische Reformen taugt, ist mit einem klaren „Jein" zu beantworten. In der Diskussion über die Einführung von Verbands- oder Gruppenklagen wird in Europa regelmäßig nicht hinreichend differenziert zwischen so unterschiedliche Zielsetzungen, wie der Behebung von Rechtsdurchsetzungsdefiziten bei Bagatellschäden einerseits und der prozessökonomischen Durchsetzung bei größeren Massenschäden. Die *class action* dient in den USA tatsächlich gleichermaßen als Lösungsmodell. Für Bagatell- und Streuschäden fügt sich jedoch eine Gewinnabschöpfungsklage durch Verbände oder Behörden weitaus homogener in die europäischen und Wirtschafts- und Gesellschaftsmodelle als die Idee, primär anwaltliches Gewinnstreben zur Rechtsdurchsetzung zu instrumentalisieren. Hingegen ist der Gedanke der Bündelung zur Entscheidung gemeinsamer Rechts- und Tatsachenfragen durchaus richtig, wenn es darum geht, massenhaft erhobene Klagen mit dem gleichen Ursachenhintergrund in annehmbaren Zeiträumen zu bewältigen.

Rezipiert man das *class action* Instrument beschränkt auf diesen Zweck, kann man insbesondere auf das umstrittene *opt-out* Prinzip verzichten und die Repräsentation durch den Gruppenkläger auf ein ausdrückliches *opt-in* der Geschädigten stützen, was viele Folgeprobleme erspart. Die gegenwärtigen Rahmenbedingungen des Prozess- und Haftungsrechts in Deutschland und weiten Teilen Europas lassen ähnliche Missbräuche wie in den USA durch eine solche Klageform nicht erwarten. Moderate Zugeständnisse an ein anwaltliches Erfolgshonorar sind nicht geeignet, eine Flut unberechtigter Klagen auszulösen. Drittfinanzierungsmodelle mit völliger Übernahme des Prozessrisikos, die der Markt inzwischen hervorgebracht hat, stellen aber aufgrund der verständlichen strengen Maßstäbe der Investoren an eine Gewinnaussicht einen mindestens genau tauglichen Filter für mutwillige Klagen dar, wie die traditionelle „loser pays rule".

Die „law as a business"-Kultur nach US-amerikanischem Vorbild begegnet in Europa zu Recht großen Vorbehalten. Einzig in Großbritannien scheint man sich derzeit für eine gewisse Annäherung an dieses Modell erwärmen zu können. Das Konsultationspapier der britischen Regierung vom April 2012 betont jedoch, dass sich die Überlegungen für eine *opt-out*-Gruppenklage ausdrücklich nur auf das Kartellrecht beschränken und man weder auf nationaler noch auf EU-Ebene eine generelle Einführung kollektiver Schadensersatzklagen befürwortet.[51] Unter dem Aspekt eines drohenden Missbrauchspotentials wird man abwarten müssen, wie die englische Regelung letztlich ausgestaltet und wie sie genutzt werden wird. Nach derzeitigem Stand der Überlegungen sollen die Kollektivklagen im Kartellrecht sowohl *follow-on-* als auch *stand-*

51 Konsultationspapier, aaO (Fn. 29), sub. 5.7.

alone-Fällle erfassen.[52] Im zuerst genannten Fall ist das Missbrauchspotential gleich Null, denn der Kartellrechtsverstoß des Beklagten wurde bereits behördlich festgestellt. In den *stand-alone*-Fällen fehlt es hieran, so dass der Kartellrechtsverstoß erst im Rahmen der Schadensersatzklage bewiesen werden müsste. Darin liegt angesichts der Unterschiede im englischen Beweisrecht und der deutlich klägerfreundlicheren US-amerikanischen *pretrial discovery* ein erhebliches Prozessrisiko, das wiederum vor vorschnellen Klagen abhalten könnte.

Letztlich sollte man weder dem europäischen noch dem nationalen Gesetzgeber unterstellen, dass er die Gefahren einer unbesehenen Übernahme der *class action* unterschätzt oder diese gar in Kauf nimmt. Vielmehr findet auf beiden Ebenen eher ein Umdenken in eine andere Richtung statt – hin zu Strategien und Modellen, die streitige Verfahren überhaupt vermeiden. Das international überaus erfolgreiche niederländische Modell zur gerichtlichen Verbindlicherklärung von Vergleichen ist hierfür ein gutes Beispiel. Konkrete europäische Ansätze ergeben sich auch aus im letzten Jahr vorgelegten Vorschlägen für eine Richtlinie zur *consumer alternative dispute resolution (CADR)* und für eine Verordnung über *Online Dispute Resolution*[53]. Beides enthebt uns nicht der Notwendigkeit, über den kollektiven Rechtsschutz vor Gericht nachzudenken. Die derzeitige politische Unfähigkeit der Europäischen Kommission, einen eigenständigen Vorschlag anzubieten, gibt den Mitgliedstaaten die Chance, zu experimentieren und Erfahrungen zu sammeln – vielleicht kristallisiert sich so eine „best practice"-Lösung heraus.

52 Sec. 19 Enterprise Act (2002) erlaubt derzeit nur kollektive *follow-on* Schadensersatzklagen durch die Verbraucherorganisation *Which?*. Das Verfahren basiert auf einem *opt-in* geschädigter Verbraucher. In dem bislang einzigen Verfahren, das 2008 angestrengt wurde (Replica Football Shirts JJB Sports – Preiskartell für Fußballshirts) erklärten nur 0.1% der vermutlich Geschädigten ihr *opt-in*, um einen Schadensersatz in Höhe von 20 £ zu erhalten. Der Fall hat maßgeblich zu einem Umdenken in Richtung *opt-out*-Gruppenklagen im UK beigetragen. Diese werden dann allerdings häufig mit cy-près Lösungen arbeiten müssen, denn die Geschädigten werden sich vermutlich auch nicht in großer Zahl melden, um Ansprüche gegenüber einem aufgrund einer Klage errichteten Fonds zu erheben. Zur *Opt-in* v. *opt-out* Kontroverse auch *Mulheron*, The case for an opt-out class action for European Member States, 15 Col. J. Eur. L. 409, 427 et seq. (2009); *Hodges*, The Reform of class and representative actions in European legal systems, 25 (2008).

53 COM (2011) 793 und COM (2011), 794/2.

Grenzüberschreitender kollektiver Rechtsschutz in der EU – internationalverfahrensrechtliche und kollisionsrechtliche Probleme –

Michael Stürner

I. Problemstellung

Kollektivverfahren sind ein vergleichsweise junges und rechtstatsächlich noch eher seltenes Phänomen in Europa. Die jeweiligen Gesetzgeber in den Mitgliedstaaten der EU loten seit einiger Zeit erst aus, inwieweit eine Öffnung des traditionellen Zweiparteienprozesses für kollektive Elemente sinnvoll und ohne Opferung fundamentaler Verfahrensprinzipien möglich erscheint. Sie legen dabei durchaus unterschiedliche Experimentierfreude an den Tag, so dass sich ein äußerst differenziertes Bild der verschiedenen Verfahrensarten ergibt. Noch viel weniger entwickelt ist das Recht der Kollektivverfahren mit grenzüberschreitendem Bezug. Dabei steigt die Wahrscheinlichkeit, dass ein solches Verfahren einen irgendwie gearteten Auslandsbezug aufweist, mit der Zahl der daran beteiligten Parteien. Dieser Umstand macht die Aufarbeitung der internationalverfahrensrechtlichen und internationalprivatrechtlichen Rahmenbedingungen von Kollektivverfahren notwendig. Die Beschäftigung mit dieser Thematik wird durch die Vielzahl der verschiedenen Verfahrensarten verkompliziert: Kollektiver Rechtsschutz ist ein Sammelbegriff, der höchst unterschiedliche prozessuale Konstellationen umfasst. Definitionsversuche sollen an dieser Stelle nicht unternommen werden;[1] ich beschränke mich auf einen durchaus selektiven Ansatz, in dem einige typische Verfahrensarten ohne Anspruch auf Vollständigkeit aufgegriffen werden, um die spezifische Problemlage bei Auslandsbezug zu illustrieren.

Am einen Ende der Bandbreite stehen Gruppenklagen oder Sammelverfahren, in denen eine Vielzahl von Klägern ihre gleichgerichteten Interessen in einem einheitli-

1 Siehe den entsprechenden Versuch im Konsultationspapier der Kommission vom 4.2.2011, SEK(2011), 173, S. 3 f.: „‘Kollektiver Rechtsschutz‘ ist ein allgemeiner Begriff, der sämtliche Verfahren einschließt, mit denen die Unterlassung oder Verhütung unerlaubter Geschäftspraktiken mit nachteiligen Folgen für eine Vielzahl von Klägern oder der Ersatz des durch derartige Praktiken entstandenen Schadens erwirkt werden kann. Die beiden wichtigsten kollektiven Rechtsschutzverfahren sind die Unterlassungsklage, mit der die Kläger die Fortsetzung unzulässiger Geschäftspraktiken zu unterbinden suchen, und die Schadensersatzklage, mit der sie eine Entschädigung für den hierdurch entstandenen Schaden erstreiten wollen. Kollektive Rechtsschutzverfahren können verschiedenerlei Gestalt annehmen und schließen außergerichtliche Streitbeilegungsverfahren ebenso ein wie die Betrauung einer öffentlichen Einrichtung oder eines anderen Vertretungsorgans mit der Durchsetzung des kollektiven Anspruchs.“ Eine (zu enge) Definition war bereits in Art. 37 Abs. 3 lit. b des Vorschlags für eine Verordnung des Europäischen Parlaments und des Rates über die gerichtliche Zuständigkeit und die Anerkennung und Vollstreckung von Entscheidungen in Zivil- und Handelssachen (Neufassung), KOM(2010) 748 endg. vom 14.12.2010 zu finden. Zu den Defiziten *Stadler*, in: Festschrift für Kaissis, 2012, S. 951, 960 ff.

chen Verfahren durchsetzen. Prototyp ist die US-amerikanische Class action;[2] Gruppenklagen kennen aber etwa auch die skandinavischen Rechtsordnungen[3] sowie Spanien und Portugal.[4] Kennzeichnend für diese Verfahren – ob sie nun dem Opt-out- oder dem Opt-in-Ansatz folgen – ist der Umstand, dass die meisten der Kläger zugunsten der von einigen ausgewählten Vertretern repräsentierten „class" auf prozessuale Mitwirkungsrechte verzichtet. Etwas weniger weit entfernt vom klassischen Zweiparteienprozess sind Musterverfahren, wie etwa das Verfahren nach dem deutschen Kapitalanleger-Musterverfahrensgesetz (KapMuG):[5] Das Gesetz bündelt nicht die Klagen selbst, sondern schaltet lediglich ein Zwischenverfahren ein, in dem für alle Klagen identische Tatsachen- und Rechtsfragen in höherer Instanz verbindlich (§§ 325a ZPO, 16 KapMuG) entschieden werden.[6] Schließlich sind Verbandsklagen verbreitet, bei denen insbesondere Verbraucherverbände zur Durchsetzung von Allgemeininteressen gegen Unternehmen vorgehen können. Ziel kann die Unterlassung verbraucherrechtswidrigen Verhaltens sein, insbesondere die Verwendung unzulässiger AGB;[7] teilweise sind auch Schadensersatzklagen möglich.[8] Das deutsche Recht gibt mit der Verbands-Gewinnabschöpfungsklage nach § 10 UWG bzw. § 33 Abs. 2, 34a GWB darüber hinaus bestimmten Verbänden die Möglichkeit, den wettbewerbswidrig erzielten Gewinn zugunsten des Fiskus einzufordern.[9]

Wie verhält es sich aber, wenn die diesen prozessualen Instrumenten zugrunde liegenden materiellrechtlichen Ansprüche grenzüberschreitende Dimension haben?[10] Steht etwa eine Verbandsklage auch ausländischen Verbänden offen oder sind nur inländische Verbände klagebefugt? Ist es Voraussetzung, dass ein eventueller Schaden im Inland eingetreten ist?[11] Die grenzüberschreitende Dimension solcher kollektiver Rechtsschutzinstrumente ist in den einzelnen Mitgliedstaaten typischerweise nicht sonderlich stark rechtlich ausgeformt; die jeweiligen prozessualen Instrumente reagieren vornehmlich auf spezifisch nationale Problemstellungen. Eine allzu weite Öffnung

2 Dazu der Beitrag von *Stadler*, in diesem Band.

3 Siehe dazu *Viitanen*, in: Casper/Janssen/Pohlmann/Schulze (Hrsg.), Auf dem Weg zu einer europäischen Sammelklage?, 2009, S. 219.

4 Überblick bei *Hodges*, The Reform of Class and Representative Actions in European Legal Systems: A New Framework for Collective Redress in Europe, 2008, S. 37 ff.; weitere Nachweise bei *Stadler*, JZ 2009, 121, 122.

5 Zur den aktuellen Reformentwicklungen *von Hein*, in diesem Band. Ein Überblick über die wesentlichen Charakteristika des Verfahrens findet sich bei *M. Stürner*, 26 Civil Justice Quarterly (2007), 250.

6 Zum Umfang der Bindungswirkung *Gebauer*, ZZP 119 (2005), 159.

7 Für das deutsche Recht ergibt sich dies aus §§ 1, 2 UKlaG.

8 So für das italienische Recht in Art. 140-*bis* Codice del consumo, dazu *Barba*, in: Auf dem Weg zu einer europäischen Sammelklage? (Fn. 3), S. 243 ff.

9 Grundlegend *Micklitz/Stadler*, Unrechtsgewinnabschöpfung, 2003; aus neuerer Zeit etwa *Rott*, in: Auf dem Weg zu einer europäischen Sammelklage? (Fn. 3), S. 259, 269 ff.

10 Dazu jüngst wieder *Stadler*, in: Steele/van Boom (Hrsg.), Mass Justice – Challenges of Representation and Distribution, 2011, S. 73.

11 So setzt die Gewinnabschöpfungsklage nach § 10 UWG die Anwendung deutschen Wettbewerbsrechts voraus. Nach dem Marktortprinzip des Art. 6 Abs. 1 Rom II-VO ist dies regelmäßig dann der Fall, wenn der Schaden im deutschen Inland eingetreten ist.

von Gruppenklagen für Sachverhalte mit Auslandsbezug könnte als Einladung zum Forum shopping (miss)verstanden werden. Die Erfahrungen aus den USA zeigen, dass ein solcher Ansatz gravierende Nachteile hat und weder international goutiert, noch von der heimischen Wirtschaft sonderlich gut aufgenommen wird.[12]

Zu erörtern sind insbesondere drei Problemkreise:[13] (1) Ist eine Bündelung der gleichgerichteten Interessen bei einem Gericht möglich? Dies setzt voraus, dass eine internationale Zuständigkeit dieses Gerichts für sämtliche Fälle besteht. (2) Es fragt sich weiter, welchem Recht die einzelnen Ansprüche unterstehen. Dies richtet sich nach dem Internationalen Privatrecht des Forums. (3) Entscheidend für den Erfolg von grenzüberschreitenden Kollektivklagen ist die Wirkung solcher Entscheidungen im Ausland, mit anderen Worten deren Anerkennung und Vollstreckung in den anderen Mitgliedstaaten. (4) Auf der Grundlage der hinsichtlich dieser Aspekte beschriebenen derzeitigen Rechtslage werden abschließend einige Reformüberlegungen vorgestellt.

II. Internationale Zuständigkeit für grenzüberschreitende Kollektivverfahren

Die internationale Zuständigkeit der Gerichte eines Staates ist Grundvoraussetzung für deren Tätigwerden. Nachdem es sich dabei um die Ausübung von Hoheitsgewalt handelt, dient die Bestimmung der internationalen Zuständigkeit auch der Markierung staatlicher Souveränität. Hier kann es zu Konflikten kommen, wenn mehrere Staaten gleichzeitig die Zuständigkeit für ein Verfahren beanspruchen. Umgekehrt beruht die Effektivität von Kollektivverfahren auf der Prämisse, dass sämtliche gleichgerichtete Ansprüche möglichst vor *einem* Forum verhandelt werden können. Auf europäischer Ebene, um die es hier nur gehen soll, enthält die EuGVVO einheitliche Regelungen zur internationalen Zuständigkeit und zur Regulierung von Kompetenzkonflikten. Die Verordnung ist jedoch auf Individualverfahren zugeschnitten; der kollektive Rechtsschutz hat keine ausdrückliche Berücksichtigung gefunden. Die bestehenden Regelungen weisen daher hinsichtlich der Besonderheiten von Kollektivverfahren Defizite auf.

1. Die Anwendbarkeit der EuGVVO

Hinsichtlich mancher Verfahren wirft bereits die sachliche Anwendbarkeit der EuGVVO Probleme auf, die sich auf Zivil- und Handelssachen erstreckt (Art. 1 Abs. 1 S. 1 EuGVVO). Sind am Verfahren Verbände beteiligt, die als „Beliehene" des Staates tätig werden oder behördenähnlich organisiert sind, könnte die Qualifikation des Rechtsstreits als zivilrechtlich zweifelhaft erscheinen.[14] Beispiele sind der britische Office of Fair Trading (OFT) oder die Ombudsleute in den skandinavischen Rechts-

12 *Stadler*, JZ 2009, 121, 123; zum Wettbewerb der Justizstandorte auch *Harald Koch*, JZ 2011, 438.

13 Ausgeklammert bleiben etwa Probleme der Zustellung, die gerade im grenzüberschreitenden Bereich recht fehleranfällig ist, oder der Beweisaufnahme.

14 *Hess*, Europäisches Zivilprozessrecht, 2010, § 10 Rn. 128 ff.; *Stadler*, JZ 2009, 121, 124 ff.

ordnungen. Entscheidend ist aber nach der Rechtsprechung des EuGH nicht primär die Stellung der Parteien, sondern die Einordnung des geltend gemachten Anspruchs.[15] Beruht dieser auf hoheitlichen Befugnissen der einen Seite, so liegt keine Zivilsache mehr vor, da jene von den allgemeinen privatrechtlichen Regeln abweichen. Die EuGVVO bleibt allerdings anwendbar, wenn sich Staat und Privater auf der Ebene der Gleichordnung gegenüberstehen, wie das etwa bei erwerbswirtschaftlicher Tätigkeit der öffentlichen Hand der Fall ist.[16] Bei Klagen von privatrechtlich organisierten Verbänden, die ohne hoheitliche Befugnisse handeln, wie etwa dem österreichischen Verein für Konsumenteninformation, liegt jedoch regelmäßig eine Zivil- und Handelssache vor.[17]

Der Einordnung als Zivilsache steht auch nicht entgegen, wenn materiell Anspruchsberechtigter der Staat ist, wie etwa bei Gewinnabschöpfungsklagen nach § 10 UWG bzw. §§ 33 Abs. 2, 34a GWB.[18] Dort steht der Unrechtsgewinn nicht etwa dem klagebefugten Verband zu, sondern ist an den Staat abzuführen. Strafcharakter haben solche Klagen gleichwohl nicht, vielmehr handelt es sich um Instrumente der privaten Rechtsdurchsetzung. Überdies lässt sich eine Parallele ziehen zur Vollstreckung von Ordnungsmittelbeschlüssen nach § 890 ZPO im Ausland. Auch hier steht das vom Unterlassungsgläubiger beigetriebene Ordnungsgeld dem Staat zu. Dabei handelt es sich nach einer aktuellen Entscheidung des BGH um Zivil- und Handelssachen,[19] da sie Ergebnis einer Auseinandersetzung zweier privater Parteien sind und in einem auf Antrag des Unterlassungsgläubigers in Gang gesetzten Parteiverfahren auf der Grundlage des bereits bestehenden Unterlassungstitels herbeigeführt werden.[20] Ebenso hat

15 EuGH v. 14.10.1976, Rs. 29/76 – *LTU/Eurocontrol*, Slg. 1976, 1541, Rn. 3, 5; EuGH v. 18.5.2006, Rs. C-343/04 – *CEZ*, Slg. 2006, I-4558, Rn. 22; EuGH v. 15.2.2007, Rs. C-292/05 – *Lechouritou*, Slg. 2007, I-1519; dazu *M. Stürner*, GPR 2007, 300; EuGH v. 18.10.2011, Rs. C-406/09 – *Realchemie Nederland BV/Bayer CropScience AG*, NJW 2011, 3568 Rn. 41 ff. mit zust. Anm. *Giebel*; dazu auch *Bittmann*, GPR 2012, 84 sowie eingehend *Arnold*, ZEuP 2012, 315.

16 So EuGH v. 21.4.1993, Rs. C-172/91 – *Sonntag*, Slg. 1993, I-1963, Rn. 22.

17 EuGH v. 1.10.2002, Rs. C-167/00 – *Verein für Konsumenteninformation/Karl Heinz Henkel*, Slg. 2002, I-8126.

18 Dazu *Stadler*, JZ 2009, 121, 124 f.

19 BGHZ 185, 124 = NJW 2010, 1883, 1884 f. Siehe dazu u.a. Geimer/Schütze/*Arnold*, Internationaler Rechtsverkehr in Zivilsachen, 40. EL (Stand Juni 2011), Art. 2 EuVTVO Rn. 4; *Bittmann*, IPRax 2012, 62.

20 Dazu näher BeckOK-ZPO/*M. Stürner* (6. Edition, Stand: 1.10.2012), § 890 ZPO Rn. 48 ff. Abzugrenzen ist die Vollziehung des Ordnungsmittelbeschlusses nach § 890 ZPO damit von anderen Ordnungsmittelverfahren wie etwa bei Ausbleiben einer Partei zum Termin trotz Anordnung persönlichen Erscheinens nach § 141 Abs. 3 ZPO, dem ein solcher privatrechtlicher Titel gerade nicht zugrunde liegt. Eine Vollstreckung solcher Titel im Ausland kommt nicht in Betracht, vgl. OLG Hamm NJW 2009, 1090.

nun auch der EuGH in der Sache *Realchemie* – entgegen den Schlussanträgen von Generalanwalt Mengozzi[21] – entschieden.[22]

2. *Der allgemeine Gerichtsstand*

Ausgangspunkt des Zuständigkeitssystems der EuGVVO ist der Grundsatz actor sequitur forum rei: Der Kläger hat danach die Klage grundsätzlich dort zu erheben, wo der Beklagte seinen Sitz hat. Dahinter steht der Gedanke der prozessualen Waffengleichheit: Nachdem der Kläger Zeitpunkt und Inhalt der Klage bestimmen kann, der Beklagte aber innerhalb bestimmter Fristen auf die Klage reagieren muss, soll er wenigstens nicht auch noch gezwungen sein, dies an einem räumlich von seinem Sitz weit entfernten Gericht zu tun. Art. 2 Abs. 1 (i.V.m. Art. 60) EuGVVO legt diesen Grundsatz auch für das europäische Zivilprozessrecht als Standard fest. Für kollektive Verfahren bedeutet dies zunächst, dass sämtliche Ansprüche bei den Gerichten desjenigen Staates zu bündeln sind, in dem der Beklagte seinen Sitz hat.

Dies setzt indessen voraus, dass das Recht dieses Staates auch ein entsprechendes kollektives Verfahren kennt. Es setzt weiter voraus, dass eine entsprechende Klagebefugnis besteht. Diese kann sich vor allem bei Verbandsklagen als problematisch erweisen: So lassen viele Prozessordnungen nur inländische Verbände als Kläger auftreten. Regelungen wie § 10 Abs. 1 i.V.m. § 8 Abs. 3 Nr. 3 UWG, wonach auch ausländische Verbände zur Erhebung einer Gewinnabschöpfungsklage befugt sind, dürften in Europa die Ausnahme darstellen.[23] Nur am Rande sei bemerkt, dass speziell bei dieser Klage wegen der Abführungspflicht des Verletzergewinns an den Bundeshaushalt gerade für ausländische Verbände kaum Klageanreize bestehen dürften.

Probleme eigener Art bereiten auch die bereits erwähnten Gruppenverfahren des skandinavischen Rechts sowie Portugals und Spaniens. Dies gilt weniger für die Opt-in-Modelle, wo regelmäßig auch ein ausländischer Betroffener den Beitritt zu einer im Sitzstaat des Beklagten anhängigen Gruppenklage erklären kann. Heikler wird es, wenn die Gruppenklage dem Opt-out-Ansatz folgt, wie dies insbesondere in Portugal, in Dänemark aber nach gerichtlichem Ermessen dann möglich ist, wenn deswegen nicht mit einer substantiellen Klägerzahl zu rechnen ist, weil die jeweilige individuelle Schadenssumme zu gering ist.[24] In solchen Verfahren sind grundsätzlich sämtliche Angehörige der in der Klage definierten Gruppe Beteiligte, auch wenn sie im Ausland wohnen. Als solche müssen sie über die Klageerhebung und ihre verfahrensmäßigen Beteiligungsrechte informiert werden. Nachdem sich dieser Vorgang gerade bei im Ausland ansässigen Beteiligten als sehr schwierig erweisen kann, käme nach gericht-

21 Schlussanträge vom 5.4.2011, Rn. 58 ff. Das Ordnungsgeld habe zivil- und öffentlich-rechtliche Facetten. Entscheidend sei jedoch, dass es sich dabei um eine Zwangsmaßnahme handele, die repressiven Charakter aufweise.

22 EuGH v. 18.10.2011, Rs. C-406/09 – *Realchemie Nederland BV/Bayer CropScience AG*, NJW 2011, 3568 Rn. 41 ff.

23 Siehe die Nachweise bei *Stadler*, JZ 2009, 121, 126.

24 Dazu mit Nachweisen *Stadler*, JZ 2009, 121, 128 f.

lichem Ermessen eine Beschränkung des Verfahrens auf inländische Kläger in Betracht. Ausländische Kläger wären damit zwar nicht vom Forum am Sitz des Beklagten ausgeschlossen; sie könnten nach wie vor dort ihren individuellen Schaden geltend machen – aber eben nicht im Rahmen eines Kollektivverfahrens. In diesen Fällen wäre der Beklagtengerichtsstand insoweit entwertet, als er jedenfalls nicht für das betreffende Kollektivverfahren gälte.

Für das deutsche Kapitalanlager-Musterverfahren sieht § 32b ZPO eine (zwingende) Zuständigkeitskonzentration am Sitz des Emittenten bzw. des Anbieters von sonstigen Vermögensanlagen vor.[25] Im Geltungsbereich der EuGVVO wird dieser Gerichtsstand allerdings verdrängt, so dass eine Klage nach den dort verfügbaren besonderen Gerichtsständen möglich ist. Auch danach ist wie gesehen eine Klage am Sitz des Emittenten möglich, allerdings bietet Art. 2 Abs. 1 EuGVVO kein ausschließliches Forum.

3. *Besondere Gerichtsstände*

Neben dem allgemeinen Gerichtsstand am Sitz des Beklagten kennt die EuGVVO eine Reihe besonderer Zuständigkeiten. Diese können für die Anspruchsinhaber insbesondere dann von Interesse sein, wenn im Sitzstaat des Anspruchsgegners kein entsprechendes Instrument des kollektiven Rechtsschutzes zur Verfügung steht. In Betracht kommen insbesondere der Deliktsgerichtsstand aus Art. 5 Nr. 3 EuGVVO, aber auch der Gerichtsstand des Erfüllungsortes nach Art. 5 Nr. 1 EuGVVO sowie der Verbrauchergerichtsstand nach Art. 15 ff. EuGVVO. Zumindest theoretisch könnte eine internationale Zuständigkeit auch auf Art. 6 Nr. 1 EuGVVO gestützt werden, das sog. forum connexitatis.

a) Klagen am Deliktsgerichtsstand

Von besonderer Bedeutung für Kollektivverfahren ist der Deliktsgerichtsstand aus Art. 5 Nr. 3 EuGVVO. Danach besteht eine internationale Zuständigkeit zunächst am Handlungsort, der zuerst mit dem Sitz des Schädigers zusammenfallen wird. Nach der Rechtsprechung des EuGH umfasst Art. 5 Nr. 3 EuGVVO aber auch den Ort des Schadenseintritts, d.h. es besteht eine internationale Zuständigkeit dort, wo die jeweilige Rechtsgutsverletzung eingetreten ist.[26]

Auf diese Weise könnte insbesondere bei grenzüberschreitenden Produkthaftungsfällen oder Wettbewerbsverletzungen ein Gruppenklageverfahren auch dann genutzt werden, wenn der Sitzstaat des Schädigers keinen entsprechenden Mechanismus kennt.

25 Siehe dazu jüngst *von Hein*, in: Fassbender et al., Paradigmen im internationalen Recht – Implikationen der Weltfinanzkrise für das internationale Recht, Berichte der Deutschen Gesellschaft für Völkerrecht Bd. 45 (2012), S. 369, 403 ff.

26 EuGH v. 30.11.1976, Rs. 21/76 – *Bier/Mines de Potasse d'Alsace*, Slg. 1976, 1735.

Wurden etwa in Portugal Käuferinnen von Brustimplantaten eines französischen Herstellers geschädigt, so könnte vor den dortigen Gerichten eine entsprechende Gruppenklage erhoben werden. Nun fragt sich allerdings in der Tat, ob sämtliche Geschädigte in den Genuss dieses Forums und der damit verbundenen Klageart kommen sollen. Denn der Taterfolg hat sich ja nur für einen Teil der Geschädigten in eben jenem Forumstaat ausgewirkt. Für alle nicht im Forumstaat domizilierten Geschädigten käme die Teilnahme an diesem Verfahren einer durchaus willkommenen Rechtswohltat gleich. Aus Sicht des Schädigers hingegen erschiene es nicht gerechtfertigt, für den gesamten Schaden vor einem Forum gerichtspflichtig zu werden, an dem nur ein Bruchteil des Erfolgs eingetreten ist. Manche Rechtsordnungen sehen daher ausdrücklich vor, dass ein Opt-in nur für solche Anspruchsteller möglich ist, für die eine internationale Zuständigkeit im Gerichtsstaat besteht.[27] Im Ergebnis kann aber auch dort nichts anderes gelten, wo eine solche Regelung fehlt: Denn die EuGVVO setzt voraus, dass die Voraussetzungen des Art. 5 Nr. 3 EuGVVO für sämtliche Beteiligten erfüllt sind, unabhängig davon, ob sie Kläger sind oder nur im Rahmen des Opt-in-Ansatzes dem Verfahren beitreten. Möglich wäre eine Klagebündelung allenfalls über eine weite Auslegung von Art. 6 Nr. 1 EuGVVO, worauf sogleich näher einzugehen sein wird.[28]

Auch für Verbandsklagen kann Art. 5 Nr. 3 EuGVVO ein Forum bieten. So hat der BGH entschieden, dass eine internationale Zuständigkeit deutscher Gerichte auf dieser Grundlage dann gegeben ist, wenn ein Verbraucherverband Unterlassungsklage gegen ein in einem anderen Mitgliedstaat ansässigen Unternehmen – im Fall eine lettische Airline – erhebt, weil dieses missbräuchliche Klauseln in seinen AGB[29] verwendet.[30] Zu beachten ist dabei allerdings, dass die Kognitionsbefugnis in diesem Fall unter Anwendung der Shevill-Doktrin des EuGH auf den im Inland eingetretenen Verletzungserfolg beschränkt sein soll.[31]

b) Klagen am Erfüllungsort

Ähnliche Überlegungen gelten mutatis mutandis auch für den Gerichtsstand des Erfüllungsortes aus Art. 5 Nr. 1 EuGVVO. Dieser kann etwa dort einschlägig sein, wo massenhafte Vertragsverletzungen etwa zum Nachteil von Kapitalanlegern vorlie-

27 Nachweise bei *Stadler*, JZ 2009, 121, 130.

28 Unten 3 d).

29 Die Verwendung missbräuchlicher AGB ist in diesem Fall als unerlaubte Handlung anzusehen, vgl. EuGH v. 1.10.2002, Rs. C-167/00 – *Verein für Konsumenteninformation/Karl Heinz Henkel*, Slg. 2002, I-8126, Rn. 40 ff.

30 BGHZ 182, 24, dazu *Baetge*, ZEuP 2011, 933; *Stadler*, VuR 2010, 83; *Staudinger/Czaplinski*, NJW 2009, 3375; zweifelnd *Hau*, LMK 2009, 293079. Zum Themenkreis auch *Kohler*, Die grenzüberschreitende Verbraucherverbandsklage nach dem Unterlassungsklagengesetz im Binnenmarkt, 2008.

31 Die Ausdehnung der sog. Mosaiktheorie auf alle Wettbewerbsverletzungen wird etwa befürwortet von *Kropholler/von Hein*, Europäisches Zivilprozessrecht, 9. Aufl. 2011, Art. 5 EuGVO Rn. 85; *Stadler*, JZ 2009, 121, 128.

gen.[32] Eine internationale Zuständigkeit besteht wiederum nur für solche Kläger, hinsichtlich derer ein Erfüllungsort im prospektiven Forumstaat liegt.

c) Klagen am Verbrauchergerichtsstand

Oftmals wird aber in solchen und anderen Fällen auch der Verbrauchergerichtsstand aus Art. 15-17 EuGVVO gegeben sein.[33] Dieser geht dem Gerichtsstand des Erfüllungsortes vor (Art. 15 Abs. 1 EuGVVO). Hat der Unternehmer seine Tätigkeit auf den Sitzstaat des Verbrauchers ausgerichtet, so folgt aus Art. 16 Abs. 1 Alt. 2 EuGVVO ein forum actoris zugunsten des Verbrauchers. Auch dieser Gerichtsstand ist jedoch wie die zuvor beschriebenen streng anspruchsbezogen ausgestaltet: Erheben Verbraucher mit Wohnsitz in demselben Mitgliedstaat auf der Grundlage von Art. 15, 16 EuGVVO eine Gruppenklage in diesem Staat, so kann dieser Klage nur beitreten, wer (1) ebenfalls Verbraucher und überdies (2) in diesem Staat seinen Wohnsitz hat. Eine Abtretung des Anspruchs auf einen im Forumstaat ansässigen Zessionar hilft jedenfalls dann nichts, wenn dieser nicht als Verbraucher anzusehen ist, weil er die abgetretene Forderung in Ausübung seiner beruflichen und gewerblichen Tätigkeit einklagt.[34]

Eine weitere Einschränkung besteht hinsichtlich Verbandsklagen: Der Verbrauchergerichtsstand gilt nicht für Verbraucherverbände, da diese nach der Rechtsprechung des EuGH nicht als Verbraucher anzusehen sind.[35]

d) Bündelung von Klagen am forum connexitatis

Die beschriebenen Einschränkungen der besonderen Gerichtsstände der EuGVVO geben Anlass zur Prüfung, ob eine stärkere Bündelung von Klagen auf anderem Wege möglich ist. Einen allerdings wenig tragfähigen Ansatzpunkt geben immerhin die Gerichtsstände des Sachzusammenhangs aus Art. 6 EuGVVO. Am besten scheint noch das forum connexitatis aus Nr. 1 zu passen, an dem sog. Ankerklagen geltend gemacht werden können. Das sind solche Ansprüche, die mit der Klage eine so enge Beziehung haben, dass eine gemeinsame Verhandlung und Entscheidung geboten erscheint, um zu vermeiden, dass in getrennten Verfahren widersprechende Entscheidungen ergehen könnten. In diesem Fall wird die internationale Zuständigkeit erweitert, allerdings nur zugunsten des Forums im Wohnsitzstaat des Beklagten. Nun ist Art. 6 Nr. 1 EuGVVO

32 Dazu *von Hein*, EuZW 2011, 369.

33 Dies gilt regelmäßig nicht für Ansprüche gegen den Emittenten, da dieser zumeist nicht Vertragspartner wird, sondern nur die dazwischen geschaltete Bank. Diesbezüglich bestehen möglicherweise deliktische Ansprüche, die allerdings vom Verbrauchergerichtsstand nicht erfasst sind, vgl. Rauscher/*Staudinger*, EuZPR/EuIPR (2011), Vorbem. Art. 15-17 EuGVVO Rn. 4.

34 EuGH v. 19.1.1993, Rs. C-89/91 – *Shearson*, Slg. 1993, I-139, Rn. 14 ff.

35 EuGH v. 1.10.2002, Rs. C-167/00 – *Verein für Konsumenteninformation/Karl Heinz Henkel*, Slg. 2002, I-8126 Rn. 33. Der europäische Verbraucherbegriff gilt generell nur für natürliche Personen, vgl. die Nachweise bei *Kropholler/von Hein* (Fn. 31), Art. 15 EuGVO Rn. 6.

vom Wortlaut her nur auf den Fall zugeschnitten, dass mehrere Beklagte vorhanden sind, die ihren (Wohn)Sitz in verschiedenen Mitgliedstaaten haben. In den hier interessierenden Fällen besteht aber die Vielzahl der potentiell Beteiligten typischerweise auf der Klägerseite. Eine analoge Anwendung muss vor dem Hintergrund ausscheiden, dass die Vorschrift als Ausnahme zum allgemeinen Gerichtsstand des Art. 2 EuGVVO eng auszulegen ist.[36]

Nur am Rande sei erwähnt, dass Art. 6 Nr. 1 EuGVVO durchaus bereits in Kollektivverfahren Anwendung gefunden hat, nämlich im Rahmen des niederländischen Verfahrens zu außergerichtlichen Vergleichen bei Massenunfällen und -schäden nach Art. 7:900 ff. Burgerlijk Wetboek.[37] Gegenstand dieses Verfahrens, für das der Gerechtshof Amsterdam jedenfalls nach niederländischem Recht die ausschließliche Zuständigkeit hat, ist die Verbindlicherklärung eines Vergleichs (vaststellingsovereenkomst), den eine Interessenvertretung der Geschädigten mit dem Schädiger geschlossen hat. Bereits die Anwendbarkeit der EuGVVO auf eine solche Entscheidung erweist sich unter anderem deswegen als nicht unproblematisch, weil die Parteien den Antrag auf Verbindlicherklärung gemeinschaftlich stellen, und sich somit nicht die von der Verordnung normalerweise vorgesehenen Kläger- und Beklagtenrollen zuordnen lassen.[38] Bei funktionaler Betrachtung wäre die Beklagtenrolle hier den Geschädigten zuzuweisen, da die Verbindlicherklärung des Vergleichs eine vorher mangels Beteiligung nicht vorhandene Bindungswirkung für sie bewirkt.[39] Bei dieser Betrachtungsweise könnte die internationale Zuständigkeit tatsächlich auf Art. 6 Nr. 1 EuGVVO gestützt werden – hier genügt es, wenn nur einer der Geschädigten seinen Wohnsitz in den Niederlanden hat.[40] Dies gilt allerdings nicht für Verbraucher-, Versicherungs- und Arbeitssachen, da die hier bestehenden Sonderregelungen Art. 6 EuGVVO verdrängen.[41] Abgesehen von diesem (möglichen) Sonderfall ist die Bedeutung von Art. 6 Nr. 1 EuGVVO für Kollektivverfahren allerdings derzeit marginal.

4. Möglichkeiten der Herbeiführung der internationalen Zuständigkeit

Von den beschriebenen Kautelen der EuGVVO unberührt bleiben selbstverständlich die privatautonomen Möglichkeiten, eine gerichtliche Zuständigkeit herbeizuführen. Immer wieder erörtert wurde die Möglichkeit, die Bündelung einer Vielzahl von möglichen Klagen durch Abtretung der Ansprüche an einen oder mehrere Musterkläger

36 EuGH v. 13.6.2006, Rs. C-103/05 – *Reisch Montage*, Slg. 2006, I-6827, Rn. 23; EuGH v. 11.10.2007, Rs. C-98/06 – *Freeport*, Slg. 2007, I-8319, Rn. 35.

37 Eingehend zu diesem Verfahren *Mom*, Kollektiver Rechtsschutz in den Niederlanden, 2011, S. 311 ff.; siehe auch *Kuipers*, Journal of Private International Law 2012, 225.

38 Näher *Stadler*, JZ 2009, 121, 125.

39 So *Stadler*, JZ 2009, 121, 125.

40 Näher *Mom* (Fn. 37), S. 380 ff.; im Grundsatz auch *Stadler*, JZ 2009, 121, 125 f. (dort auch zu anderen möglichen Gerichtsständen); zurückhaltender *dies.*, FS Kaissis (Fn. 1), S. 958 mit Fn. 35.

41 Siehe die Nachweise bei *Kropholler/von Hein* (Fn. 31), Art. 6 EuGVO Rn. 3.

herbeizuführen, die diese Ansprüche treuhänderisch einklagen.[42] Problematisch ist hierbei jedoch wie gesehen, dass die besonderen Gerichtsstände der EuGVVO, insbesondere der Verbrauchergerichtsstand, nur einen situativen Schutz vermitteln, die Wohltat der erleichterten Prozessführung vor den Heimatgerichten also nicht notwendig mit dem Anspruch, sondern mit der Person des Anspruchstellers verbunden ist, so dass das günstige Forum bei der Abtretung in der Regel verloren geht.[43] So verbleibt einerseits die Möglichkeit einer Gerichtsstandsvereinbarung nach Art. 23 EuGVVO,[44] oder auch die rügelose Einlassung nach Art. 24 EuGVVO, um eine internationale Zuständigkeit zu begründen. Denn es kann durchaus im Interesse des Schädigers sein, ein einheitliches Forum für möglichst viele, wenn nicht alle Kläger zu schaffen, auch wenn dieses Forum nicht an seinem Sitz liegt.[45]

Zusammenfassend lässt sich damit festhalten, dass eine Zuständigkeitskonzentration bei Kollektivverfahren in Ermangelung einer entsprechenden Regelung in der EuGVVO in aller Regel nur am allgemeinen Gerichtsstand oder im Wege privatautonomer Regelung durch Gerichtsstandsvereinbarung bzw. rügelose Einlassung möglich ist.

III. Kollisionsrechtliche Aspekte

Steht die internationale Zuständigkeit eines Gerichts fest, so hat dieses bei den hier untersuchten Fällen mit Auslandsberührung im nächsten Schritt das anwendbare Recht zu ermitteln; für das deutsche Recht ergibt sich dies aus Art. 3 EGBGB. Sind die Probleme der internationalen Zuständigkeit im Sinne einer Bündelung der Ansprüche jedenfalls dann sinnvoll zu lösen, wenn die Klagen am allgemeinen Gerichtsstand des Beklagten erhoben werden, so besteht zwar ein einheitliches Forum, nicht notwendig folgt daraus aber auch ein für alle Ansprüche gemeinsames Ius. Das anwendbare Recht ist erst auf der Grundlage des jeweils anwendbaren Kollisionsrechts zu bestimmen. Darin liegt aber das Grundproblem aller grenzüberschreitenden Kollektivverfahren: Dass diese regelmäßig nur dann den ihnen zugedachten Rationalisierungseffekt zu erzielen vermögen, wenn die geltend gemachten Ansprüche demselben Recht unterstehen.

Bei den hier in Rede stehenden Kollektivverfahren wird es oftmals um deliktische Ansprüche gehen, so dass in aller Regel die Rom II-Verordnung das anwendbare Recht

42 So geschehen in der Prospekthaftungsklage gegen EM.TV, vgl. LG Frankfurt a.M. EWiR 2003, 409; s.a. *Hess/Michailidou*, ZIP 2004, 1381, 1382. Möglich ist auch ein Musterprozess; problematisch ist dabei die Bindungswirkung. Grundlegend dazu *Jacoby*, Der Musterprozeßvertrag, 2000.

43 EuGH v. 19.1.1993, Rs. C-89/91 – *Shearson*, Slg. 1993, I-139, Rn. 14 ff. Nach LG Nürnberg-Fürth ZIP 2010, 1368 soll dies auch dann gelten, wenn der Zessionar ebenfalls Verbraucher ist.

44 Dies nur, sofern keine Einschränkung im Sinne des Art. 23 Abs. 5 EuGVVO gegeben ist, die insbesondere Vereinbarungen mit Verbrauchern und Versicherungsnehmern betrifft (siehe Art. 13 und 17 EuGVVO).

45 *Stadler*, JZ 2009, 121, 130 f.

bestimmt.[46] Diese kennt neben einer Reihe von einschlägigen objektiven Anknüpfungen (unten 1.) auch die Möglichkeit der Rechtswahl, die in der Regel nach Eintritt des schadensbegründenden Ereignisses zu erklären ist (unten 2.).

1. Objektive Anknüpfung

Die allgemeine Anknüpfungsnorm des Art. 4 Abs. 1 Rom II-VO stellt auf den Ort des Schadenseintritts ab. Damit unterscheidet sich der europäische Ansatz vom deutschen Kollisionsrecht, das in Art. 40 EGBGB primär an den Handlungsort anknüpft, dem Geschädigten aber die Möglichkeit gibt, für das Recht des Erfolgsortes zu optieren. Die Rom II-VO weicht hiervon aus Gründen der Rechtsklarheit bewusst ab.[47] Für die bei Kollektivklagen teilweise vorliegenden Streudelikte bedeutet die Anknüpfung an den Ort des Schadenseintritts, dass unter Umständen eine Vielzahl verschiedener Rechtsordnungen anwendbar sein kann. Ratio ist der Schutz des Geschädigten, der den ihm entstandenen Schaden nach den Vorschriften des Erfolgsortes liquidieren können soll. Die Rom II-VO orientiert sich damit klar am Individualschutz; kollektive Interessen sind nicht eigens aufgenommen.

Eigene Anknüpfungsnormen enthält die Rom II-Verordnung in Art. 5 für die Produkthaftung, in Art. 6 für wettbewerbswidriges Verhalten sowie in Art. 7 für grenzüberschreitende Umweltschädigungen. Allen Anknüpfungsnormen ist gemeinsam, dass sie für die hier interessierenden Streudelikte typischerweise gerade nicht ein einheitliches Recht berufen. Für Kartelldelikte, etwa grenzüberschreitende Preisabsprachen, gilt nach Art. 6 Abs. 3 lit. a Rom II-VO das Marktortprinzip, so dass das Recht desjenigen Staates anzuwenden ist, dessen Markt durch das wettbewerbswidrige Verhalten beeinträchtigt wurde. Hat ein Kläger Schaden durch wettbewerbswidriges Verhalten auf mehreren Märkten erlitten, so gilt das sog. Mosaikprinzip: Der Ersatzanspruch kann nicht durchweg auf dieselbe Rechtsordnung gestützt werden, vielmehr gilt für jeden beeinträchtigten Markt das jeweilige Ortsrecht. Der Gesamtschaden setzt sich daher – gleich einem Mosaik – aus den verschiedenen Rechtsordnungen unterstehenden Ansprüchen zusammen. Art. 6 Abs. 3 lit. b Rom II-VO gibt dem Geschädigten zwar unter gewissen Umständen die Möglichkeit der Rechtswahl, dies gilt aber nur dann, wenn im Sitzstaat des Schädigers Klage erhoben wird und der Markt dieses Staates ebenfalls beeinträchtigt wurde, und zwar „unmittelbar und wesentlich“. Darin liegt eine durchaus erhebliche Einschränkung.

Wegen des Fehlens einer einheitlichen Anknüpfung bleibt aus Sicht des international zuständigen Gerichts letztlich im Rahmen der Vorgaben und Möglichkeiten des jeweils anwendbaren Verfahrensrechts nur die Bildung von verschiedenen Kategorien von Geschädigten, da sich unter dem jeweils anwendbaren Recht unterschiedliche Rechts- und auch Tatsachenfragen stellen könne, die eine einheitliche Behandlung

46 Vertragliche Ansprüche können ebenfalls vorliegen, etwa im Bereich des Kapitalanlagerechts. In solchen Fälle ist die Rom I-VO einschlägig.

47 Siehe Erwägungsgrund Nr. 15 Rom II-VO. Zustimmend zu diesem Ansatz etwa *Mankowski*, Interessenpolitik und europäisches Kollisionsrecht, 2011, S. 66.

verhindern. Eine solche Vorgehensweise ginge selbstverständlich auf Kosten der Effizienz, ist aber jedenfalls solange unvermeidlich, als die Harmonisierung des materiellen Rechts in Europa noch nicht so weit fortgeschritten ist, dass die unterschiedlichen Standards nicht weiter ins Gewicht fallen.

2. Rechtswahl

Ein Ausweg könnte auch hier in privatautonomen Gestaltungsmechanismen liegen: Art. 14 Rom II-VO ermöglicht bei außervertraglichen Schuldverhältnissen eine Rechtswahl, die allerdings nicht schrankenlos gewährt wird. Die Einschränkung betrifft insbesondere den Verbraucherschutz: Ist ein Verbraucher Partei des außervertraglichen Schuldverhältnisses, so kann die Rechtswahl nur nach Eintritt des schadensbegründenden Ereignisses erfolgen (Art. 14 Abs. 1 lit. a Rom II-VO). Rechtswahlvereinbarungen können auch in Produkthaftungs- und in Umwelthaftungsfällen getroffen werden. Für außervertragliche Schuldverhältnisse aus unlauterem Wettbewerb und bei Kartelldelikten ist eine Rechtswahl nach Art. 6 Abs. 4 Rom II-VO hingegen generell ausgeschlossen. Bei Kollektivverfahren stellen sich hinsichtlich dieser Rechtswahl je nach Verfahrensart unter Umständen weitere Probleme: So könnte es in Opt-out-Verfahren zweifelhaft sein, ob die Vereinbarung zugunsten einer bestimmten Rechtsordnung, die etwa ein Musterkläger (lead plaintiff) abschließt, auch die weiteren Gruppenmitglieder bindet, die ja davon durchaus Nachteile erfahren können, weil ein ihnen günstiges Recht nicht mehr zur Anwendung kommt.[48]

IV. Probleme der Anerkennung und Vollstreckung

Wird die titulierte Forderung nicht freiwillig erfüllt, so besteht ein Interesse der Beteiligten an einer Vollstreckung der ergangenen Entscheidung. Auch diese kann grenzüberschreitenden Charakter aufweisen: Sie kann den obsiegenden Beklagten betreffen, der seinen Anspruch auf Kostenerstattung gegen im Ausland ansässige Kläger vollstrecken möchte. Aber auch bei Erfolg der Klage kann eine Vollstreckung im Ausland notwendig werden, wenn etwa der Beklagte Vermögenswerte in einem anderen als dem Urteilsstaat hat oder ein besonderer Gerichtsstand gegeben war, so dass im Sitzstaat des Beklagten vollstreckt werden muss.

Die Vollstreckung von Entscheidungen mitgliedstaatlicher Gerichte richtet sich nach der EuGVVO oder aber nach der EuVTVO.[49] Beide gelten für Zivil- und Handelssachen; ihre sachliche Anwendbarkeit wurde bereits thematisiert.[50] Der Unterschied zwischen beiden Vollstreckungsmechanismen liegt darin, dass die EuVTVO nur auf unbestrittene Geldforderungen anwendbar ist, während die EuGVVO sämtli-

48 Allgemein gilt, dass eine Rechtswahl nicht zu Lasten Dritter getroffen werden kann. Dieser Gedanke findet sich etwa in Art. 3 Abs. 2 S. 2 Rom I-VO und in Art. 14 Abs. 1 lit. b Rom II-VO. Siehe dazu aus ökonomischer Sicht *Rühl*, Statut und Effizienz, 2011, S. 463 ff.

49 Dazu eingehend *Stadler*, JZ 2009, 121, 131 ff.

50 Oben II. 1.

che Zivil- und Handelssachen erfasst. Dafür verhilft aber die Bestätigung einer Entscheidung als Europäischer Vollstreckungstitel durch das erkennende Gericht des Urteilsstaates auf der Grundlage der EuVTVO dieser zu einer europaweiten Vollstreckbarkeit, ohne dass noch ein Exequatur-Verfahren notwendig wäre. Es kann also ohne weitere Zwischenverfahren zur Zwangsvollstreckung aus dem Titel in jedem Mitgliedstaat (außer Dänemark) geschritten werden.[51] Die EuGVVO sieht hingegen jedenfalls derzeit noch die Durchführung eines Exequatur-Verfahrens vor, in dem der ausländischen Entscheidung von den Gerichten des Vollstreckungsstaates erst die Vollstreckbarkeit zugesprochen wird.[52] Es besteht ein Wahlrecht des Gläubigers, ob er nach EuGVVO vollstreckt oder nach EuVTVO.[53] Dieses Wahlrecht besteht auch dann, wenn die Voraussetzungen der Bestätigung als Europäischer Vollstreckungstitel gegeben sind.[54] In aller Regel wird dies aber nicht der Fall sein, wie sogleich zu zeigen sein wird.

1. Vollstreckung auf der Grundlage der EuGVVO

Zunächst daher zum Regelfall, dass eine Vollstreckung auf der Grundlage der EuGVVO erfolgen soll. An dieser Stelle seien nur einige wenige Problempunkte angerissen. Vollstreckt werden können nach Art. 32 EuGVVO nur von mitgliedstaatlichen Gerichten erlassene Entscheidungen. Wie verhält es sich hier mit den erwähnten Vergleichsverträgen nach niederländischem Recht? Diese werden vom Gericht nur bestätigt und nicht etwa erlassen. Auch kommt diesen Bestätigungen nach niederländischem Recht zunächst keine Vollstreckbarkeit zu, so dass sich die grenzüberschreitende Titeldurchsetzung im Wege der Zwangsvollstreckung erst in Bezug auf eine ggf. erfolgreich durchgeführte Leistungsklage stellt.[55]

Wegen des Opt-out-Charakters des Verfahrens könnten einer Anerkennung solcher wie auch anderer Entscheidungen, die in ähnlichen Verfahren ergehen (Dänemark, Portugal etc.) auch der ordre public des jeweiligen Vollstreckungsstaates (Art. 34 Nr. 2 EuGVVO) entgegenstehen, sofern dieser solche Verfahren nicht kennt und aus grundsätzlichen Erwägungen des Beklagtenschutzes (fehlendes Gehör; Verstoß gegen die Dispositionsfreiheit) ablehnt.[56] Der ordre public könnte auch betroffen sein, wenn es um die Anerkennung und Vollstreckung von Entscheidungen des kollektiven

51 Näher HK-ZV/*Stürner*, 2. Aufl. 2012, Art. 1 EuVTVO Rn. 2 ff.

52 Zur Reform unten V.

53 Art. 27 EuVTVO. Näher dazu HK-ZV/*Stürner* (Fn. 51), Art. 27 EuVTVO Rn. 2 ff.

54 *Mankowski*, in: Festschrift für Kropholler, 2008, S. 829, 833 ff. Siehe auch BGH WM 2010, 433.

55 Näher *Mom* (Fn. 37), S. 370 ff. Es dürfte aber davon auszugehen sein, dass der Schuldner des Vergleichs in aller Regel freiwillig erfüllen wird. Siehe dazu auch *Kuipers*, Journal of Private International Law 2012, 225.

56 Näher dazu *Stadler*, JZ 2009, 121, 131 ff. Offener hingegen *Halfmeier*, NIPR 2012, 176; *Halfmeier/Wimalasena*, JZ 2012, 649, die einen Ordre-public-Verstoß ablehnen.

Rechtsschutzes geht, die den Schädiger zu Strafschadensersatz verurteilen, wie dies etwa nach griechischem Recht möglich ist.[57]

2. *Vollstreckung auf der Grundlage der EuVTVO*

Solcherlei Schwierigkeiten würden sich von vornherein nicht stellen, wenn eine Vollstreckung über die EuVTVO gewählt würde. Dies setzt indessen voraus, dass die titulierte Forderung unbestritten ist. Erwägenswert könnte das im Regelfall allenfalls für das niederländische Vergleichsverfahren sein. Nach Art. 3 Abs. 1 lit. a EuVTVO gilt eine Forderung dann als unbestritten, wenn der Schuldner ihr im gerichtlichen Verfahren „durch einen vom Gericht gebilligten oder von einem Gericht im Laufe des Verfahrens geschlossenen Vergleich zugestimmt hat". Charakteristikum des niederländischen Vergleichs ist es aber gerade, dass er nicht im gerichtlichen Verfahren geschlossen wird. Überdies setzt die EuVTVO voraus, dass dem Vergleich sämtliche Beteiligte ausdrücklich zugestimmt haben – bei einem Opt-out-Verfahren fehlt es hieran aber gerade. Eine Parallele zu den passiv unbestrittenen Forderungen, die trotz Fehlens einer Zustimmung des Beklagten der EuVTVO unterfallen, kann deswegen nicht gezogen werden, weil bei dieser Konstellation zuvor eine Information über die Klage und ihren Inhalt durch die förmliche Zustellung sichergestellt wurde. Verbreitet wird die Anwendung der EuVTVO für solche Vergleiche daher abgelehnt.[58]

V. Reformbedarf

Damit komme ich zu möglichen Reformüberlegungen. Diese beginnen mit den bestehenden Vorarbeiten der Kommission im Bereich des kollektiven Rechtsschutzes und die jüngst erfolgte Stellungnahme des Parlaments und fokussieren dann auf die dabei vergleichsweise wenig beachtete grenzüberschreitende Dimension des kollektiven Rechtsschutzes.

1. *Die bisherigen Aktivitäten der EU*

Der kollektive Rechtsschutz ist schon seit langem Teil der Agenda der Kommission. Der auf diesem Gebiet bislang tatsächlich erreichte Fortschritt steht jedoch in markantem Gegensatz zu dem dabei betriebenen Aufwand.[59] Zum acquis gehören insbesondere die Verbandsklage, deren Einrichtung den Mitgliedstaaten in verschiedenen Richtlinien vorgegeben wird, so in der Klauselrichtlinie, der Fernabsatzrichtlinie und der Unterlassungsklagenrichtlinie. Nunmehr soll vor allem in den Bereichen Kartell-

57 Siehe *Stadler*, FS Kaissis (Fn. 1), S. 957.

58 *Stadler*, FS Kaissis (Fn. 1), S. 962 f.

59 Zur Entwicklung *Hess* (Fn. 14), § 10 Rn. 118 ff.

recht und Verbraucherrecht das sog. private law enforcement gestärkt werden.[60] Den Anfang machte das Grünbuch der EG-Kommission vom 19. Dezember 2005 über private Schadensersatzklagen wegen Verletzung des EG-Wettbewerbsrechts.[61] Es folgte ein Weißbuch vom 2. April 2008 über Schadensersatz im Kartellrecht.[62] Wenig später wurde dann ein Grünbuch über kollektive Rechtsdurchsetzungsverfahren für Verbraucher veröffentlicht.[63] Auch hierin wird die Tendenz erkennbar, echte, kollektive Rechtsbehelfe einzuführen. Im Herbst 2009 wurde dann ein inoffizieller Richtlinien-Vorentwurf bekannt, daraufhin aber zurückgezogen.[64] Es folgte im Oktober 2010 ein gemeinsames Papier dreier EU-Kommissare[65] und ein im Februar 2011 von der Kommission initiierter Konsultationsprozess.[66]

Das Europäische Parlament äußerte sich in einer Entschließung vom 2. Februar 2012.[67] Es setzt sich darin mit den Geltungsvoraussetzungen eines „rechtlich bindenden horizontalen Rahmens“ auseinander, für den die Europäische Bagatellverordnung[68] als legislatives Vorbild dienen könne.[69] Sollte ein solches „horizontales Instrument“ geschaffen werden, so müsse es grenzüberschreitende Fälle der Verletzung von Unionsrecht, insbesondere des Verbraucherrechts erfassen.[70] Sektorspezifische Eigenheiten seien zu berücksichtigen, solange sie an den horizontalen Rahmen angebunden blieben.[71] Das Parlament spricht sich klar für ein Opt-in-Prinzip aus.[72] In einem solchen horizontalen Rahmen sollten Regeln festgelegt werden, um Forum shopping zu verhindern, ohne jedoch den Zugang zu Gerichten zu gefährden; die EuGVVO solle aber Grundlage für die Bestimmung des zuständigen Gerichts sein.[73] Der vorhergehende Bericht des Rechtsausschusses spricht sich sehr klar für eine Zuständigkeit der Gerichte am Sitz des Beklagten für ein solches europäisches Kollektivverfahren

60 Siehe etwa *Bernhard*, Kartellrechtlicher Individualschutz durch Sammelklagen, 2010; *Steinle/Wilske/Leisinger*, in: Festschrift für Simotta, 2012, S. 573.

61 KOM(2005) 672 endg.

62 KOM(2008) 165 endg.

63 Vom 27. November 2008, KOM(2008) 794 endg.

64 Dazu *Hess*, WuW 2010, 493; *ders.*, JZ 2011, 66, 70 f.

65 Dazu *Meller-Hannich/Höland*, GPR 2011, 168.

66 Arbeitsdokument der Kommission vom 4. Februar 2011 „Öffentliche Konsultation: Kollektiver Rechtsschutz: Hin zu einem kohärenten europäischen Ansatz“, SEK(2011)0173 endg., P7_TA-PROV(2012)0021. Siehe dazu etwa *Brömmelmeyer*, VuR 2011, 161.

67 Entschließung des Europäischen Parlaments vom 2. Februar 2012 zu dem Thema „Kollektiver Rechtsschutz: Hin zu einem kohärenten europäischen Ansatz“, 2011/2089(INI). Vorausgegangen war ein Bericht des Rechtsausschusses (Berichterstatter: Klaus-Heiner Lehne) vom 12. Januar 2012, PE467.330v 02-00.

68 Verordnung (EG) Nr. 861/2007 vom 11. Juli 2007 zur Einführung eines europäischen Verfahrens für geringfügige Forderungen.

69 Siehe oben Fn. 67, Nr. 18.

70 Siehe oben Fn. 67, Nr. 15, 19. Der Berichterstatter Lehne plädiert dafür, die einschlägigen Rechtsvorschriften im horizontalen Rahmen genau zu benennen, bei deren Verletzung kollektiver Rechtschutz zur Verfügung steht, Bericht des Rechtsausschusses (oben Fn. 67), S. 18.

71 Siehe oben Fn. 67, Nr. 17.

72 Siehe oben Fn. 67, Nr. 20. Anders noch das Weißbuch zur Einführung von Schadensklagen im Kartellrecht vom 2. April 2008, KOM(2008) 165 endg., dazu *Hess* (Fn. 14), § 11 III, Rn. 41 ff.

73 Siehe oben Fn. 67, Nr. 26.

aus.[74] Die im europäischen Kollektivverfahren geltend gemachten Ansprüche sollten dem Recht desjenigen Staates unterstehen, an dem die Mehrheit der Geschädigten ihren Wohnsitz hat.[75] Im Bericht des Rechtsausschusses wird hingegen auch überlegt, alternativ das Recht des Gerichtsstaates zu berufen.[76] Die dafür notwendige Schaffung einer Sonderkollisionsnorm solle aber nicht verhindern, dass sich die Klagen solcher Geschädigter, die dem Kollektivverfahren nicht beitreten, bei der individuellen Rechtsverfolgung den allgemeinen Regeln der EuGVVO sowie der Rom I-VO und der Rom II-VO unterstehen.[77]

Sollte ein solcher horizontaler Rahmen für den kollektiven Rechtsschutz bei Verletzungen bestimmter Normen des EU-Rechts in Kraft treten, so läge es in der Tat nahe, sowohl die Frage der internationalen Zuständigkeit als auch des anwendbaren Rechts darin eigenständig zu regeln. Deren Ausgestaltung hinge selbstverständlich wesentlich von der Form des europäischen Rahmeninstruments ab. Es gälte abzuwägen zwischen dem Effizienzpostulat, das für Kollektivverfahren in besonderem Maße Platz greift, und dem Schutz der Parteiinteressen. Ein einheitliches Beklagtenforum unter Anwendung des Sitzrechts würde möglicherweise einseitig ersteres betonen.[78] Davon unabhängig besteht jedoch auch weiterhin Reformbedarf des Europäischen Verfahrens- und Kollisionsrechts für die weiterhin bestehenden Kollektivklagen nach den jeweiligen nationalen Rechtsordnungen. Je weiter der Anwendungsbereich eines europäischen Kollektivverfahrens wäre, desto weniger bestünde ein rechtspolitischer Handlungsbedarf für die grenzüberschreitenden Kollektivklagen nach nationalem Recht.

2. Änderungsbedarf bezüglich der EuGVVO

Im Rahmen der derzeit laufenden Revision der EuGVVO werden gerade in Bezug auf Kollektivverfahren keine Anstrengungen unternommen, im Gegenteil. Während es Ziel des im Dezember 2010 veröffentlichten Kommissionsvorschlags[79] war, für Entscheidungen mitgliedstaatlicher Gerichte das Exequatur-Verfahren gänzlich entfallen zu lassen, und im Vollstreckungsstaat nur einen Rechtsbehelf wegen Verletzungen des Rechts auf faires Verfahren zuzulassen,[80] wird der kollektive Rechtsschutz komplett

74 Bericht des Rechtsausschusses (oben Fn. 67), S. 19.

75 Siehe oben Fn. 67, Nr. 27.

76 Bericht des Rechtsausschusses (oben Fn. 67), S. 19.

77 Siehe oben Fn. 67, Nr. 27.

78 In diesem Sinne auch *Hess*, IPRax 2010, 116, 120 f. (für eine Opt-out-Sammelklage).

79 Vorschlag für eine Verordnung des Europäischen Parlaments und des Rates über die gerichtliche Zuständigkeit und die Anerkennung und Vollstreckung von Entscheidungen in Zivil- und Handelssachen (Neufassung), KOM(2010) 748 endg.

80 Nach dem Verordnungsentwurf stehen dem Schuldner drei Rechtsbehelfe zur Verfügung, u.a. ein außerordentlicher Rechtsbehelf im Vollstreckungsstaat, der eine Rüge von gravierenden Verfahrensfehlern ermöglichen soll (Art. 46 EuGVVO-E). Auf den materiellrechtlichen ordre public soll sich der Schuldner hingegen nicht mehr berufen können. Dazu etwa *Hess*, IPRax 2011, 125; *Bach*, ZRP 2011, 97; *M. Weller*, GPR 2012, 34.

hiervon ausgenommen (Art. 37 EuGVVO-E); das alte Exequatur-Verfahren gilt für Entscheidungen des kollektiven Rechtsschutzes weiter.[81] Begründet wird dies damit, dass in diesem Bereich das gegenseitige Vertrauen der Mitgliedstaaten noch nicht soweit ausgereift sei, dass eine Abschaffung des Exequatur-Verfahrens möglich erscheine.[82] In gewisser Weise ist es konsequent, im Hinblick auf eine mögliche horizontale Rahmenregelung zum kollektiven Rechtsschutz, in dem internationalprivat- und -verfahrensrechtliche Fragen autonom geregelt werden, diese für die bereits bestehenden Kollisionsnormen auszuklammern.

a) Reform der internationalen Zuständigkeit

So ist es wenig verwunderlich, dass der Kommissionsvorschlag zur Revision der EuGVVO auch im Bereich der internationalen Zuständigkeit keine Neuerungen bezüglich kollektiver Verfahren enthält. Dabei ist es nach derzeitigem Recht überhaupt nur am Sitz des Beklagten unproblematisch möglich, ein europaweites Kollektivverfahren durchzuführen. Alle anderen Gerichtsstände sind wie gesehen nicht auf kollektive Verfahren zugeschnitten und kaum geeignet, eine Bündelung grenzüberschreitender Interessen herbeizuführen. Insbesondere die in Art. 6 EuGVVO enthaltenen Gerichtsstände erlauben dies bisher nur in sehr eingeschränktem Maß. Durch diese Rechtslage könnten bestimmte Schädiger aber dazu motiviert werden, ihren Sitz in einen Mitgliedstaat zu verlegen, der Kollektivverfahren nicht kennt, um drohenden Klagen zu entgehen.[83]

Vorgeschlagen wurde daher, insbesondere Art. 6 Nr. 1 EuGVVO zu einem Gerichtsstand des Sachzusammenhangs für Kollektivverfahren auszuweiten.[84] Es gälte hier die Interessen der Beteiligen zu einem sinnvollen Ausgleich zu bringen: Die Zuständigkeit darf nicht zu weit greifen, um für die Geschädigten keinen Anreiz zum Forum shopping zu geben. Sie könnte dort liegen, wo der Schwerpunkt der Rechts-

81 Dazu *Stadler*, FS Kaissis (Fn. 1), S. 951.

82 Das als Kompromiss gedachte Ratsdokument vom 1.6.2012 (10609/12 JUSTCIV 209 CODEC 1495 ADD 1; siehe dazu und zum ähnlich lautenden Parlamentsentwurf *M. Weller*, GPR 2012, 328) geht insoweit einen Schritt zurück, als es die Durchführung eines Exequatur-Verfahrens zwar für entbehrlich hält (Art. 39-2 EuGVVO-neu), dem Vollstreckungsschuldner aber in allen Fällen die Möglichkeit einer „application for refusal of enforcement of a judgment“ im Vollstreckungsstaat gibt (Art. 48 EuGVVO-neu). Dies schließt die Geltendmachung eines Ordre-public-Verstoßes mit ein und gilt auch für Verfahren des kollektiven Rechtsschutzes. In der am 12.12.12 verabschiedeten Verordnung (EU) Nr. 1215/2012 wurde diese Systematik nunmehr in Art. 39 bzw. 46 i.V.m. 45 umgesetzt.

83 Dass die Bereitschaft zu solch weitgehenden Schritten bei manchen Marktakteuren im Extremfall vorhanden ist, zeigt sich am „Insolvenztourismus“: So kommt es etwa vor, dass deutsche Unternehmen ihren Sitz vor der Insolvenzanmeldung nach England verlegen, um von den dort vermeintlich für sie günstigeren Insolvenzvorschriften (etwa einem scheme of arrangement) zu profitieren. Siehe dazu etwa *Beck*, ZVI 2011, 355.

84 So für das Kartellrecht *Bernhard*, Kartellrechtlicher Individualschutz (Fn. 60), S. 286 ff.; in diesem Sinne auch *Hess*, IPRax 2010, 116, 118 f.

verletzung liegt.[85] Es wäre sorgsam für die verschiedenen Bereiche abzuwägen, inwieweit ein Abweichen vom regulären Forum am Sitz des Beklagten gerechtfertigt ist.[86] Dies könnte für ein europäisches Kollektivverfahren eher gelten als für ein nationales, da bei Vorliegen einheitlicher europäischer Verfahrensregeln unabhängig vom Gerichtsstaat das Risiko missbräuchlichen Forum shoppings geringer erscheint. Umgekehrt bestünde gerade dann, wenn ein europäisches Kollektivverfahren geschaffen würde, keine gesteigerte Notwendigkeit mehr, einen besonderen Gerichtsstand für nationale Kollektivverfahren einzuführen.

b) Reform der Anerkennung und Vollstreckung

Im Bereich der Anerkennung und Vollstreckung stellen sich nach der derzeitigen Rechtslage vor allem Probleme des ordre public hinsichtlich solcher Entscheidungen, die auf einem Opt-out-Verfahren beruhen. Die Revision der EuGVVO wird dies voraussichtlich nicht ändern. Die Entscheidung ist hier eine rechtspolitische: Will man den effektiven Rechtsschutz auch auf Kollektivverfahren ausdehnen, so kommt man nicht um einen Einigung herum, für welche Verfahren eine Anerkennung und Vollstreckung zugelassen werden soll. Möglich erscheint eine enumerative Aufzählung einzelner Verfahren nach dem Vorbild der EuInsVO. Diese Vorgehensweise brächte hinreichende Rechtsklarheit, hätte aber den Nachteil der schwerfälligen Abänderbarkeit. Für ein europäisches Kollektivverfahren hingegen wäre es konsequent, nach dem Vorbild der Europäischen Bagatellverordnung den Ordre-public-Vorbehalt abzuschaffen, dies allerdings nur unter der Voraussetzung, dass die Rechte der Beteiligten hinreichend gewahrt sind. Dies kann von vornherein nur bei einer Opt-in-Lösung der Fall sein.[87]

3. Änderungsbedarf im Europäischen Kollisionsrecht

Änderungsbedarf besteht auch in Bezug auf das anwendbare Recht. Die in der Rom I- und der Rom II-VO enthaltenen Anknüpfungen, das sei noch einmal in Erinnerung

85 Damit bestünde eine gewisse Parallele zur neuerer EuGH-Rechtsprechung zu Streudelikten im Internet: Danach kann bei Persönlichkeitsverletzungen in Internet der gesamte Schaden vor den Gerichten des Staates eingeklagt werden, in dem sich der Mittelpunkt der Interessen der verletzten Person befindet. EuGH v. 25.10.2011, verb. Rs. C-509/09 und C-161/10 – *eDate Advertising GmbH ./. X und Olivier Martinez, Robert Martinez ./. MGN Limited*, EuZW 2011, 962. Daneben besteht der Allgemeine Gerichtsstand am Beklagtensitz fort.

86 Theoretisch möglich und z.B. in England auch praktiziert ist eine Verweisungsmöglichkeit: Dort kann ein Gericht nach rule 30.3 (2) CPR einen Fall nachträglich aus Zweckmäßigkeitsgründen an ein anderes Gericht verweisen. Siehe *Einhaus*, Kollektiver Rechtsschutz im englischen und deutschen Zivilprozessrecht, 2008, S. 133 f.

87 Siehe etwa den Katalog von Verfahrensgarantien, den das Europäische Parlament in seiner Entschließung vom 2.2.2012 (oben Fn. 67) unter Nr. 20 nennt.

gerufen, berücksichtigen ganz vorrangig den Individualrechtsschutz. Dies führt dazu, dass bei grenzüberschreitenden Schäden möglicherweise eine Vielzahl von Rechtsordnungen über die Schadensregulierung entscheidet. Ein Verfahren des kollektiven Rechtsschutzes mit einem für alle Beteiligten gleichermaßen verbindlichen Resultat kann aber sinnvollerweise nur dann mit deutlichen Effizienzvorteilen gegenüber Individualverfahren durchgeführt werden, wenn das Gericht auf der Grundlage derselben Rechtsordnung (oder mehrerer Rechtsordnung, die aber gleichermaßen für alle Beteiligten gelten) entscheiden kann.

Sollte eine europäische Kollektivklage geschaffen werden, so könnte in dieser selbst die Frage des anwendbaren Rechts ausdrücklich geregelt werden. Meist wird vorgeschlagen, einheitlich das Recht des Sitzes des Beklagten zu berufen, eine Lösung, die vor allem der Wirtschaft entgegenkommt.[88] Deren Vorteil bestünde offensichtlich darin, dass das erkennende Gericht das ihm vertraute Recht anwenden kann. Hieraus resultieren Effizienzgewinne, die gerade in Massenverfahren erheblich sein dürften. Allerdings wird dadurch der potentielle Schädiger möglicherweise jedenfalls insoweit bevorzugt, als auch er sein Heimatrecht angewendet sieht. Eine Alternative besteht darin, wie im prozessualen Bereich eine Schwerpunktbildung vorzunehmen und eine engste Verbindung zu derjenigen Rechtsordnung zu sehen, in der sich der Großteil der Schäden realisiert hat.[89] Ähnlich lautet der Reformvorschlag des Europäischen Parlaments für das anwendbare Recht bei Persönlichkeitsverletzungen.[90] Die daraus resultierende Rechtsunsicherheit, die vor allem bei einem nicht klar vorhandenen Schwerpunkt des Schadenseintritts entstünde, wäre wohl hinzunehmen; sie wäre der Preis für die gegenüber dem Recht des Beklagtensitzes höhere Sachnähe.[91]

Ganz generell hat jede Sonderanknüpfung für Kollektivklagen das Problem, dass die Frage des anwendbaren Rechts nicht von herkömmlichen Anknüpfungsmerkmalen abhängt, sondern von der gewählten Verfahrensart. Das ist aus kollisionsrechtlicher Sicht ein nicht unbedingt glücklicher Anknüpfungspunkt. Denn es liegt dann einseitig in der Hand einer Partei (des Klägers), dieses Recht durch Klageeinreichung zu bestimmen.[92] Bei Opt-in-Verfahren, um die es von vornherein nur gehen kann, erscheint dieser Gesichtspunkt allerdings nicht so gravierend, da es in der Hand jedes einzelnen Geschädigten liegt, ob er sich der Kollektivklage anschließt oder seine Rechte individuell verfolgt. Allenfalls wäre sein Rechtsschutz möglicherweise entwertet, wenn das opt-in den Verzicht auf eine ihm günstigere Rechtsordnung bedeuten würde. Eine Sonderanknüpfung für Kollektivverfahren erscheint daher nur dann gerechtfertigt,

88 So etwa *Wendt*, EuZW 2011, 616, 622 (der Autor ist Referent des Gesamtverbands der Deutschen Versicherungswirtschaft e.V.). Auch der Bericht des Rechtsausschusses erwägt diese Lösung (oben Fn. 76).

89 So insbesondere auch das Europäische Parlament (oben Fn. 75).

90 Siehe den Bericht des Rechtsausschusses des Europäischen Parlaments vom 2.5.2012 (A7-0152/2012). Nach dem neu einzufügenden Art. 5a Abs. 1 Rom II-VO soll das Recht des Staates anwendbar sein, „in which the most significant element or elements of the loss or damage occur or are likely to occur".

91 In vielen Fällen werden ohnehin beide Anknüpfungen zum selben Ergebnis kommen.

92 Andererseits ist ein solch einseitiges Bestimmungsrecht dem Kollisionsrecht nicht grundsätzlich fremd, vgl. etwa Art. 40 Abs. 1 S. 2 EGBGB.

wenn die reguläre objektive Anknüpfung die Durchführung des Kollektivverfahrens wegen der Vielzahl der anwendbaren Rechte wesentlich erschweren würde und die Interessen der einzelnen Gruppenmitglieder nicht grundlegend berührt werden.[93] Das wird etwa dann der Fall sein, wenn es sich um Massenschäden handelt, bei denen die jeweiligen Einzelschäden äußerst gering sind.[94]

VI. Fazit

Wir haben es im Bereich des grenzüberschreitenden kollektiven Rechtsschutzes in besonderem Maße mit einer unübersichtlichen und vielschichtigen Materie zu tun. Die in den einzelnen Mitgliedstaaten verfolgten Ansätze sind völlig disparat, rechtspolitischer Konsens kaum zu erzielen. Ein europäisches Rahmeninstrument zum kollektiven Rechtsschutz könnte zumindest sektoriell Eckpunkte definieren. Hierfür erscheinen Spezialregelungen zur internationalen Zuständigkeit, zum anwendbaren Recht sowie zur Anerkennung und Vollstreckung sinnvoll und gerechtfertigt. Diese Regeln sollten im Rahmeninstrument selbst geregelt werden und insoweit der EuGVVO sowie den Verordnungen Rom I und Rom II vorgehen. Die bestehende Vielfalt kollektiver Verfahren in den Mitgliedstaaten wird es nicht ändern. Deren Koordinierung muss daher auch weiterhin ein Anliegen im Europäischen Justizraum sein. Je weiter allerdings ein mögliches europäisches Kollektivinstrument greift, desto weniger dringlich sind prozessuale und kollisionsrechtliche Bündelungen für die daneben weiter bestehenden nationalen Kollektivklagen.

93 Siehe *Stadler*, in: Fairgrieve/Lein (Hrsg.), Extraterritoriality and Collective Redress, 2012, Rn. 12.48 ff..

94 *Stadler*, in: Fairgrieve/Lein (Fn. 93), Rn. 12.58.

Kollektiver Rechtsschutz im Kapitalmarktrecht

Prof. Dr. Jan von Hein, Universität Trier

I. Einleitung

Im deutschen Kapitalmarktrecht bereitete es noch zu Beginn des 21. Jahrhunderts große Schwierigkeiten, die Klagen mehrerer geschädigter Anleger prozessual zu bündeln[1]. Solche Massenprozesse waren insbesondere wegen der notwendigen mehrfachen Beweisaufnahmen und des Kostenrisikos für einzelne Kläger kaum praktikabel und in angemessener Zeit durchzuführen[2]. Dies hatte zur Folge, dass im Gegensatz zu den USA, in denen die Securities Litigation ein wichtiges Instrument der externen Corporate Governance darstellt[3], die materiellrechtlichen deutschen Vorschriften z.B. zur Prospekthaftung ihre Präventionswirkung weitgehend einbüßten[4]. Bereits der 64. Deutsche Juristentag in Berlin (2002) und die Regierungskommission Corporate Governance hatten die Einführung einer bereichsspezifischen Gruppenklage (DJT[5]) bzw. eines Vertretermodells (*Baums*-Kommission[6]) vorgeschlagen. Die Pläne zur Einführung einer Gruppenklage erhielten erheblichen rechtspolitischen Auftrieb durch die in der Öffentlichkeit vielbeachteten Schwierigkeiten des Telekom-Verfahrens vor dem LG Frankfurt/Main, bei dem ein Vorsitzender Richter, unterstützt von zwei ehrenamtlichen Handelsrichtern, für die Entscheidung über die Prospekthaftungsklagen von mehr als 15 000 Aktionären, vertreten durch 750 Rechtsanwälte, zuständig war[7]. Der deutsche Gesetzgeber reagierte hierauf im Jahre 2005 mit dem Erlass des Kapitalanleger-Musterverfahrensgesetzes (KapMuG[8]). Da das KapMuG bewusst als gesetzgeberisches Experiment konzipiert worden war, enthielt es eine sog. sunset clause, um nach Ablauf einer Periode von fünf Jahren zu untersuchen, ob sich die darin gewählte Form der Bündelung der Interessen geschädigter Anleger in der Praxis bewähren wür-

1 Ausführlich zu den Defiziten der herkömmlich bestehenden Bündelungsformen die Begründung KapMuG-RegE, BT-Drs. 15/5091, S. 13 f.; *Theodor Baums* (Hrsg.), Unternehmensführung – Unternehmenskontrolle – Modernisierung des Aktienrechts. Bericht der Regierungskommission „Corporate Governance" (Otto Schmidt Köln 2001) Rz. 189.

2 Begründung KapMuG-RegE, BT-Drs. 15/5091, S. 13 f.; *Baums*-Kommission (Fn. 1) Rz. 188.

3 Näher *Robert B. Thompson/Hillary A. Sale*, Securities Fraud as Corporate Governance: Reflections upon Federalism, Vand. L. Rev. 56 (2003) 859.

4 Begründung KapMuG-RegE, BT-Drs. 15/5091, S. 13, 16.

5 Siehe DJT 64 (2002) II/1 P 89 (Beschluss Nr. 1.15 der wirtschaftsrechtlichen Abteilung); hierzu siehe den Diskussionsbeitrag von *Klaus J. Hopt*, DJT 64 (2002) II/2 P 138–140; *Andreas Meyer*, Aspekte einer Reform der Prospekthaftung – Eine Würdigung der Verhandlungen des 64. Juristentages – Teil II, WM 2003, 1349 ff.

6 *Baums*-Kommission (Fn. 1) Rz. 188–190.

7 Hierzu *Timo Gansel/Andreas Gängel*, Das Kapitalanleger-Musterverfahrensgesetz, NJ 2006, 13; *Burkhard Heß*, Musterverfahren im Kapitalmarktrecht, ZIP 2005, 1713 f.

8 BGBl. 2005 I 2437.

de[9]; diese Befristung wurde im Jahre 2010 um zwei Jahre verlängert[10]. Nach einer intensiv geführten Diskussion hat die Bundesregierung am 29. 2. 2012 den Entwurf eines Gesetzes zur Reform des KapMuG vorgelegt[11]. Im Folgenden soll zunächst ein Überblick über die Entstehung (II) sowie den rechtsvergleichenden Hintergrund des Gesetzes (III) gegeben werden. Sodann werden die bei der Evaluation des Gesetzes zutage getretenen Mängel dargestellt (IV) und die Reformvorschläge analysiert, welche die Bundesregierung unterbreitet hat (V). Ein Ausblick zu grundsätzlich abweichenden Reformvorstellungen (VI) und meine eigenen Schlussfolgerungen (VII) beschließen den Beitrag.

II. Die Entstehung des KapMuG

Das Bundesjustizministerium verfügte bei der Vorbereitung des KapMuG über eine breite rechtsvergleichende Grundlage[12], die sich auch in der Begründung des Regierungsentwurfs niederschlug[13]. Sowohl in der das KapMuG vorbereitenden Diskussion als auch in der Begründung des Regierungsentwurfs wurde eine Rezeption der US-amerikanischen class action (FRCP 23) als solche abgelehnt[14]. Insbesondere wurde gegen das amerikanische Modell eingewandt, dass eine „automatische Rechtskrafterstreckung auf am Verfahren nicht beteiligte Dritte [...] den individualistisch geprägten Rechtsschutzgrundsätzen des deutschen Verfassungs- und Prozessrechts fremd“ sei[15]. In der Begründung des KapMuG-RegE wurde deshalb nicht allein das amerikanische Recht herangezogen; vielmehr wurden auch die Prozessrechte anderer europäischer Staaten, nämlich Englands, Österreichs und der Schweiz ausgewertet; auch das Recht Japans wurde betrachtet[16]. Wenngleich diese rechtsvergleichenden Erörterungen einen eher geringen Einfluss des US-amerikanischen Rechts auf die Ausarbei-

9 Art. 9 Abs. 2 Gesetz zur Einführung von Kapitalanleger-Musterverfahren, BGBl. 2005 I 2437, 2445.

10 Näher unten IV.

11 BT-Drs. 17/8799.

12 Eingehend die vom BMJ in Auftrag gegebene Untersuchung des MPI, *Jürgen Basedow/Klaus J. Hopt/Hein Kötz/Dietmar Baetge* (Hrsg.), Die Bündelung gleichgerichteter Interessen im Prozess (Mohr Siebeck Tübingen 1999); rechtsvergleichend auch *Burkhard Heß*, Sammelklagen im Kapitalmarktrecht, AG 2003, 113 ff.; für eine aktuelle rechtsvergleichende Umschau siehe *Harald Koch*, Sammelklage und Justizstandorte im internationalen Wettbewerb, JZ 2011, 438 ff.

13 Siehe Begründung KapMuG-RegE, BT-Drs. 15/5091, S. 15 f.

14 *Baums*-Kommission (Fn. 1) Rz. 188, 190; *Klaus J. Hopt*, DJT 64 (2002) II/2 P 138; Begründung KapMuG-RegE, BT-Drs. 15/5091, S. 15 f.; *Christian Duve/Tanja V. Pfitzner*, Braucht der Kapitalmarkt ein neues Gesetz für Massenverfahren? Der Entwurf eines Gesetzes über Musterverfahren in kapitalmarktrechtlichen Streitigkeiten (KapMuG) auf dem Prüfstand, BB 2005, 673, 677.

15 Begründung KapMuG-RegE, BT-Drs. 15/5091, S. 16; ebenso *Meyer*, WM 2003, 1349, 1352 f.; eingehende Darlegung verfassungsrechtlicher Bedenken bei *Rupert Scholz*, Individualer oder kollektiver Rechtsschutz? Zum Verfassungsproblem der Zulassung von Sammel-, Gruppen- und Verbandsklagen, ZG 18 (2003) 248–263.

16 Begründung KapMuG-RegE, BT-Drs. 15/5091, S. 15 f.

tung des KapMuG nahelegen[17], darf eine wichtige indirekte Wirkung der amerikanischen Rechtsordnung auf die Schaffung dieser neuartigen Verfahrensform nicht übersehen werden. Das KapMuG wurde nämlich bewusst als funktionales Substitut zur US-amerikanischen class action konzipiert, um es deutschen Emittenten zu ermöglichen, einen substantiierten Antrag auf Abweisung einer in den USA erhobenen Klage nach den Grundsätzen des *forum non conveniens* zu stellen[18]. So stellte die Begründung des Regierungsentwurfs die Motivation, durch eine prozessuale Bündelung der Interessen geschädigter Kapitalanleger eine extraterritoriale Rechtsanwendung abzuwehren, deutlich heraus. Es heißt darin, dass mit der Einführung eines Kapitalanleger-Musterverfahrens die Anleger dazu veranlasst werden sollen,

> „vor deutschen Gerichten zu klagen und nicht im Wege des forum shoppings auf andere Staaten auszuweichen. Darüber hinaus trägt die Einführung eines kollektiven Rechtsverfolgungsinstruments auch dem berechtigten staatlichen Interesse Rechnung, deutsche Kapitalmärkte durch die inländische Justiz zu kontrollieren und eine extraterritorial ausgreifende Gesetzgebung anderer Staaten zu verhindern. Aus der Sicht deutscher Emittenten schafft das Musterverfahren die Möglichkeit, auf ausländischen Kapitalmarktplätzen auf geeignete kollektive Rechtsschutzmöglichkeiten in Deutschland zu verweisen und dadurch eine Kanalisierung von Rechtsstreiten im Inland bewirken zu können.“[19]

Der zuständige Referent im BMJ, *Reuschle*, stellte in einem Begleitaufsatz klar, dass mit den „andere[n] Staaten“, in die deutsche Anleger nicht ausweichen sollten, die USA gemeint waren[20]. Der von deutscher Seite erhobene Anspruch auf Regulierung des eigenen Kapitalmarkts wurde zusätzlich durch die Schaffung eines ausschließlichen Gerichtsstands abgesichert (§ 32b ZPO n.F.), der eine Klage gegen ein deutsches Unternehmen nur an dessen Sitz ermöglicht und so mittelbar – über das „Spiegelbildprinzip“ in § 328 Abs. 1 Nr. 1 ZPO – die Anerkennung amerikanischer Urteile gegen deutsche Emittenten ausschließt[21]. Der aktuelle Anlass für diese Neuerungen war wiederum der Streit um die angeblich unrichtigen Grundstücksbewertungen der Telekom,

17 Apodiktisch *Georg Maier-Reimer/Ulrich Wilsing*, Das Gesetz über Musterverfahren in kapitalmarktrechtlichen Streitigkeiten, ZGR 2006, 79, 84: „Das Gesetz folgt nicht Vorbildern aus dem angelsächsischen Raum“; eine bewusste Anlehnung an das US-amerikanische Recht erfolgte aber bei der Auswahl des Musterklägers gem. § 8 Abs. 2 Nr. 1 KapMuG, die der Bestimmung des „lead plaintiff“ gem. dem Private Securities Litigation Reform Act (PSLRA), 15 U.S.C § 78u-4(a)(B)(iii)(I), nachgebildet ist, hierzu *Fabian Reuschle*, Ein neuer Weg zur Bündelung und Durchsetzung gleichgerichteter Ansprüche - Zum Entwurf eines Kapitalanleger-Musterverfahrensgesetzes (KapMuG), WM 2004, 2334, 2339; *Astrid Stadler*, Das neue Gesetz über Musterfeststellungsverfahren im deutschen Kapitalanlegerschutz, in: *Ludwig Bittner/Thomas Klicka/Georg E. Kodek/Paul Oberhammer* (Hrsg.), Festschrift für Walter H. Rechberger zum 60. Geburtstag (Springer Wien/New York 2005) 663, 669; *Detlef Haß/Christian Zerr*, Forum Shopping in den USA nach Erlass des KapMuG, RIW 2005, 721, 726.

18 Näher *Haß/Zerr*, RIW 2005, 721, 723.

19 Begründung KapMuG-RegE, BT-Drs. 15/5091, S. 17; der Regierungsentwurf übernimmt hier nahezu wörtlich eine Passage aus dem Aufsatz von *Heß*, AG 2003, 113, 115, l. Sp.

20 *Fabian Reuschle*, Möglichkeiten und Grenzen kollektiver Rechtsverfolgung: Zu den Defiziten im deutschen Prozessrecht, der Übertragbarkeit ausländischer Lösungen und den Grundzügen eines kollektiven Musterverfahrens, WM 2004, 966, 973.

21 Hierzu eingehend *Felix Mormann*, Zuständigkeitsrechtlicher Schutz vor Kapitalanlegerklagen in den USA (Jenaer Wissenschaftliche Verlagsgesellschaft Jena 2010).

der nicht allein vor dem LG Frankfurt/Main, sondern auch in New York ausgetragen wurde[22].

Die im KapMuG für die Bündelung der Interessen geschädigter Kapitalanleger gewählte Lösung hat in ihrem Verhältnis zum US-amerikanischen Recht folglich einen zwiespältigen Charakter: Einerseits war der deutsche Gesetzgeber darum bemüht, in bewusster Abgrenzung von der amerikanischen class action ein eigenständiges Modell eines kollektiven Rechtsschutzes zu entwickeln[23]; andererseits hegte er die Erwartung, dass amerikanische Gerichte dieses neuartige Verfahren als einer class action funktional gleichwertig akzeptieren würden. Es ist fraglich, ob diese Doppelstrategie von Erfolg gekrönt ist[24].

III. Unterschiede zwischen class action und Kapitalanleger-Musterverfahren

1. Prozessuale Unterschiede

Ohne an dieser Stelle auf die vielfältigen zivilprozessualen Probleme des KapMuG im Detail eingehen zu können, seien die wesentlichen Unterschiede zur class action kurz umrissen[25]: Bei der US-amerikanischen class action (FRCP 23) repräsentiert der „lead

22 Siehe In re Deutsche Telekom AG Securities Litigation, 229 F. Supp. 2d 277 (S.D.N.Y 2002); näher hierzu *Burkhard Heß*, Aktuelle Brennpunkte des transatlantischen Justizkonflikts, AG 2005, 897, 899; *Stadler*, FS Rechberger (Fn. 17) 663.

23 Insoweit ist das Urteil von *Maier-Reimer/Wilsing*, ZGR 2006, 79, 84 zutreffend.

24 Näher zur Evaluation unten IV.

25 Zum KapMuG näher *Richard M. Franklin/Truiken J. Heydn*, KapMuG: class action vor deutschen Gerichten?, ZVglRWiss 105 (2006) 313 ff.; *Gansel/Gängel*, NJ 2006, 13 ff.; *Haß/Zerr*, RIW 2005, 721 ff.; *Heß*, ZIP 2005, 1713 ff.; *Christoph Keller/Annabella Kolling*, Das Gesetz zur Einführung von Kapitalanleger-Musterverfahren – Ein Überblick, BKR 2005, 399 ff.; *Stefan R. Kranz*, Kapitalanleger-Musterverfahrensgesetz – Die Einführung eines Musterverfahrens im Zivilprozess, MDR 2005, 1021 f.; *Wolfgang Lüke*, Der Musterentscheid nach dem neuen Kapitalanleger-Musterverfahrensgesetz, ZZP 119 (2006) 131 ff.; *Maier-Reimer/Wilsing*, ZGR 2006, 79–120; *Norbert Meier*, Das neue Kapitalanleger-Musterverfahrensgesetz, DStR 2005, 1860 ff.; *Thomas M. J. Möllers/Tilman Weichert*, Das Kapitalanleger-Musterverfahrensgesetz, NJW 2005, 2737 ff.; *Heiko Plaßmeier*, Brauchen wir ein Kapitalanleger-Musterverfahren? Eine Inventur des KapMuG, NZG 2005, 609 ff.; *Burkhard Schneider*, Auf dem Weg zu Securities Class Actions in Deutschland? - Auswirkungen des KapMuG auf die Praxis kapitalmarktrechtlicher Streitigkeiten, BB 2005, 2249 ff; *Stadler*, FS Rechberger (Fn. 17) 663 ff.; noch zu den Entwürfen *Franz Braun/Klaus Rotter*, Der Diskussionsentwurf zum KapMuG- Verbesserter Anlegerschutz?, BKR 2004, 296 ff.; *Christian Duve/Tanja V. Pfitzner*, BB 2005, 673 ff.; *Mario Hecker*, Der Regierungsentwurf zum Kapitalanleger-Musterverfahrensgesetz (KapMuG) aus übernahmerechtlicher Sicht, ZBB 2004, 503 ff.; *Burkhard Heß/Chrisoula Michailidou*, Das Gesetz über Musterverfahren zu Schadensersatzklagen: Anmerkungen zum Diskussionsentwurf des Bundesjustizministeriums, ZIP 2004, 1381 ff.; *Burkhard Heß*, Der Regierungsentwurf für ein Kapitalanlegermusterverfahrensgesetz – eine kritische Bestandsaufnahme, WM 2004, 2329 ff.; *Reuschle*, WM 2004, 966 ff.; *ders.*, WM 2004, 2334 ff.; *ders.*, Musterverfahren als neuer prozessualer Weg zur Bewältigung von Massenschäden, ZBB 2004, 518 ff.; *Anke Sessler*, Das Kapitalanleger-Musterverfahrensgesetz: eine Stellungnahme aus anwaltlicher Sicht, WM 2004, 2344 ff.; *Brigitte Zypries*, Ein neuer Weg zur Bewältigung von Massenprozessen – Entwurf eines Kapitalanleger-Musterverfahrensgesetzes, ZRP 2004, 177 ff.

plaintiff" die gesamte Klasse der Geschädigten[26]. Letztere werden am Prozess nicht beteiligt, sondern haben lediglich die Möglichkeit, nach entsprechender Bekanntmachung ihr „Opt-out" aus der class action zu erklären[27]. Das Urteil wirkt vollumfänglich gegen alle Mitglieder der Klasse[28]. In der US-amerikanischen Rechtspraxis dominiert der Abschluss entsprechender Verfahren durch einen Vergleich, der richterlicher Genehmigung bedarf (class action settlement)[29]. Im Gegensatz zu diesem Modell weitreichender Repräsentation beschränkt sich das KapMuG auf das Modell eines dem § 93a VwGO nachempfundenen Musterverfahrens (§§ 1 ff. KapMuG). Unter bestimmten Bedingungen kann vom Gericht ein Musterkläger bestimmt werden (§ 8 KapMuG). Im Musterverfahren wird sodann nicht über den gesamten Rechtsstreit, sondern nur über einzelne Tatbestandselemente oder Rechtsfragen entschieden (§ 16 KapMuG). Die Parallelkläger werden mit der Auswahl des Musterklägers aber nicht vom weiteren Verfahren ausgeschlossen, sondern haben das Recht, als Beigeladene, also ähnlich wie Nebenintervenienten, auch am Musterprozess zu partizipieren (§ 8 Abs. 1 Nr. 3, § 12 KapMuG). Mit dem Abschluss des Musterverfahrens werden zudem nicht zugleich die anhängigen Parallelprozesse beendet; diese müssen vielmehr unter Bindung an die Ergebnisse des Musterverfahrens erst noch zu einem separaten Abschluss gebracht werden (§ 16 KapMuG)[30], was gegenüber dem Modell der class action die Gefahr einer weiteren zeitlichen Verzögerung mit sich bringt[31]. Der Abschluss eines Vergleichs im Musterverfahren ist überdies ausdrücklich untersagt, sofern nicht alle Beteiligten zustimmen (§ 14 Abs. 3 S. 2 KapMuG)[32].

2. *Mangelnde materiellrechtliche Flankierung*

In materiellrechtlicher Hinsicht sollte das KapMuG nach der ursprünglichen Planung im Zehn-Punkte-Programm[33] der Regierung *Schröder* durch ein geplantes Kapital-

26 Ausführlich *Klaus J. Hopt/Rainer Kulms/Jan von Hein*, Rechtshilfe und Rechtsstaat – Die Zustellung einer US-amerikanischen class action in Deutschland (Mohr Siebeck Tübingen 2006), 38 ff. m.w.N.

27 Ebd.

28 Ebd.

29 Ebd.

30 Siehe *Haß/Zerr*, RIW 2005, 721, 726; *Meier*, DStR 2005, 1860, 1863: Jeder Kläger erhalte ein individuelles Urteil; zur dogmatischen Natur und dem Umfang der Bindungswirkung näher *Martin Gebauer*, Zur Bindungswirkung des Musterentscheids nach dem Kapitalanleger-Musterverfahrensgesetz (KapMuG), ZZP 119 (2006) 159 ff.; *Möllers/Weichert*, NJW 2005, 2737, 2740.

31 Hierzu *Schneider*, BB 2005, 2249, 2258.

32 Näher *Heß*, ZIP 2005, 1713, 1718 (gegen das amerikanische Modell des „Zwangsvergleichs"); der Regierungsentwurf sah sogar noch den vollständigen Ausschluss jeder Vergleichsmöglichkeit vor, siehe hierzu *Plaßmeier*, NZG 2005, 609, 612; *Stadler*, FS Rechberger (Fn. 17) 663, 677 f.

33 Siehe das 10-Punkte-Papier zur Stärkung der Unternehmensintegrität und des Anlegerschutzes, dokumentiert in: BörsZ Nr. 166 vom 29.8.2002, S. 5.

marktinformationshaftungsgesetz (KapInHaG[34]) flankiert werden[35]. Auch die seinerzeit geführte rechtspolitische Diskussion um die materiellrechtlichen Haftungsgrundlagen stand deutlich unter US-amerikanischem Einfluss[36]. Aufgrund politischer Widerstände kam es jedoch nicht zur Verabschiedung dieses Gesetzes. Außer im Bereich der Prospekthaftung fehlt es daher für die zivilrechtliche Haftung z.B. aufgrund fehlerhafter Ad-hoc-Mitteilungen gegenwärtig im deutschen Recht – abgesehen von der punktuellen Regelung in §§ 37b, 37c WpHG[37] – an speziellen kapitalmarktrechtlichen Anspruchsgrundlagen. Der BGH greift insoweit auf § 826 BGB, die allgemein-zivilrechtliche Haftung für vorsätzliche sittenwidrige Schädigungen, zurück. Zwar eröffnet der generalklauselartige Tatbestand des § 826 BGB deutschen Gerichten einen weiten Spielraum dafür, das Sittenwidrigkeitsurteil auch im Lichte rechtsvergleichender Betrachtungen zu fällen. Die funktionale Annäherung an das US-amerikanische Recht, die durch das KapMuG im Verfahrensrecht erfolgt ist, wird vom BGH jedoch bislang nicht durch eine komplementäre, an US-amerikanischen Vorbildern orientierte Rechtsfortbildung abgesichert. So hat der BGH in mehreren Entscheidungen die Frage einer Rezeption der US-amerikanischen fraud-on-the-market-theory zwar explizit angesprochen[38]. Nach dieser Rechtsfigur, die auf der Hypothese effizienter Kapitalmärkte beruht, wird vermutet, dass eine Fehlinformation des Kapitalmarkts den Preis eines dort gehandelten Wertpapiers beeinflusst und sich insoweit auch auf jede Anlageentscheidung auswirkt, ohne dass der einzelne Anleger nachweisen muss, dass er die

34 BMF, Diskussionsentwurf eines Gesetzes zur Verbesserung der Haftung für falsche Kapitalmarktinformationen (Kapitalmarktinformationshaftungsgesetz – KapInHaG), NZG 2004, 1042.

35 Näher *Eckart Gottschalk*, Die persönliche Haftung der Organmitglieder für fehlerhafte Kapitalmarktinformationen de lege lata und de lege ferenda, Konzern 2005, 274 ff.; *Marc Grotheer*, Außenhaftung von Aufsichtsratsmitgliedern: Ein Anreiz zur Verbesserung der Überwachungstätigkeit?, WM 2005, 2070 ff.; *Katja Langenbucher*, Kapitalerhaltung und Kapitalmarkthaftung, ZIP 2005, 239 ff.; *Thomas M. J. Möllers*, Der Weg zu einer Haftung für Kapitalmarktinformationen, JZ 2005, 75 ff.; *Jochem Reichert/Marc-Philippe Weller*, Haftung von Kontrollorganen, ZRP 2002, 49 ff.; *Randolf Schnorr*, Geschäftsleiteraußenhaftung für fehlerhafte Buchführung, ZHR 170 (2006) 9–38; *Gerald Spindler*, Persönliche Haftung der Organmitglieder für Falschinformationen des Kapitalmarkts – de lege lata und de lege ferenda –, WM 2004, 2089 ff.

36 Siehe nur *Möllers*, JZ 2005, 75, 79: „Weil der US-amerikanische Kapitalmarkt zu den ältesten und größten der Welt zählt, hat man sich [bei der Ausarbeitung des KapInHaG-Entwurfs] an den US-amerikanischen Haftungsnormen orientiert"; Überblick über den Stand der Kapitalmarktinformationshaftung nach deutschem Recht bei *Christoph Teichmann*, Haftung für fehlerhafte Informationen am Kapitalmarkt, JuS 2006, 953 ff. m.w.N.

37 Diese erfasst nur die Sekundärmarkthaftung des Emittenten selbst, aber z.B. nicht die Haftung der Organmitglieder; ausführlich *Andreas Fuchs*, in: *ders*. (Hrsg.), Wertpapierhandelsgesetz – Kommentar, 2009, Vor §§ 37b, 37c Rz. 25 f.

38 BGH 28.11.2005 – II ZR 80/04, NZG 2007, 345, 346; BGH 28.11.2005 – II ZR 246/04, NZG 2007, 346, 347; BGH 26.6.2006, WM 2007, 486; hierzu siehe die Besprechung von *Rüdiger Veil*, LMK 2007, 237162; erneut BGH 4.6.2007, ZIP 2007, 1560, 1562.

fragliche Aktie gerade aufgrund der Fehlinformation erworben habe[39]. Diese Beweiserleichterung wird insbesondere damit gerechtfertigt, dass bei einem Festhalten an einem individualisierten Kausalitätsnachweis jedes einzelnen Anlegers die Bündelung zahlreicher Ansprüche in Gestalt der class action praktisch nicht mehr durchführbar wäre[40]. Der BGH hat eine Rezeption der fraud-on-the-market-theory im deutschen Recht jedoch wegen der „Gefahr einer uferlosen Ausweitung des ohnehin offenen Haftungstatbestandes" des § 826 BGB wiederholt abgelehnt[41]. Dies hat zur Folge, dass im Gegensatz zu den USA weiterhin jeder geschädigte Anleger individuell nachweisen muss, dass die fehlerhafte Ad-hoc-Mitteilung für seine jeweilige Anlageentscheidung kausal gewesen ist.

IV. Evaluation

Angesichts der Schwächen des im KapMuG vorgesehenen Verfahrens wurde dieses Modell im deutschen Schrifttum bereits bei Inkrafttreten des Gesetzes vielfach mit Skepsis aufgenommen[42]. Auch aus der Praxis wurden schon kurz nach der Verabschiedung des Gesetzes „ernüchternd[e]" Erfahrungen berichtet[43]. Das Bundesjustizministerium gab aufgrund der bereits eingangs genannten Befristung des Gesetzes zum Zwecke der Evaluation des KapMuG eine rechtswissenschaftlich-ökonomische Studie in Auftrag, deren Ergebnisse im Jahre 2009 vorgelegt wurden[44]. Auch im Schrifttum

39 Grundlegend Basic Inc. v. Levinson, 485 U.S. 224, 108 S.Ct. 978 (1988); jüngst Dura Pharmaceuticals, Inc. v. Broudo, 544 U.S. 336, 125 S.Ct. 1627 (2005); eingehende und kritische Bestandsaufnahme der amerikanischen Rechtsprechung bei *James C. Spindler*, Why Shareholders Want their CEOs to Lie More after Dura Pharmaceuticals, Geo. L. J. 95 (2007) 653, 659 ff.; Überblick aus deutscher Sicht bei *Maximilian Findeisen/Richard Backhaus*, Umfang und Anforderungen an die haftungsbegründende Kausalität bei der Haftung nach § 826 BGB für fehlerhafte Ad-hoc-Mitteilungen, WM 2007, 100, 106 f.; alle m.w.N.

40 Basic Inc. v. Levinson, 485 U.S. 224, 242; 108 S.Ct. 978, 989 (1988): „Requiring proof of individualized reliance from each member of the proposed plaintiff class effectively would have prevented respondents from proceeding with a class action, since individual issues then would have overwhelmed the common ones."

41 Siehe die Nachw. in Fn. 38.

42 Deutlich *Stadler*, FS Rechberger (Fn. 17) 663, 670: „Mit einem vergleichsweise hohen Regelungsaufwand erreicht das KapMuG nur minimale Fortschritte"; kritisch auch *Maier-Reimer/Wilsing*, ZGR 2006, 79, 120 („mit heißer Nadel gestrickt"); *Schneider*, BB 2005, 2249, 2258; *Möllers/Weichert*, NJW 2005, 2737, 2741 kritisieren „einige Schwächen [...] wie die Zuständigkeitsfrage, die Kostenregeln sowie die Frage der Bindungswirkung" (viel Positives bleibt dann nicht mehr übrig!); Kritik vor allem an den Zuständigkeitsregeln bei *Keller/Kolling*, BKR 2005, 399, 402 f.; positive Würdigung hingegen bei *Heß*, ZIP 2005, 1713, 1719; für insgesamt überflüssig hält das KapMuG *Plaßmeier*, NZG 2005, 609, 616.

43 Erste Bestandsaufnahme bei *Dorothee Erttmann/Thomas Keul*, Das Vorlageverfahren nach dem KapMuG - zugleich eine Bestandsaufnahme der Effektivität des Kapitalanlegermusterverfahrens, WM 2007, 482 ff.

44 *Axel Halfmeier/Peter Rott/Eberhard Feess*, Evaluation des Kapitalanleger-Musterverfahrensgesetzes – Abschlussbericht, Frankfurt am Main, 14. 10. 2009, abrufbar unter <http://www.bmj.de/SharedDocs/Downloads/DE/pdfs/Abschlussbericht_KapMuG_Frankfurt%20School_2009.pdf?__blob=publicationFile>.

wurde der fünfte Jahrestag des KapMuG von einer Vielzahl teils kritischer, teils affirmativer Aufsätze begleitet[45]. Letztlich entschied sich der Gesetzgeber weder für eine Aufhebung der Befristung noch dafür, das Gesetz auslaufen zu lassen, sondern verlängerte die Geltung des KapMuG zunächst um zwei weitere Jahre, um nach diesem Zeitraum zu einer abschließenden Bewertung zu gelangen[46].

In nackten Zahlen ausgedrückt, hat das KapMuG eine eher kümmerliche Resonanz erfahren[47]. So verzeichnet das elektronische Klageregister derzeit sechzehn Musterverfahren und nur sechs Musterentscheide[48]. Bedenkt man, dass das KapMuG inzwischen im siebten Jahr seiner Geltung steht, sind dies durchschnittlich etwas mehr als zwei neue Verfahren pro Jahr; zudem konnte im Durchschnitt noch nicht einmal jedes Jahr ein Verfahren mit einem Musterentscheid abgeschlossen werden. Das Frankfurter Telekom-Verfahren, das den Auslöser für die Schaffung des Gesetzes bildete (siehe oben I), ist noch immer nicht beendet. Als Termin für die Verkündung des Musterentscheids war nach mehrmaligen Verschiebungen zu Beginn des Jahres der 25. April 2012 vorgesehen[49]; auch dieser Termin konnte aber nicht eingehalten werden[50]. Schließlich erfolgte die Verkündung des Musterentscheids am 16. Mai 2012[51]. Nunmehr muss freilich dem Musterentscheid noch der Abschluss der bislang lediglich ausgesetzten Einzelverfahren folgen. Bereits diese magere Statistik deutet darauf hin,

45 Überwiegend kritisch: *Klaus Peter Berger*, Gelungene oder unvermeidbare Rezeptionen: Bank- und Kapitalmarktrecht, in: *Werner F. Ebke/Siegfried H. Elsing/Bernhard Großfeld/Gunther Kühne* (Hrsg.), Das deutsche Wirtschaftsrecht unter dem Einfluss des US-amerikanischen Rechts (Verlag Recht und Wirtschaft Frankfurt am Main 2010) 80 ff.; *Justus Froehlich*, Das ablaufende Kapitalanleger-Musterverfahrensgesetz, Bucerius L. J. 2010, 55 ff.; *Wolfgang Schirp/Kerstin Kondert*, Kapitalanlagen und „Klageindustrie" – Plädoyer für eine grundlegende Revision des kollektiven Rechtsschutzes, NJW 2010, 3287 ff.; *Nikolaus Stackmann*, Kein Kindergeburtstag – Fünf Jahre Kapitalanleger-Musterverfahrensgesetz, NJW 2010, 3185 ff.; *Brigitte Varadinek/ Thomas Asmus*, Kapitalanleger-Musterverfahrensgesetz: Verfahrensbeschleunigung und Verbesserung des Rechtsschutzes?, ZIP 2008, 1309 ff.; überwiegend affirmativ: *Matthias Casper*, Auf einen Espresso: Gelungene und unvermeidbare Rezeptionen im Bank- und Kapitalmarktrecht in fünf Minuten, in: *Ebke* et al. (Hrsg.), Das deutsche Wirtschaftsrecht … (diese Fn.) 91, 92 f.; *Joachim Jahn*, Der Telekom-Prozess: Stresstest für das Kapitalanleger-Musterverfahrensgesetz, ZIP 2008, 1314 ff.; *Marina Tamm*, Das Kapitalanleger-Musterverfahrensgesetz – Hintergrund, Ausgestaltung und Reformüberlegungen, ZHR 174 (2010) 525 ff.

46 Durch Art. 5 des Gesetzes vom 24. 7. 2010, BGBl. I 977 wurde die Geltungsdauer des KapMuG bis zum 1. 11. 2012 verlängert.

47 Anders *Tamm*, ZHR 174 (2010) 525, 542, die aber allein auf die Zahl der gestellten Musterfeststellungsanträge (!) abstellt.

48 Das Klageregister wurde aufgrund des § 2 Abs. 6 KapMuG eingerichtet durch die Klageregister-Verordnung vom 26. 10. 2005, BGBl. I 3092; es ist abrufbar unter <http://www.bundesanzeiger.de> (Stand: 2. 5. 2012).

49 Siehe zum Stand des Verfahrens im Januar 2012 *Karsten Seibel*, Der fehlende Sachverstand des Manfred Krug, Die Welt online v. 25. 1. 2012, <http://www.welt.de/finanzen/article13833674/ Der-fehlende-Sachverstand-des-Manfred-Krug.html>.

50 Siehe *Daniela Kuhr*, Sammelklagen floppen in Deutschland, Süddeutsche Zeitung online v. 24. 4. 2012, <http://www.sueddeutsche.de/wirtschaft/telekom-prozess-und-seine-folgen-sammelklagen-floppen-in-deutschland-1.1340101>.

51 *Joachim Jahn*, Aktionäre scheitern mit Massenklage gegen Telekom, FAZ Nr. 115 v. 18. 5. 2012, S. 19. Das Gericht konnte keine Fehler im Börsenprospekt der Telekom entdecken.

dass das KapMuG die Hoffnungen des Gesetzgebers auf eine nachhaltige Vereinfachung und Beschleunigung gerichtlicher Massenverfahren nicht erfüllt hat[52]. Nach Ansicht des Vorsitzenden Richters der für Finanzanlagesachen zuständigen Kammer des Landgerichts München I, *Nikolaus Stackmann*, erreicht das Gesetz sogar „eher das Gegenteil"[53]:

> „Entschließen sich die Parteien überhaupt, ein Musterverfahren anzustreben, entwickelt sich schon das Verfahren bis zur Eintragung des Antrags zu einem bürokratischen Tauziehen. Klägervertreter sind regelmäßig daran interessiert, aus Haftungsgründen die Eintragung einer Vielzahl von festzustellenden Gesichtspunkten zu erreichen. Das fängt bei noch so abwegigen bis zu eindeutigen – jedenfalls möglichst vielen – Haftungsgründen an, setzt sich über angeblich notwendige Feststellungen zum Verschulden und zur Schadenshöhe bis zur Frage der Verjährung fort. Werden Einträge abgelehnt, schließen sich je nach Höhe des Streitwerts in den betroffenen Verfahren routinemäßig das Musterfeststellungsverfahren verzögernde Beschwerdeverfahren an."[54]

Als ein weiterer Schwachpunkt des Gesetzes wird vielfach angesehen, dass auch bei einem erfolgreichen Musterfeststellungsantrag zahlreiche Voraussetzungen für die Durchsetzung der geltend gemachten Ansprüche, insbesondere die Kausalität der Fehlinformation für die Entscheidung des Anlegers (siehe oben III 2) und die Höhe des individuell erlittenen Schadens, weiterhin aufwendig in den jeweiligen Einzelverfahren geklärt werden müssen[55]. Kritisch werden auch die Mitwirkungsrechte der Beigeladenen beurteilt: Nehmen diese ihre Rechte in extensiver Weise war, droht der Musterprozess im Ergebnis zu einem „monströsen" Massenverfahren zu degenerieren[56]. Darüber hinaus wird das Erfordernis, dass alle Beteiligten einem Vergleich zustimmen müssen (§ 14 Abs. 3 S. 2 KapMuG), allgemein als einer effizienten Verfahrensbeilegung hinderlich eingestuft[57]. Schon kurz nach Verabschiedung des Gesetzes ist auf das dieser Vorschrift innewohnende Erpressungspotenzial hingewiesen worden[58]. Während in den USA der Abschluss eines Sammelklageverfahrens durch ein class action settlement den Regelfall bildet[59], kann die im Auftrag des Bundesjustizministeriums durchgeführte Evaluation von keiner einzigen vergleichsweisen Erledi-

52 Ebenso *Casper* (Fn. 45) 92, der sarkastisch bemerkt, es scheine nur wenig mehr Verfahren nach dem KapMuG als Kommentierungen des Gesetzes zu geben.

53 *Stackmann*, NJW 2010, 3185, 3187.

54 Ebd.; zu Möglichkeiten, den Rechtsschutz de lege ferenda effizienter zu gestalten, eingehend *Varadinek/Asmus*, ZIP 2008, 1309 ff.

55 *Berger* (Fn. 45) 80 f.; *Froehlich*, Bucerius L. J. 2010, 55; *Schirp/Kondert*, NJW 2010, 3287, 3289; *Stackmann*, NJW 2010, 3185, 3186.

56 Von einem „nicht mehr manövrierbaren Monstrum" spricht *Stackmann*, NJW 2010, 3185, 3189; ähnlich *Jahn*, ZIP 2008, 1314, 1317 („Verfahrensmonster"); hiervor warnte bereits *Stadler*, FS Rechberger (Fn. 17) 663, 669, 676; Bedenken äußert auch *Heß*, ZIP 2005, 1713, 1716, der insbesondere die Auswirkungen des § 13 Abs. 1 KapMuG (Antrag eines Beigeladenen auf Erweiterung des Feststellungsgegenstandes) skeptisch sieht.

57 *Froehlich*, Bucerius L. J. 2010, 55, 58; *Jahn*, ZIP 2008, 1314, 1317; *Marco Sustmann/Rüdiger Schmidt-Bendun*, Der Referentenentwurf zur Reform des Kapitalanleger-Musterverfahrensgesetzes (KapMuG), NZG 2011, 1207, 1211: Vergleichsabschluss sei „nahezu unmöglich".

58 So *Schneider*, BB 2005, 2249, 2258.

59 Siehe oben bei Fn. 29.

gung eines deutschen Musterverfahrens berichten[60]. Die Autoren dieser Studie plädieren folgerichtig für eine Erleichterung der gütlichen Streitbeilegung, wobei sie auf das niederländische Modell eines Vergleichs mit Opt-out-Möglichkeit zurückgreifen wollen[61].

Schließlich ist fraglich, ob das KapMuG die von deutscher Seite gehegten Erwartungen an eine großzügige Handhabung der forum-non-conveniens-Doktrin durch US-amerikanische Gerichte erfüllt hat[62]. Die vor In-Kraft-Treten des Gesetzes geäußerte Prognose, dass die Drohung mit einer Nicht-Anerkennung eines amerikanischen Urteils in Deutschland nach §§ 32b, 328 Abs. 1 Nr. 1 ZPO auf die amerikanische Justiz eher mäßigen Eindruck machen dürfte, wenn amerikanische Anleger geschädigt worden sind und der betroffene Emittent über Vermögen in den USA verfügt[63], scheint sich bestätigt zu haben, denn der Erlass des KapMuG hat die Zahl der in den USA anhängigen Sammelklagen gegen deutsche Unternehmen, soweit ersichtlich, nicht signifikant beeinflusst[64]. Die Nicht-Anerkennung eines class-action-Urteils in Deutschland kann allerdings ein Argument dafür bilden, deutsche Kläger nicht an einer Sammelklage z.B. gegen ein französisches Unternehmen in den USA teilnehmen zu lassen[65]. Darüber hinaus hat der U.S. Supreme Court jüngst in der auch in Deutschland vielbeachteten Rechtssache *Morrison* die bisher großzügig dimensionierte extraterritoriale Anwendung US-amerikanischen Kapitalmarktrechts auf ausländische Emittenten erheblich eingeschränkt[66]: Verklagen australische Kapitalanleger eine australische Aktiengesellschaft wegen eines Anlagebetruges aufgrund des Erwerbs von Wertpapieren an einer australischen Börse, findet das US-amerikanische Kapitalmarkthaftungsrecht hierauf keine Anwendung, auch wenn der Betrugsvorwurf mittelbar auf Vorgänge bei einer US-amerikanischen Tochtergesellschaft der Beklagten gestützt wird[67]. Diese restriktive Entwicklung der US-amerikanischen Rechtsprechung dürfte deutschen Emittenten zumindest teilweise die Sorge nehmen, von deutschen Kapital-

60 *Halfmeier/Rott/Feess* (Fn. 44) 38.

61 *Halfmeier/Rott/Feess* (Fn. 44) 104 ff.; vgl. auch die Überlegungen de lege ferenda bei *Stackmann*, NJW 2010, 3287, 3289 f.

62 Skeptisch bereits *Jan von Hein*, Der ausschließliche Gerichtsstand für ein Kapitalanleger-Musterverfahren – eine Lex Anti-Americana?, RIW 2004, 602, 608 f.; vorsichtig optimistisch hingegen *Haß/Zerr*, RIW 2005, 721, 727; zum aktuellen Stand des deutsch-amerikanischen Justizkonflikts siehe *Peter-Andreas Brand*, US-Sammelklagen und kollektiver Rechtsschutz in der EU, NJW 2012, 1116 ff.

63 Hierzu *von Hein*, RIW 2004, 602, 608 f.; zu § 32b ZPO ausführlich *Gregor Bachmann*, Die internationale Zuständigkeit für Klagen wegen fehlerhafter Kapitalmarktinformationen, IPRax 2007, 77 ff.; *Manfred Cuypers*, Gerichtliche Zuständigkeit bei fehlgeschlagener Kapitalanlage, WM 2007, 1446 ff.

64 *Halfmeier/Rott/Feess* (Fn. 44) 87 f.

65 Vgl. In re Vivendi Universal S.A. Securities Litigation, 242 F.R.D. 76, 105 f. (S.D.N.Y 2007); hierzu *Tamm*, ZHR 174 (2010) 525, 540.

66 Morrison v. National Australia Bank, Ltd., 130 S.Ct. 2869, 177 L.Ed.2d 535; besprochen von *Matthias Lehmann*, Eine neue Ära der extraterritorialen Anwendung des US-amerikanischen Rechts, RIW 2010, 841 ff.; *Peter Mankowski*, Extraterritoriale Reichweite des US-Wertpapierrechts?, NZG 2010, 961 ff.

67 Morrison v. National Australia Bank, Ltd. (vorige Fn.).

anlegern in den Vereinigten Staaten wegen Sachverhalten verklagt zu werden, die allenfalls einen peripheren Bezug zu den USA haben. Ob ein amerikanisches Gericht sich jedoch bei Vorliegen eines hinreichenden Inlandsbezuges allein deshalb zum forum non conveniens erklären wird, weil das deutsche Kapitalanleger-Musterverfahren ein vollwertiges Äquivalent zur US-amerikanischen class action darstelle, ist nach den in der Evaluation zutage getretenen Defiziten des Musterverfahrens zu bezweifeln[68]. Amerikanische Gerichte werden in einen solchen Rechtsvergleich darüber hinaus auch zahlreiche andere Institutionen des Zivilprozessrechts einbeziehen, über die das deutsche Recht selbst nach Erlass des KapMuG nicht oder nur in geringerem Maße als das US-amerikanische Recht verfügt[69] (Discovery[70], Jury Trial, American Rule of Costs[71], Contingency Fees[72] usw.), ganz abgesehen von fortbestehenden Divergenzen im materiellen Haftungsrecht (Punitive Damages)[73].

Aufgrund der Ergebnisse der Evaluation hat das Bundesjustizministerium am 21. Juli 2011 einen Referentenentwurf veröffentlicht, der neben Regelungen zur Beschleunigung und zur Verbesserung der Effektivität des Musterverfahrens vor allem die Möglichkeit einer Beendigung des Musterverfahrens durch einen Vergleich vorsieht[74]. Ein hierauf aufbauender Gesetzentwurf wurde durch die Bundesregierung be-

68 So auch *Mormann* (Fn. 21) 462.

69 So auch *Halfmeier/Rott/Feess* (Fn. 44) 87.

70 Siehe *Schneider*, BB 2005, 2249, 2258.

71 Siehe *Meier*, DStR 2005, 1860, 1862.

72 Ebd.; *Schneider*, BB 2005, 2249, 2258; insoweit ist allerdings auf die aufgrund einer Entscheidung des BVerfG erfolgte Liberalisierung der Vereinbarung anwaltlicher Erfolgshonorare hinzuweisen, siehe BVerfG RIW 2007, 304; darauf folgend das Gesetz zur Neuregelung des Verbots von Erfolgshonoraren vom 12. 6. 2008, BGBl. I 1000; näher *Dietmar Baetge*, Erfolgshonorare wirtschaftlich betrachtet – Eine ökonomische Analyse der Entscheidung des Bundesverfassungsgerichts über die Zulässigkeit anwaltlicher Erfolgshonorare, RabelsZ 73 (2009) 669 ff.

73 *von Hein*, RIW 2004, 602, 608 f.

74 Referentenentwurf des BMJ, abrufbar unter <http://www.bmj.de/SharedDocs/Downloads/DE/pdfs/RefE_KapMuG.pdf?__blob=publicationFile>. Näher zu den Reformvorschlägen *Axel Halfmeier*, Trippelschritte auf dem Weg zum kollektiven Rechtsschutz: Der Referentenentwurf zur Entfristung des KapMuG, ZIP 2011, 1900; *Moritz Keller/Johannes Wiegand*, Der Referentenentwurf zur Reform des Kapitalanleger-Musterverfahrensgesetzes (KapMuG) – Überblick und Stellungnahme, ZBB 2011, 373; *Burkhard Schneider/Heiko Heppner*, Reform des Kapitalanleger-Musterverfahrensgesetzes, BB 2011, 2947; *Wolf Stumpf/Dennis Müller*, Referentenentwurf zur Reform des KapMuG: Neuerungen und Kritik, GWR 2011, 464; *Sustmann/Schmidt-Bendun*, NZG 2011, 1207.

schlossen und am 29. Februar 2012 dem Bundestag zugeleitet[75]. Im Folgenden sollen die darin enthaltenen Reformvorschläge beleuchtet werden.

V. Die Reform des KapMuG

1. Ausdehnung des Anwendungsbereichs

Das KapMuG war seinerzeit als ein Pilotprojekt auf dem Gebiet des Kapitalanlegerschutzes konzipiert worden, das im Falle seiner erfolgreichen Bewährung in der Praxis auch auf andere Rechtsgebiete, wie etwa Schadensersatzansprüche bei Massenunfällen oder aufgrund fehlerhafter Produkte, ausgedehnt werden sollte[76]. Die Bundesregierung hat einer solchen Ausweitung des Anwendungsbereichs jedoch mit dem nun vorgelegten Gesetzentwurf eine deutliche Absage erteilt[77]. Zur Begründung wird ausgeführt, dass die bisher vorliegenden Erfahrungen mit der Handhabung des Gesetzes einen solchen Schritt als verfrüht erscheinen ließen[78]. Vor allem fehle es an „nennenswerten Erfahrungen mit dem Rechtsbeschwerdeverfahren und insbesondere mit der Fortsetzung des Ausgangsverfahrens nach rechtskräftigem Abschluss des Musterverfahrens“[79]. Diese zurückhaltende Position verdient Zustimmung[80]. Das KapMuG ist in seiner vorliegenden Form mit derart schwerwiegenden strukturellen Mängeln behaftet, dass es keinesfalls auch noch etwa auf das Kartell-, Produkthaftungs- oder Versicherungsrecht ausgedehnt werden sollte. Vielmehr ist umgekehrt darauf zu hoffen, dass europäische Impulse auf diesen Rechtsgebieten in naher Zukunft zu effizienteren Formen des kollektiven Rechtsschutzes führen[81], die sodann auch auf das Gebiet des Kapitalanlegerschutzes ausstrahlen werden.

Der Regierungsentwurf reagiert jedoch auf die Rechtsprechung des BGH zur Behandlung von Ansprüchen aus fehlerhafter Anlagevermittlung und Beratung, der sog. „uneigentlichen“ Prospekthaftung. Nach Auffassung des BGH ist ein Musterfeststel-

75 Siehe oben Fn. 11; zum Regierungsentwurf siehe *Wolf H. von Bernuth/René M. Kremer*, Verkürzung des Rechtsschutzes bei Musterverfahren um jeden Preis?, ZIP 2012, 413 ff.; *Rüdiger Schmidt-Bendun*, Reform des Kapitalanleger-Musterverfahrensgesetzes, Rechtsboard v. 10. 2. 2012, abrufbar unter <http://blog.handelsblatt.com/rechtsboard/category/gastbeitrage/rudiger-schmidt-bendun/>; ferner die Stellungnahmen bei der Anhörung des Bundestagsrechtsausschusses am 25. 4. 2012 von *Wolf H. von Bernuth*, *Katja Fohrer*, *Axel Halfmeier*, *Dagmar Junck*, *Lars Labryga* (SdK), *Klaus Rotter*, *Andreas W. Tilp*, *Volkert Vorwerk* und *Manfred Westphal* (Verbraucherzentrale Bundesverband, VZBV), im Folgenden zitiert: *Verfasser*, Stellungnahme Rechtsausschuss, abrufbar unter <http://www.bundestag.de/bundestag/ausschuesse17/a06/anhoerungen/archiv/20_KapMug/04_Stellungnahmen/index.html>.

76 Vgl. den Rückblick auf die Entstehungsgeschichte in BT-Drs. 17/8799, S. 13.

77 BT-Drs. 17/8799, S. 14.

78 BT-Drs. 17/8799, S. 14.

79 BT-Drs. 17/8799, S. 14.

80 Anders *Halfmeier*, Stellungnahme Rechtsausschuss (Fn. 75) S. 3.

81 Siehe die Vorschläge der Europäischen Kommission in dem Konsultationspapier v. 4. 2. 2011, Kollektiver Rechtsschutz: Hin zu einem kohärenten europäischen Ansatz, SEK(2011) 173 = BT-Drs. 17/5956, S. 13 ff; vgl. hierzu aber die weitgehend ablehnende Stellungnahme des Bundestagsrechtsausschusses, BT-Drs. 17/5956, S. 1 ff.

lungsantrag nur zulässig, wenn sich der geltend gemachte Anspruch „unmittelbar" aus einer fehlerhaften, irreführenden oder unterlassenen öffentlichen Kapitalmarktinformation ergibt[82]. Hingegen können „Streitigkeiten, die lediglich mittelbar Bezug zu einer öffentlichen Kapitalmarktinformation haben sowie nicht verallgemeinerungsfähige Tatsachen oder Rechtsfragen wie etwa der individuelle Schaden eines Anlegers sowie individuelle Fragen des Verjährungsbeginns oder der Rechtzeitigkeit einer Anfechtung wegen arglistiger Täuschung, [...] nicht Gegenstand eines Musterfeststellungsverfahrens sein"[83]. Hierdurch wurde es unmöglich, sachlich oft eng zusammenhängende Probleme von Fällen auf dem „Grauen Kapitalmarkt", insbesondere im Rahmen eines Strukturvertriebs, mithilfe eines Musterverfahrens zu bewältigen[84]. Der Gesetzentwurf sieht daher in § 1 Abs. 1 Nr. 2 KapMuG-RegE eine Erstreckung des Anwendungsbereichs des KapMuG auf Rechtsstreitigkeiten vor, in denen „ein Schadensersatzanspruch wegen Verwendung einer falschen oder irreführenden öffentlichen Kapitalmarktinformation oder wegen Unterlassung der gebotenen Aufklärung darüber, dass eine öffentliche Kapitalmarktinformation falsch oder irreführend ist", geltend gemacht wird. Diese „moderat[e]" Ausweitung des Anwendungsbereichs[85] ist zwar grundsätzlich zu begrüßen[86]; vor überzogenen Erwartungen an eine rasche und effiziente Beilegung derartiger Rechtsstreitigkeiten ist angesichts der bisherigen Erfahrungen mit dem KapMuG aber zu warnen. Einfacher und übersichtlicher dürften die Streitigkeiten nämlich aufgrund der Ausweitung des KapMuG auf „mittelbare" Schäden nicht werden; insbesondere werden gerade in dieser Fallgruppe weiterhin zahlreiche Einzelfragen in den lediglich ausgesetzten Individualprozessen zu klären sein[87]. Die Einbeziehung seines Schadensersatzprozesses in ein Musterverfahren könnte sich u.U. für den Investor am „Grauen Kapitalmarkt" als ein Danaergeschenk erweisen, wenn damit wie bisher eine Verfahrensverzögerung über mehrere Jahre verbunden ist[88]. Ein sachgerechter Kompromiss könnte darin bestehen, Klägern in den Fällen der „uneigentlichen" Prospekthaftung einen Ausstieg (Opt-out) aus dem Musterverfahren zu gestatten[89].

82 BGH 10. 6. 2008, BGHZ 177, 88 = BB 2008, 1643 mit Anm. *Carl-Heinz Witt* = EWiR 2009, 157 (LS) mit Anm. *Stefan Allmendinger* = LMK 2008, 271804 (LS) mit Anm. *Ferdinand Kruis* = WuB VII D § 1 KapMuG 2.09 mit Anm. *Dorothee Erttmann*; hierzu ferner *Bernd-Wilhelm Schmitz*, Entwicklungen der Rechtsprechung zum KapMuG, NZG 2011, 1201 ff.

83 BGHZ 177, 88 Rn. 15.

84 BT-Drs. 17/8799, S. 14.

85 So BT-Drs. 17/8799, S. 14.

86 Ebenso *Labryga*, Stellungnahme Rechtsausschuss (Fn. 75), S. 2; *Rotter*, Stellungnahme Rechtsausschuss (Fn. 75), S. 6; ablehnend hingegen die Stellungnahme des Bundesrates, BT-Drs. 17/8799, S. 31.

87 So auch der Bundesrat, BT-Drs. 17/8799, S. 31.

88 Kritisch auch der Bundesrat, BT-Drs. 17/8799, S. 31; *Fohrer*, Stellungnahme Rechtsausschuss (Fn. 75), S. 7; *Junck*, Stellungnahme Rechtsausschuss (Fn. 75), S. 3 ff.

89 Dafür auch *Fohrer*, Stellungnahme Rechtsausschuss (Fn. 75), S. 7.

2. *Verfahrensbeschleunigung*

Zur Beschleunigung des Musterverfahrens sieht der Gesetzentwurf eine Frist von drei Monaten zur Bekanntmachung eines zulässigen Musterverfahrensantrags durch das Prozessgericht vor (§ 3 Abs. 3 S. 1 KapMuG-RegE); Abweichungen von dieser Frist müssen durch das Gericht begründet werden (§ 3 Abs. 3 S. 2 KapMuG-RegE)[90]. Diese geplante Neuregelung wird überwiegend begrüßt[91]; zum Teil wird aber auch befürchtet, der größere Zeitdruck könne zu fehlerhaften Vorlagebeschlüssen führen, deren Mängel sodann das weitere Verfahren verzögerten[92]. Zudem wird die Frist von drei Monaten, nicht zuletzt angesichts der geplanten Einbeziehung von Fällen der Anlageberatung und -vermittlung, von Praktikern sowohl aus der Anwalt- als auch der Richterschaft für zu knapp bemessen erachtet[93].

Des Weiteren verlagert der Gesetzentwurf die Zuständigkeit für Ergänzungen der Feststellungsziele ausschließlich auf das Oberlandesgericht (§ 15 KapMuG-RegE), womit das bisherige Erfordernis, den Vorlagebeschluss gegebenenfalls zeitraubend durch das Prozessgericht ergänzen lassen zu müssen, entfiele[94].

Zur Erhöhung der Effektivität und zur Beschleunigung des Musterverfahrens sah der Referentenentwurf zunächst eine Änderung der Voraussetzungen vor, unter denen Verfahren auszusetzen sind, die solche Fragen zum Gegenstand haben, die anhand des Musterverfahrens geklärt werden sollen[95]. Für die Aussetzung sollte es nach dem Referentenentwurf ausreichend sein, dass „die Feststellungsziele den Streitgegenstand des zugrunde liegenden Rechtsstreits betreffen“ (§ 8 Abs. 1 KapMuG-RefE). Anders als nach bisheriger Rechtslage (siehe § 7 KapMuG) wäre es dann für die Aussetzung nicht mehr auf die Entscheidungserheblichkeit der im Musterverfahren zu klärenden Feststellungsziele angekommen; hiervon erhoffte man sich eine erhebliche Beschleu-

90 Der Referentenentwurf sah eine solche Begründungspflicht bei einer Nichteinhaltung der Frist noch nicht vor, siehe § 3 Abs. 3 KapMuG-RefE.

91 Jeweils zum Referentenentwurf *Keller/Wiegand*, ZBB 2011, 373, 383; *Stumpf/Müller*, GWR 2011, 464; Stellungnahme des Instituts für Prozess- und Anwaltsrecht (IPA) der Leibniz-Universität Hannover zum Referentenentwurf eines KapMuG-Reformgesetzes, Bearbeitungsstand: 15.09.2011, S. 8; abrufbar unter <http://www.jura.uni-hannover.de/fileadmin/fakultaet/Institute/Wolf/pdfs/2011/Stellungnahme_des_IPA_zum_Referentenentwurf_des_KapMuG-Reformgesetzes.pdf>; zum RegE *Rotter*, Stellungnahme Rechtsausschuss (Fn. 75), S. 5. Kritisch dagegen *Schneider/Heppner*, BB 2011, 2947, 2948: „Dreimonatsfrist viel zu kurz“ und bloßer „Appell“, diese Kritik kann aber wegen der im Regierungsentwurf vorgesehenen Begründungspflicht nicht mehr gelten; nach wie vor ablehnend *von Bernuth/Kremer*, ZIP 2012, 413 f.

92 *von Bernuth/Kremer*, ZIP 2012, 413, 414.

93 *Fohrer*, Stellungnahme Rechtsausschuss (Fn. 75), S. 8; *Junck*, Stellungnahme Rechtsausschuss (Fn. 75), S. 7 (Diese Frist „geht [...] an der gerichtlichen Lebenswirklichkeit vorbei“).

94 Zustimmend *Fohrer*, Stellungnahme Rechtsausschuss (Fn. 75), S. 10; *Junck*, Stellungnahme Rechtsausschuss (Fn. 75), S. 8 f.; *Tilp*, Stellungnahme Rechtsausschuss (Fn. 75), S. 11; kritisch gegen diese Lösung wegen einer fehlenden Sachnähe des Oberlandesgerichts zu den Ausgangsverfahren die Stellungnahme des IPA (Fn. 91), S. 11 f., das stattdessen eine Kooperation zwischen dem Gericht des Ausgangsverfahrens und dem Oberlandesgericht vorschlägt.

95 So das BMJ in der Begründung zu § 8 KapMuG-RefE, S. 29.

nigung des Verfahrens[96]. Die im Referentenentwurf vorgesehene Erleichterung der Verfahrensaussetzung hätte aber dazu geführt, dass der Kläger möglicherweise in ein Musterverfahren hineingezogen worden wäre, das für seine Klage letztlich keinen Einfluss hätte haben können[97], aber für ihn erhebliche Kosten verursacht hätte[98]. Ein solches Zwangsverfahren hätte dem Grundsatz eines fairen Verfahrens nur bedingt entsprochen[99]. Die in § 8 Abs. 2 KapMuG-RefE vorgesehene Klagerücknahme, die nach § 24 Abs. 1 KapMuG-RefE das Kostenrisiko abwenden sollte, hätte die Lage des Klägers nicht verbessert, weil er damit sein Ziel der Anspruchsdurchsetzung nicht mehr hätte erreichen können[100]. Zudem hätte die Verjährung des Anspruchs gedroht, da eine Hemmung gemäß § 204 BGB nach einer Klagerücknahme nicht mehr erfolgt wäre[101]. Überdies hätte die in § 8 Abs. 2 KapMuG-RefE vorgesehene Klagerücknahme auch den Beklagten geschadet, da eine Klage ohne deren Zustimmung nach Beginn der mündlichen Verhandlung hätte zurückgenommen werden können[102].

Ferner wäre durch die Einbeziehung eigentlich unschlüssiger Ausgangsverfahren in das Musterverfahren die Gesamtsumme des Musterverfahrens aufgebläht worden, was eventuelle Vergleichsverhandlungen, in die dann auch die unschlüssigen Ausgangsverfahren hätten einbezogen werden müssen, deutlich erschwert hätte[103]. Schließlich sprach gegen die vereinfachte Aussetzungsmöglichkeit, dass sie in solchen Ausgangsverfahren, auf die das Ergebnis des Musterverfahrens wegen der Unschlüssigkeit der Klage des Ausgangsprozesses keinen Einfluss gehabt hätte, eine Verzögerung bewirkt hätte[104].

Der Regierungsentwurf von 2012 greift diese Kritik aus der Literatur nunmehr auf und macht die Aussetzung – wie nach geltender Rechtslage – weiterhin davon abhängig, dass „die Entscheidung des Rechtsstreits von den geltend gemachten Feststel-

96 Die Aussetzung der einzelnen den Telekom-Prozess betreffenden Verfahren nahm einen Zeitraum von über einem Jahr in Anspruch, siehe *Halfmeier*, ZIP 2011, 1900, 1902. Kritisch gegen einen Rückschluss auf den Telekom-Prozess für alle KapMuG-Verfahren die Stellungnahme des IPA (Fn. 91), S. 12.

97 *Halfmeier*, ZIP 2011, 1900, 1902, der letztlich die Abschaffung eines solchen „Zwangsverfahrens“ anmahnt; *Stumpf/Müller*, GWR 2011, 464. Ebenso die Stellungnahme des IPA (Fn. 91), S. 5, 13, 15, das für eine „opt out-Option“ plädiert.

98 *Stumpf/Müller*, GWR 2011, 464; *Sustmann/Schmidt-Bendun*, NZG 2011, 1207, 1209; Stellungnahme des IPA (Fn. 91), S. 5, 13.

99 *Halfmeier*, ZIP 2011, 1900, 1902 („nicht unproblematisch“); *Moritz Keller*, Referentenentwurf des KapMuG – Auf dem richtigen Weg?, BB 2011, 2305: „verfassungsrechtlich bedenklich“; *Schneider/Heppner*, BB 2011, 2947, 2948: „Verletzung prozessualer Grundrechte“.

100 *Halfmeier*, ZIP 2011, 1900, 1902; *Keller/Wiegand*, ZBB 2011, 373, 387; *Schneider/Heppner*, BB 2011, 2947, 2949.

101 Stellungnahme der Bundesrechtsanwaltskammer, BRAK-Stellungnahme-Nr. 55/2011, September 2011, S. 5, abrufbar unter <http://www.brak.de/zur-rechtspolitik/stellungnahmen-pdf/stellungnahmen-deutschland/2011/september/stellungnahme-der-brak-2011-55.pdf>; Stellungnahme des IPA (Fn. 88), S. 13.

102 *Sustmann/Schmidt-Bendun*, NZG 2011, 1207, 1210.

103 *Keller/Wiegand*, ZBB 2011, 373, 389. Die Aufblähung des Streitwerts des Musterverfahrens durch unschlüssige Klagen sehen auch *Stumpf/Müller*, GWR 2011, 464 als „Dilemma“ für den Musterbeklagten an.

104 *Sustmann/Schmidt-Bendun*, NZG 2011, 1207, 1209.

lungszielen abhängt“ (§ 8 Abs. 1 S. 1 KapMuG-RegE)[105]. Im Gegensatz zur alten Rechtslage (§ 7 Abs. 1 S. 4 KapMuG) und dem Vorschlag des Referentenentwurfs (§ 8 Abs. 1 S. 4 KapMuG-RefE) ist der Aussetzungsbeschluss nach dem Regierungsentwurf auch anfechtbar[106].

3. Einschränkung von Rechtsmitteln

Ebenfalls dem Ziel der Verfahrensbeschleunigung dienen die im Regierungsentwurf an verschiedenen Stellen vorgesehenen Einschränkungen von Rechtsmitteln. So sollen künftig auch Beschlüsse des Prozessgerichts, mit denen Musterverfahrensanträge als unzulässig verworfen (§ 3 Abs. 1 KapMuG-RegE) oder wegen Nichterreichens des Quorums zurückgewiesen werden (§ 6 Abs. 5 KapMug-RegE), als unanfechtbar ausgestaltet werden. Ob dies letztlich einer nachhaltigen Verfahrensbeschleunigung dient, wird allerdings bezweifelt, weil auf diese Weise verfahrensrechtliche Zweifelsfragen des noch jungen Gesetzes nicht durch die nächste Instanz geklärt werden können[107].

Ferner soll die in der geltenden Fassung des KapMuG enthaltene Erleichterung der Zulässigkeitsvoraussetzungen für die Rechtsbeschwerde gegen den Musterentscheid abgeschafft werden. Nach § 15 Abs. 1 Satz 2 KapMuG wird unwiderleglich vermutet, dass die Sache eine grundsätzliche Bedeutung im Sinne des § 574 Abs. 2 Nr. 1 ZPO hat; diese Sonderregelung wird in § 20 KapMuG-RegE bewusst gestrichen. Zur Begründung führt die Bundesregierung aus, dass auch die in den ausgesetzten Einzelverfahren ergehenden Urteile der Oberlandesgerichte nur unter den Voraussetzungen des § 543 Abs. 2 Satz 1 ZPO der Revision unterliegen, sachlich also ebenfalls vom Erfordernis einer grundsätzlichen Bedeutung der Rechtssache abhängen[108]. Es gebe, so die Regierungsbegründung, „keinen sachlichen Grund, weshalb die Überprüfung der Feststellungen in einem Musterentscheid weiter gehen müsste als in einem Berufungsurteil“[109]. Gegen die von der Bundesregierung geplante Verschärfung der Zulässigkeitsvoraussetzungen der Rechtsbeschwerde wird eingewandt, dass bei der Überprüfung des Musterentscheides in der Regel die Tatsachenfeststellung und nicht die Behandlung grundsätzlicher Rechtsfragen problematisch sei[110]. Da das Prozessgericht bei der Fortführung des Rechtsstreits an die Feststellungen im Musterentscheid gebunden sei, werde den Rechtssuchenden entgegen der Begründung des Regierungsentwurfs insoweit eine Instanz entzogen[111]. Die Harmonisierung der Zulässigkeits-

105 BR-Drs. 851/11, S. 6.

106 Begründung des Gesetzentwurfs der Bundesregierung, BR-Drs. 851/11, S. 31.

107 *von Bernuth/Kremer*, ZIP 2012, 413, 416.

108 BT-Drs. 17/8799, S. 25.

109 Ebd.

110 Kritisch insbesondere *von Bernuth/Kremer*, ZIP 2012, 413, 416 ff.; *Labryga*, Stellungnahme Rechtsausschuss (Fn. 75), S. 4 f.; *Rotter*, Stellungnahme Rechtsausschuss (Fn. 75), S. 1 ff.; *Tilp*, Stellungnahme Rechtsausschuss (Fn. 75), S. 11 ff.

111 *von Bernuth/Kremer*, ZIP 2012, 413, 416 ff.; *Labryga*, Stellungnahme Rechtsausschuss (Fn. 75), S. 4 f.; *Rotter*, Stellungnahme Rechtsausschuss (Fn. 75), S. 1 ff.; *Tilp*, Stellungnahme Rechtsausschuss (Fn. 75), S. 11 ff.

voraussetzungen für die gegen den Musterentscheid gerichtete Rechtsbeschwerde entspricht aber dem mit der ZPO-Reform des Jahres 2001 verwirklichten Paradigmenwechsel zur reinen Zulassungsrevision[112]. Diese Beschränkung mag man zwar aus prozessrechtstheoretischen oder rechtspolitischen Erwägungen kritisch beurteilen[113]; es besteht aber letztlich kein Anlass, Verfahren nach dem KapMuG insoweit prinzipiell anders zu behandeln als sonstige ZPO-Verfahren. Zudem bietet das Kriterium der grundsätzlichen Bedeutung durchaus Spielraum dafür, neben der abstrakten Bedeutsamkeit einer Rechtsfrage auch das wirtschaftliche Gewicht eines Rechtsstreits und die Auswirkung der Entscheidung auf eine Vielzahl gleichgelagerter Fälle zu berücksichtigen[114].

4. Erleichterung des Vergleichsabschlusses

Die wohl bedeutendste Neuerung gegenüber der geltenden Rechtslage stellt die Erleichterung eines Vergleichs im Musterverfahren dar[115]. Der Regierungsentwurf sieht vor, dass der Musterkläger mit den Musterbeklagten ein Vergleich schließen kann (§ 17 KapMuG-RegE), der nach § 18 KapMuG-RegE vom Gericht genehmigt werden muss. Dieses auch in anderen Ländern (Niederlande, USA) bekannte Erfordernis ist gerechtfertigt, um den Principal-Agent-Konflikt zwischen dem Musterkläger und den Beigeladenen in den Griff zu bekommen[116]. Der Vergleich, der sich nach § 17 Abs. 1 S. 1 KapMuG-RegE sowohl auf das Muster- als auch auf das Ausgangsverfahren erstrecken muss, bindet dabei sowohl die Vertragsschließenden als auch die Beigeladenen (§ 23 Abs. 1 KapMuG-RegE), sofern letztere nicht von ihrem in § 19 Abs. 2 KapMuG-RegE vorgesehenen Recht zum Austritt aus dem Vergleich Gebrauch gemacht haben. Wird ein Vergleich geschlossen, so hat dies zur Folge, dass sowohl das Musterverfahren (§ 23 Abs. 2 KapMuG-RegE) als auch alle ausgesetzten Prozesse, bei denen der Kläger nicht den Austritt aus dem Vergleich erklärt hat (§ 23 Abs. 3 KapMuG-RegE) beendet werden. Der Gesetzentwurf sieht in § 23 Abs. 4 KapMuG-RegE zudem ein Mittel vor, um einer Nichterfüllung des Vergleichs durch den Beklagten entgegenzutreten, nämlich die Wiedereröffnung des Verfahrens[117].

112 Ebenso *Vorwerk*, Stellungnahme Rechtsausschuss (Fn. 75), S. 7 Rn 15.

113 Insbesondere *Felix Maultzsch*, Streitentscheidung und Normbildung durch den Zivilprozess (Mohr Siebeck Tübingen 2010), passim; siehe hierzu die Bespr. durch *von Hein*, JZ 2012, 353.

114 Siehe zu § 543 Abs. 2 Satz 1 Nr. 1 ZPO *Godehard Kayser*, in: *Ingo Saenger* (Hrsg.), Zivilprozessordnung Handkommentar, 4. Aufl. 2011, § 543 ZPO Rn. 7: Grundsätzliche Bedeutung sei auch zu bejahen, „wenn der Streitgegenstand bedeutende individuell-konkrete Gruppenbelange repräsentiert".

115 Zum geltenden Recht s.o. bei Fn. 57.

116 Kritisch aber hierzu *Junck*, Stellungnahme Rechtsausschuss (Fn. 75), S. 9 („systemwidrig").

117 Der Referentenentwurf sah ein solches Recht noch nicht vor, siehe Referentenentwurf des BMJ (Fn. 74), S. 14.

Die Einführung einer Vergleichsmöglichkeit wird einhellig begrüßt[118]. Als problematisch wird jedoch angesehen, dass für den Abschluss eines umfassenden Vergleichs, bei dem möglichst viele beigeladene Kläger zustimmen, eine vertiefte Kenntnis der in den einzelnen Ausgangsverfahren bestehenden Sachlagen und Anträge erforderlich ist[119]. Kritisiert wird zudem, dass zwar im Vergleichsverfahren ein Opt-out-Recht der Beigeladenen bestünde, die Beteiligung am Musterverfahren als solche aber weiterhin zwingend sei[120]. Des Weiteren wird darauf hingewiesen, dass das Recht zum Opt-out vor allem von Großanlegern genutzt werden könnte, um die jeweiligen Ausgangsprozesse weiterzuführen und dort separate Vergleiche herbeizuführen[121]. Um dem zu begegnen, wird vorgeschlagen, das Musterverfahren für diejenigen Beigeladenen weiterzuführen, die aus dem Vergleich ausgetreten sind[122]. Hiermit soll auch dem Verlust von Beweisergebnissen vorgebeugt werden[123]. Aus Sicht des Beklagten wird die Attraktivität des Vergleichsschlusses schließlich dadurch gemindert, dass er nicht sicher voraussehen kann, ob alle oder zumindest die meisten Beteiligten den Vergleich im Ergebnis akzeptieren werden[124]. In der Praxis wird es sich daher empfehlen, die Erreichung eines Mindestquorums als Bedingung für die Wirksamkeit des Vergleichs zu vereinbaren[125]. Ferner wird vorgeschlagen, dass ein Beigeladener, der den Vergleich unterstütze, seinen Verzicht auf das Austrittsrecht vorab erklären solle[126]. Diese Lösung weckt aber Zweifel; das Ziel des Kapitalanlegerschutzes spricht eher dafür, die Austrittsmöglichkeit vor dem Abschluss eines Vergleichs nicht als dispositiv anzusehen, um den Beigeladenen die Möglichkeit einer Bedenkzeit zu erhalten. Als ein eher theoretischer Schwachpunkt der vorgeschlagenen Regelung dürfte es zu betrachten sein, dass der Vergleich sich nur auf diejenigen Anleger erstreckt, die selbst eine Klage erhoben haben, und nicht die gesamte „Klasse" der Geschädigten erfasst[127]. Zwar muss der Beklagte trotz des Vergleichs mit der Einleitung weiterer Verfahren durch diese „Hold-Outs" rechnen; deren Ansprüche dürften aber angesichts der bisherigen Dauer der KapMuG-Verfahren zu diesem Zeitpunkt mangels Hemmung in der Regel bereits verjährt sein.

Ferner wurde bereits der Referentenentwurf dafür kritisiert, dass er keine Bestimmungen über die Aufgabe des OLG bei der Herbeiführung eines Vergleichs ent-

118 *Keller/Wiegand*, ZBB 2011, 373, 383; Stellungnahme des IPA (Fn. 91), S. 19; *Schmidt-Bendun*, Rechtsboard (Fn. 75); *Labryga*, Stellungnahme Rechtsausschuss (Fn. 75), S. 2.

119 *Keller/Wiegand*, ZBB 2011, 373, 383.

120 *Schneider/Heppner*, BB 2011, 2947, 2952; *Tilp*, Stellungnahme Rechtsausschuss (Fn. 75), S. 5 und 11.

121 *Schneider/Heppner*, BB 2011, 2947, 2952, 2953. Ebenso die Stellungnahme der Bundesrechtsanwaltskammer (Fn. 101), S. 7.

122 Stellungnahme des IPA (Fn. 91), S. 20; ebenso *Fohrer*, Stellungnahme Rechtsausschuss (Fn. 75), S. 10; *Junck*, Stellungnahme Rechtsausschuss (Fn. 75), S. 9.

123 *Junck*, Stellungnahme Rechtsausschuss (Fn. 75), S. 9.

124 Hierzu *Schmidt-Bendun*, Rechtsboard (Fn. 75).

125 So auch *Schmidt-Bendun*, Rechtsboard (Fn. 75).

126 *von Bernuth*, Stellungnahme Rechtsausschuss (Fn. 75), S. 4.

127 Auf diesen Punkt weist insbesondere *Halfmeier*, Stellungnahme Rechtsausschuss (Fn. 75), S. 7, im Vergleich zum niederländischen Recht hin.

hielt[128]; vorgeschlagen wurde insofern die Verpflichtung des Gerichts, entsprechend der Regelung des § 278 ZPO auf eine gütliche Einigung hinzuwirken[129]. Der Gesetzentwurf sieht nunmehr in § 11 Abs. 1 S. 2 KapMuG-RegE durch den fehlenden Ausschluss der Anwendbarkeit des § 278 Abs. 1 ZPO zumindest vor, dass das Gericht eine gütliche Einigung in Betracht ziehen soll[130]. Die Einführung einer verpflichtenden Güteverhandlung hält die Bundesregierung hingegen für „mit dem Charakter und der Funktion des Musterverfahrens nicht vereinbar"[131].

5. *Verbesserung des Zugangs zum Musterverfahren*

Der Bundesverband der Verbraucherzentralen und der Bundesrat haben gefordert, dass es Geschädigten ermöglicht werden solle, sich auch unterhalb der Schwelle einer Klageerhebung an einem Musterverfahren zu beteiligen (sog. „einfache Teilnahme“)[132]. Die Bundesregierung hat zugesagt, diese Frage im Laufe des weiteren Gesetzgebungsverfahrens zu prüfen[133]. Hinter dem Vorschlag einer sog. „einfachen Teilnahme“ steht die Erwägung, dass das bisher geltende Erfordernis einer Klageerhebung aufgrund der damit verbundenen Kostenrisiken Geschädigte von der Durchsetzung ihrer Rechte abschrecken könnte, zumal Rechtsschutzversicherer für Musterverfahren in der Regel keine Deckung böten[134]. Dem „einfachen Teilnehmer“ soll es hingegen durch eine schlichte Anzeige beim OLG nach der Eröffnung des Musterverfahrens gestattet werden, in das Verfahren einbezogen zu werden[135]. Auf diese Weise könnte er von der Hemmung der Verjährung, der Geltung des Musterentscheids auch für die tatbestandlichen Voraussetzungen seines Anspruchs sowie von einem etwaigen Vergleichsschluss profitieren[136]. Jedoch wirft die konkrete Ausgestaltung einer solchen einfachen Teilnahme eine Vielzahl von Detailproblemen auf, die derzeit noch nicht vollauf geklärt erscheinen[137]. Die Bundesregierung hat insbesondere die Fragen angesprochen, welche Beteiligungsrechte einem „einfachen“ Teilnehmer im Musterverfahren zu-

128 *Keller/Wiegand*, ZBB 2011, 373, 384.

129 Ebd.

130 BR-Drs. 851/11, S. 7.

131 BR-Drs. 851/11, S. 33.

132 *Westphal*, Stellungnahme Rechtsausschuss (Fn. 75), S. 2; Bundesrat, BT-Drs. 17/8799, S. 31; ebenso *Fohrer*, Stellungnahme Rechtsausschuss (Fn. 75), S. 4 f.; *Halfmeier*, Stellungnahme Rechtsausschuss (Fn. 75), S. 4 f.; *Labryga*, Stellungnahme Rechtsausschuss (Fn. 75), S. 3 f.; *Tilp*, Stellungnahme Rechtsausschuss (Fn. 75), S. 4.

133 BT-Drs. 17/8799, S. 15 und 38.

134 BT-Drs. 17/8799, S. 13 f.; den Hintergrund bildet das Urteil des BGH v. 21. 5. 2003, NJW 2003, 2384.

135 BT-Drs. 17/8799, S. 15.

136 BT-Drs. 17/8799, S. 15.

137 Weniger problematisch scheint hingegen die öffentliche Bekanntmachung der Verfahren (etwa über das Internet) zu sein, hierzu siehe die Überlegungen von *Fohrer*, Stellungnahme Rechtsausschuss (Fn. 75), S. 12 f.

kommen sollen und welche Kosten er tragen müsse[138]. Tatsächlich bestehen hier schwerwiegende konzeptionelle Konflikte: Von seinem grundlegenden Regelungsansatz stellt das Kapitalanleger-Musterverfahren eine lediglich zeitlich und vom Verfahrensgegenstand her begrenzte Durchbrechung eines ganz auf individuellen Rechtsschutz zugeschnittenen Paradigmas dar[139]. Die Vertretung einer gesichts- und einflusslosen „Klasse" von Betroffenen durch einen „lead plaintiff" hat der KapMuG-Gesetzgeber in bewusster Abgrenzung zur US-amerikanischen class action ursprünglich gerade nicht gewollt[140]. Werden nun Beteiligungsformen unterhalb der individuellen Klageerhebung eingeführt, drohen u.U. auch in Deutschland dieselben Probleme, die aus dem transatlantischen Rechtsvergleich bekannt sind: Teilnehmer, die kein hinreichendes eigenes Kostenrisiko tragen, werden dazu ermuntert, sich ohne Gefahr auch an unschlüssigen oder aussichtslosen Klagen zu beteiligen (Free-Rider-Problem)[141]. Zwischen dem Musterkläger und den einfachen Teilnehmern entsteht ein klassisches Principal-Agent-Verhältnis; so müssten Vorkehrungen dafür getroffen werden, dass der Musterkläger die ihm gegenüber den einfachen Teilnehmern zugewachsenen Vertretungsbefugnisse nicht zu seinem persönlichen Vorteil (*sweetheart settlements*) missbraucht[142]. Die durch eine hohe Zahl von vermeintlich Geschädigten aufgebaute Drohkulisse dürfte wiederum den Druck auf den Beklagten erhöhen, einen in der Sache möglicherweise nicht gerechtfertigten Vergleich (*blackmail settlement*) abzuschließen[143]. Es könnte also bei der Umsetzung dieses Vorschlags im Rahmen des Musterverfahrens dazu kommen, dass man die Nachteile der US-amerikanischen class action nach Deutschland importiert, ohne zugleich die Effizienzvorteile einer echten Gruppen- oder Sammelklage zu erreichen.

VI. Alternativen

Im Rahmen der Evaluationsdiskussion sind zahlreiche weitere Detailvorschläge für systemimmanente Verbesserungen des Musterverfahrens unterbreitet worden, auf die hier nicht im Einzelnen eingegangen werden kann[144]. Auch die Frage nach einer Ausdehnung des Musterverfahrens auf Verbraucherprozesse im Allgemeinen und die Einstellung der maßgebenden Regeln in die ZPO werden auf der Tagesordnung bleiben[145]. Darüber hinaus sind in der Evaluationsdiskussion aber auch erneut radikalere Forderungen laut geworden, den halbherzigen Ansatz des KapMuG zugunsten einer nachhaltigen Zentralisierung der Anspruchsdurchsetzung im Wege einer echten Sam-

138 BT-Drs. 17/8799, S. 15.
139 Siehe oben II.
140 Siehe oben III.
141 Für die Beibehaltung eines angemessenen Kostenrisikos zum Schutz vor Free Ridern *Halfmeier*, Stellungnahme Rechtsausschuss (Fn. 75), S. 5.
142 Vgl. zur Überprüfung des verfahrensbeendenden Vergleichs nach US-amerikanischem Recht *Hopt/Kulms/von Hein* (Fn. 26) 20 f., 56 f.
143 Vgl. wiederum zum US-amerikanischem Recht *Hopt/Kulms/von Hein* (Fn. 26) 20 f., 56 f.
144 Siehe *Halfmeier/Rott/Feess* (Fn. 44) sowie die oben in Fn. 45 genannten Aufsätze.
145 Hierzu siehe den Regelungsvorschlag von *Halfmeier/Rott/Feess* (Fn. 44) 110 ff.; ferner *Tamm*, ZHR 174 (2010) 525, 543 ff.

melklage zu überwinden[146]. Hierbei wird zum Teil explizit die US-amerikanische class action als Vorbild genannt[147]. Überwiegend stößt die Opt-out-Variante des US-amerikanischen kollektiven Rechtsschutzes aber nach wie vor auf Bedenken[148]. Schließlich ist auch die Forderung erhoben worden, angesichts der zahlreichen Mängel des Kapitalanlegermusterverfahrens das Gesetz nicht zu reformieren, sondern es mit Ende der Befristung auslaufen zu lassen[149]. Diese grundsätzlich abweichenden Ansätze – stärkere Orientierung am US-amerikanischen Recht einerseits, gänzliche Abschaffung des KapMuG andererseits – dürften aber gegenwärtig keine realistische Aussicht auf politische Verwirklichung haben und werden daher an dieser Stelle nicht weiter vertieft. Erwägenswert ist aber die Einführung einer echten Opt-in-Gruppenklage, die sich auf skandinavische Vorbilder stützen könnte[150].

VII. Schlussfolgerungen und Ausblick

Weniger als ein halbes Jahr nach der Tagung zur EU-Sammelklage in Berlin hat der Bundestag das Gesetz zur Reform des Kapitalanleger-Musterverfahrensgesetzes beschlossen[151]. Im Anschluss an die vom Verfasser seinerzeit vorgetragenen, oben dokumentierten Reformüberlegungen ist daher Folgendes zu ergänzen: Wie oben (V.1) geschildert, wurde der sachliche Anwendungsbereich des KapMuG n.F. behutsam auf (vertragliche) Ansprüche ausgedehnt, für die öffentliche Kapitalmarktinformationen nur „mittelbar" haftungsbegründend sind (§ 1 Abs. 1 Nr. 2 KapMuG n.F.)[152]. Die oben (V.2) diskutierte Frist zur Bekanntmachung eines zulässigen Musterverfahrensantrags durch das Prozessgericht hat Eingang in das reformierte Gesetz gefunden und ist auf

146 *Jahn*, ZIP 2008, 1314, 1317 („beherzterer Schritt in Richtung einer Sammelklage"); *Schirp/Kondert*, NJW 2010, 3287, 3289 („einheitliche Führung von ‚Sammelklagen'"); *Stackmann* (Fn. 45), NJW 2010, 3185, 3189 („Individualprozess [...], in der eine Person die Interessen der Anleger zentral vertritt").

147 *Schirp/Kondert*, NJW 2010, 3287, 3289.

148 Vgl. etwa *Casper* (Fn. 45); anders *Jahn*, ZIP 2008, 1314, 1317.

149 *Tilp*, Stellungnahme Rechtsausschuss (Fn. 75), S. 2, der allerdings als Ersatz ein neues Gesetz vorschlägt.

150 Dazu tendierend auch *Halfmeier*, Stellungnahme Rechtsausschuss (Fn. 75), S. 5 f.; zur Funktionsweise dieser und ähnlicher Klagemodelle näher *Koch*, JZ 2011, 438, 441 m.w.N.; speziell zum schwedischen Recht *Peter Dopffel/Jens M. Scherpe*, „Grupptalan" – Die Bündelung gleichgerichteter Interessen im schwedischen Recht, in: *Basedow/Hopt/Kötz/Baetge* (Hrsg.), Die Bündelung gleichgerichteter Interessen... (Fn. 12) 429 ff.

151 Gesetz zur Reform des Kapitalanlegermusterverfahrensgesetzes und zur Änderung anderer Vorschriften vom 19. 10. 2012, BGBl. 2012 I 2182; erste Würdigungen von *Wolf H. von Bernuth/René M. Kremer*, Das neue KapMuG: Wesentliche Änderungen aus der Sicht der Praxis, NZG 2012, 890 ff.; *Axel Halfmeier*, Zur Neufassung des KapMuG und zur Verjährungshemmung bei Prospekthaftungsansprüchen, DB 2012, 2145 ff.; *Burkhard Schneider/Heiko Heppner*, KapMuG Reloaded – das neue Kapitalanleger-Musterverfahrensgesetz, BB 2012, 2703 ff.; *Christian Wolf/Sonja Lange*, Wie neu ist das neue Kapitalanleger-Musterverfahrensgesetz?, NJW 2012, 3751 ff.

152 Für nicht weitreichend genug hält dies *Halfmeier*, DB 2012, 2145 f.; kritisch aber *von Bernuth/Kremer*, NZG 2012, 890, 892; *Schneider/Heppner*, BB 2012, 2703, 2704 u. 2712; *Wolf/Lange*, NJW 2012, 3751, 3752.

sechs Monate verlängert worden (§ 3 Abs. 3 S. 1 KapMuG n.F.)[153]. Nicht durchsetzen ließ sich hingegen die oben (V.3) angesprochene Einschränkung der Rechtsbeschwerde; nach § 20 Abs. 1 S. 2 KapMuG n.F. hat die Sache weiterhin stets grundsätzliche Bedeutung i.S.d. § 574 Abs. 2 Nr. 1 ZPO[154]. Die unter V.4 geschilderte erleichterte Möglichkeit des Vergleichsabschlusses wurde in das Gesetz aufgenommen (§§ 17–19 KapMuG n.F.); hierbei wurde auch das Petitum eines Mindestquorums in § 17 Abs. 1 S. 4 KapMuG n.F. verwirklicht[155]: Der genehmigte Vergleich wird (nur) wirksam, wenn weniger als 30 % der Beigeladenen ihren Austritt aus dem Vergleich erklären. Die wohl bedeutendste Neuerung stellt die oben (V.8) diskutierte Verbesserung des Zugangs zum Musterverfahren dar[156]: § 10 Abs. 2 bis 4 KapMuG n.F. sieht eine schriftliche Anmeldung des Anspruchs zum Musterverfahren gegenüber dem OLG vor, die nach § 204 Abs. 1 Nr. 6a BGB n.F. eine verjährungshemmende Wirkung hat[157]. Hiermit wird der Sache nach eine entschärfte Variante der „einfachen Teilnahme" eingeführt, bei der den Anmeldern aber gerade keine Beteiligtenstellung in Bezug auf das Musterverfahren zukommt[158]. Ob sich diese Regelung trotz der oben (V.8) vorgetragenen Bedenken bewähren wird, bleibt abzuwarten[159]. Das neue Gesetz ist wiederum befristet, und zwar bis zum 1. 11. 2020 (§ 28 KapMuG n.F.)

Auch in seiner reformierten Ausgestaltung dürfte das KapMuG hinsichtlich seiner Effizienz und Effektivität hinter der US-amerikanischen class action und europäischen Formen der Gruppenklage zurückbleiben. Es fehlt nach wie vor an einer zentralen Bündelung der Anspruchsdurchsetzung sowie an der erforderlichen materiellrechtlichen Flankierung des Gesetzes. Die Spaltung der Anlegerschutzprozesse in Muster- und Individualverfahren ist eine Quelle erheblicher Verfahrensverzögerungen[160]. Diese strukturellen Schwachpunkte bleiben auch nach dem Inkrafttreten der Reform des KapMuG bestehen, obwohl diese zahlreiche sinnvolle Verbesserungen im Detail enthält[161]. Die externe Corporate Governance aufgrund der gerichtlichen Durchsetzung der Ansprüche geschädigter Kapitalanleger kann daher im deutschen Recht nicht die Rolle spielen, die ihr in den USA zukommt. Solange dies der Fall ist, muss weiterhin

153 Dies halten *Schneider/Heppner*, BB 2012, 2703, 2706 immer noch für zu kurz; es handelt sich jedoch lediglich um eine Soll-Vorschrift, siehe *Wolf/Lange*, NJW 2012, 3751, 3755.

154 Dies begrüßend *von Bernuth/Kremer*, NZG 2012, 890, 893; sarkastisch hingegen *Wolf/Lange*, NJW 2012, 3751, 3752: „Ergebnis ist also, dass sich der BGH künftig wohl auch mit der Klärung von Rechtsfragen zu befassen hat, welche aus revisionsrechtlicher Sicht keiner Klärung mehr bedürfen."

155 Dies begrüßend *von Bernuth/Kremer*, NZG 2012, 890, 892 f.; *Halfmeier*, DB 2012, 2145, 2147 f.; *Wolf/Lange*, NJW 2012, 3751, 3754; insgesamt kritisch zur neuen Vergleichsregelung aber *Schneider/Heppner*, BB 2012, 2703, 2704 f. und 2710–2712.

156 Ebenso *von Bernuth/Kremer*, NZG 2012, 890.

157 Zur Verjährungshemmung ausführlich *Halfmeier*, DB 2012, 2145, 2147–2149.

158 Vgl. *Wolf/Lange*, NJW 2012, 3751, 3754.

159 Deutliche Skepsis äußern auch *von Bernuth/Kremer*, NZG 2012, 890–892; ähnlich *Schneider/Heppner*, BB 2012, 2703, 2705 und 2712; kein signifikantes Missbrauchspotenzial sieht hingegen *Halfmeier*, DB 2012, 2145, 2146 f.

160 Dies betont auch *Junck*, Stellungnahme Rechtsausschuss (Fn. 75), S. 2 f.

161 Ebenso *von Bernuth/Kremer*, NZG 2012, 890, 894 f.; *Halfmeier*, DB 2012, 2145, 2151; *Schneider/Heppner*, BB 2012, 2703, 2709 f.; *Wolf/Lange*, NJW 2012, 3751.

damit gerechnet werden, dass geschädigte Anleger Ausweichstrategien ersinnen, um deutsche Emittenten in den USA auf Schadensersatz zu verklagen. Die neuere Rechtsprechung des U.S. Supreme Court hat insoweit aber zu einer begrüßenswerten Einschränkung des extraterritorialen Anwendungsbereichs des US-amerikanischen Kapitalmarktrechts geführt.

Kolibri 360 GmbH
Ferdinand-Jühlke-Straße 7
99095 Erfurt, Deutschland
produktsicherheit@kolibri360.de